Sevgili ARKADAŞIM

Bazı zamanlar var ki; sözler yetersiz kalıyor. Verdiğin cesaretli kararında hep arkanda olacağız. Seni seven kocaman bir arkadaş grubun var. Bize anlatmak için çok şey biriktiriceğinden eminiz.

Seni Seviyoruz ve

Seni özleyeceğiz...

güle güle...

NESRİN

2007 EYLÜL

istanbul

ÖZCAN YURDALAN

1955 yılında Adana'da doğdu. 1977 yılında AFSAD (Ankara Fotoğraf Sanatçıları Derneği) kurucuları arasında yer aldı. 1980'e kadar DİSK-Genel İş Sendikası Foto Film Merkezi'nde çalıştı. 1999 Marmara Depremi'nden sonra Dayanışma Gönüllüleri'nin Fotoğrafçı Çocuklar Atölyesi'nde çalıştı. 2000 yılında FV (Fotoğraf Vakfı) kurucuları arasında yer aldı. 2004 yılında Nar Photos kurucuları arasında yer aldı. Serbest gazetecilik yapıyor, yazıları ve fotoröportajları yayınlanıyor. Uzun yolculuklara çıkıyor.

Kitapları:
Namaste, Nar Yayınları, 1995.
Fas'ta Yolculuk, Bağlam Yayınları, 1998.
Sarı Otobüs - 1: İran Yolculuğu, OM Yayınları, 2001.
Sarı Otobüs - 2: Pakistan Yolculuğu, OM Yayınları, 2001.
Sarı Otobüs - 3: Hindistan Yolculuğu - Namaste, OM Yayınları, 2001.
Çocuklarla Fotoğraf, (Mehmet Kaçmaz ile birlikte) FV Yayınları, 2004.

CD Rom:
Hindistan - Nepal Yollarında, Metropol Multimedya 1997.

Özcan Yurdalan

AHŞAP FANUS

İRAN YOLCULUĞU - SARI OTOBÜS 1

a

agorakitaplığı

Gezi Kitapları 1

Ahşap Fanus - İran Yolculuğu
Özcan Yurdalan

Kapak tasarım: Mithat Çınar
Kapak fotoğrafı: Özcan Yurdalan, Masuleh
Dizgi: Sibel Yurt

1-2. basım: OM Yayınları
Üçüncü basım: Temmuz 2005
ISBN: 975 - 8829 - 79 - 3

Baskı ve Cilt: Kitap Matbaacılık
Tel: (0212) 501 46 36

AGORA KİTAPLIĞI
Gümüşsuyu Mahallesi Osmanlı Yokuşu,
Muhtar Kâmil Sokak No: 5/1 Taksim/İSTANBUL
Tel: (0212) 243 96 26-27 Fax: (0212) 243 96 28
www.agorakitapligi.com
e-posta: agora@agorakitapligi.com

YELLOW SUBMARINE

Doğduğum kasabada bir adam,
yaşardı denizlere yelken açan,
ve anlatırdı bize denizlerdeki yaşamını,
denizaltılar ülkesindeki.
Böylece yelken açtık güneşe,
bulana kadar yeşiller denizini,
ve yaşadık dalgaların altında
sarı denizaltımızda.

BEATLES

İÇİNDEKİLER

Üçüncü Baskıya Önsöz ix

Şoför Mahalli Yazıları 1

Seyir Yazıları 16

Tebriz 22

Tahran 65

Kum 83

İsfahan 87

Şiraz 125

Yezd 152

Bem 171

Meşhed 181

Nişabur 194

Hazar Yolu 199

3. BASKIYA ÖNSÖZ

Her gezi kitabı böyle midir ya da her seyahatname yazarının böyle bir şansı var mıdır, bilmiyorum. Aslında bu şans mı değil mi, ondan da pek emin değilim. Artık benden çıkmış, çıkmakla kalmayıp iki kez basılmış bir kitabı, sanki henüz tamamlanmış bir dosya gibi yeni baştan ele almak, İran'da sonradan gördüğüm yerleri, yaşadıklarımı eklemek üzere yazmaya oturmak tuhaf bir his. Neden diyeceksiniz...

Çocukluğumda hiç istemediğim halde hep kuşlarım olurdu. Serçe yavruları. Ya gözümün önünde yuvalarından düşerlerdi ya da birileri yuvasından düşmüş yavruları alıp bana getirirdi. Getirmeseler bile elden ele dolaşırken son el benim ellerim olurdu hep.

Her seferinde, hiç kaçarı olmayan bir durumdu karşı karşıya kaldığım. Kuşu sahiplenmek ya da oracıkta terk etmek sadece bana ait bir karar olurdu daima. Hiç kimseye hesap vermek zorunda olmadığım ama her seferinde kendimle ağır bir hesaplaşmaya giriştiğim bir süreç başlardı, her baharın yuvasından düşürdüğü kuşlarla birlikte.

Bir büyük paket idrofil pamuk alınır, bulunabilirse birkaç damlalık, evdeki çamaşır sepeti boşaltılıp kuşa tahsis edilir, bezlerden yapılan yuvanın içi pamukla beslenerek yumuşatılır, süt mutlaka kaynatıldıktan sonra suyla seyreltilerek içirilirdi serçe yavrusuna.

Haftalarca yürek çarpıntım dinmezdi. Gece uykudan kalkıp sepeti kontrol ederdim. Birazcık palazlanmaya başlayan kuş ansızın uçup sakatlanmasın diye sepetin üstünü gazeteyle kapatıp gözetleme delikleri açardım. Her şeye rağmen endişe bir türlü defedilemezdi serçeyle yaşanan günlerde. Çünkü o kadar ihtimama rağmen, onca deneyimli serçe bakıcısı olmama rağmen hep ölürdü yavrular elimde.

Sadece bir tanesi uçtu. Onu gökyüzüne doğru yükselirken, daireler çizerek süzülürken hatırlıyorum. Hatta kanatlanıp gittikten bir hayli zaman sonra gelip yemlenmişti pencerenin kenarından. Galiba oydu. Belki gelir diye ekmek kırıntıları koyardım her sabah, günlerden bir gün gelen galiba oydu.

Beyoğlu'nda Süslü Saksı Sokak'ta Kemal'in Semerkant kitapçısında karşılaştığımız akşam Osman Akınhay yeni baskısını yapalım kitabın deyince, o serçeyi hatırladım bunca yıl sonra.

İran kitabı yayınlanalı üç yıl oldu. Bu süre içinde ben birçok kez daha gittim İran'a. Daha önce görmediğim yerlere uğradım, bildiğim yerlere ise başka gözlerle baktım. Ekleyeceklerim vardı. Pencerenin kenarına bıraktığım ekmek kırıntılarını gelip aldı. Yolculuklara devam edersem eğer, her canı istediğinde bana gelebilir, yemlerim, sonra herkes kendi yoluna gider.

AHŞAP FANUS

İRAN YOLCULUĞU - SARI OTOBÜS 1

ŞOFÖR MAHALLİ YAZILARI

BU KİTAP

Bu kitap, İran'da 1997-2001 yılları arasında yapılan çeşitli yolculuklarda yazıldı. Sekiz kez İran'da bulundum, bu süre içinde. Kiminde bir hafta kaldım, kiminde on gün. Bir gittiğim yere birkaç kez yolumun düştüğü de oldu, uğrayıp geçtiğim yerler de.

Fotoğrafevi'nin her yıl İstanbul'dan Katmandu'ya kalkan Sarı Otobüs'üyle Asya'nın içlerine doğru yaptığımız 'karayoluyla uzun yolculuklarda', Anadolu'yu boydan boya geçtikten sonra İran'a giriyorduk. Doğu seferi burada başlıyordu bizim için. Pakistan ve Hindistan üstünden Nepal'e çıkan yolumuz, Katmandu'da bitiyordu. Himalayalar'daki on günlük yürüyüşten sonra, dönüşe geçiyorduk. 1997'den beri katıldığım bu yolculuklarda değişik rotalar izleyerek gidip gelirken, İran, ilk ve son konakladığımız ülke oluyordu. Tebriz'den çıkar çıkmaz uzaktan İstanbul görünüyordu.

1999 yılında, bu rotayı değiştirdik. İstanbul'dan hareket ettik, yine İran üstünden Türkmenistan'a geçip, Özbekistan, Kazakistan ve Rusya'dan sonra Moğolistan'a girdik. Yol, Karakurum'da Orhun Anıtları'nda bitti. Dönüşte son konağımız yine İran'dı.

2001 yılının Nevruz'una birkaç hafta kala, İran'da yeni yıl hazırlıkları bütün hızıyla sürerken, Tebriz, İsfahan ve Şiraz'da on gün geçirdim. Kitabın son ekleriyle düzeltmeleri bu yolculuktan sonra yapıldı. Doğa da yeni bir bahar için son hazırlıklarını tamamlamıştı.

Asya yolculuklarını anlatacağım "Sarı Otobüs" kitaplarının ilki, "İran" oldu. Yanı başımızdaki uzak ülke... Kitapların burada başlayan yolculuğu, diğer ülkelerde devam edecek umarım.

Kitabın "Şoför Mahalli Yazıları" bölümünde, karayoluyla bu uzun yolculukları nasıl yaptığımıza, zaman ile ilişkimizin nasıl kurulduğuna, haftalarca süren ortaklaşa yaşamı nasıl düzenlediğimize dair ipuçları bulacaksınız, bir de benim, 'gezme' haline ilişkin düşüncelerimi. İsterseniz bu bölümü atlayıp doğrudan İran'a girin, "Seyir Yazıları"na başlayın.

Ancak şunu da gözden kaçırmayın ki, bu kitapta yazılanlar, geçtiğim yerlerdeki gözlemlerim, o mekânda hissettiklerim ve o zamanda yaşadıklarımdan ibarettir. Fazlasını beklemeyin.

Zaten hiç beklemeyin, alıp başınızı gidin.

Yollarınız daima açık ve uzun olsun...

BU YOLCULUKLAR

Bu yolculuklar, memleketimizde pek de yaygın olmayan bir gezi türünde yapıldı. *Overland* denilen 'karayoluyla uzun yolculuklar', sırt çantasını alıp tek başına yollara düşmekle, organize bir tura katılmak arasında bir yerde tanımlanabilir.

Overland türü geziler, 1960'larda hippilerin *magic bus*'larıyla başladı. Yaşı elverenler, Sultanahmet'te konaklamış rengârenk otobüsleri ve Puding Shop'a asılmış "Katmandu'ya yol arkadaşı aranıyor" ilanlarını hatırlarlar.

O dönemde İstanbul, karayoluyla doğuya yolculuğun önemli duraklarından biriydi. İran'da Tebriz, İsfahan, Şiraz üstünden Zahedan'a geçen yolcular, Pakistan'da Quetta'da mola verip, derin bir soluk aldıktan sonra, Kandahar üstünden Afganistan'a ya da Lahor üstünden Hindistan'a girerdi. Sonra Allah ne verdiyse Hindistan'ın güneybatısındaki Goa'ya, olmazsa Varanasi üstünden kuzeydeki Katmandu'ya varırlardı.

'Magic Bus'la 'freak' atan hippiler "o güzel atlarına binip gittikten sonra", bölgedeki savaşlar da yolları kapayınca, uzun yıllar bu yolculuk tavsadı. Neden sonra dünyada birkaç kuruluş Asya'ya ve Afrika'ya yeniden karayolu seferleri düzenlemeye başladı. Fotoğrafevi de bunlardan biri.

Overland yolcuları, bağımsız davranabilecekleri bilgi ve malzeme donanımına kendi çabalarıyla sahip olarak bir otobüse doluşup yola çıkıyorlar. Varılması hedeflenen yer belli; ancak izlenecek rota, görülecek, duraklanacak, konaklanacak, yenilip içilecek yerler duruma göre değişebiliyor. Çoğunlukla da değişiyor. Zurnada peşrev olmayacağına kesin bir inançla gidiyoruz bu yollarda.

Yolcular, tıpkı sırt çantalı gezginler gibi, gidilecek yerler hakkında gerekli ön araştırmalarını ve asgari kişisel programlarını yaparak, ilgi alanlarını belirleyerek yola çıkıyorlar. Ana konaklarda otobüs, bir otele ya da kamp yerine çekiliyor. Hareket günü saatine kadar, isteyen kişi bağımsız bir program uygulayabileceği gibi, oraları en iyi bilenlerin önerisi doğrultusunda yapılan toplu gezilere de katılabiliyor.

Bu yolculuklarda, paket turlarda olduğu gibi bir rehberin peşinde anıtlardan tapınaklara, restoranlardan mağazalara koşturulmuyor. Ancak *overland*'e katılanların hareket alanı ve zamana bağımlılığı, sırt çantalı bir gezgininki kadar da sınırsız değil. Sonuçta otobüsün belirlenmiş zaman içinde tamamlaması gereken bir yol var.

Uzun yol koşulları için gerekli teknik desteğe ve asgari konfora sahip kamyon, minibüs ya da dörtçekerlerle yapılıyor bu yolculuklar. Batılı firmalar genellikle kasası tenteli, otobüs koltuklu kamyonları tercih ederlerken, biz Fotoğrafevi'nin Sarı Otobüs'üyle yolculuğa çıkıyoruz.

Aracın içinde, dört kişinin karşılıklı oturup çalışabileceği, okuyup yazabileceği, sohbet edebileceği iki masa ve on kişinin uyuyabileceği ranzalı bir yatak bölümü bulunuyor. Kimi zaman otuz, kırk saat, hatta bir seferde yaptığımız gibi kontak kapatmadan tamı tamına altı gün süren etapların sonunda, yeni bir kente, değişik bir coğrafyaya, farklı bir kültüre, dinlenmiş bir beden ve zihinle başlamak böylece mümkün oluyor.

Yolculuk sırasında, 'turistik' olandan mümkün mertebe uzak kalmaya çalışıyoruz. Geçtiğimiz yerlerdeki yaşama yakından, hatta mümkünse içinden tanık olmaya çalışıyoruz. Törenlere, ayinlere, kutlamalara katılma olanağı, ev ziyaretleri yapma ve evlerde konaklama şansımız oluyor.

Yolculuklarda genellikle halkın kullandığı lokanta ve çayhanelerde karın doyurduğumuz gibi, otobüsü bir ormanın içine, bir nehir kıyısına ya da seyirli bir vadi yamacına çekip, sahra mutfağında, yerel pazarlardan aldığımız taze sebze meyveyle ve kumanya sandığımızda stoklanmış yiyeceklerle ziyafet sofraları hazırladığımız da oluyor.

Seyir halindeyken, ekipten bir kişi daima sürücünün yanında oturuyor. Rotayı ve yoldaki trafiği izleyerek 'muavinlik' yapmak onun işi.

Bu seferlere katılanların 'kişiliği', 'zaman kavrayışı', uzun bir yolculuğun -hele Asya yollarında yapılacak uzun bir yolculuğun- zorunlu kıldığı esnekliğe ve hoşgörüye sahip olmayı gerektiriyor.

Günlük hayat ortaklaşa üretiliyor. Aracın temizliği, alışveriş ve yemek hazırlığı, bulaşık, bagaj yükleme-indirme işleri birlikte yapılıyor.

Bu uzun yolculuklarda yardımlaşma, özveri, paylaşma ve hoşgörü esas.

Haftalar boyunca birlikte yaşayan ve genellikle birbirini önceden tanımayan yolcular, kaçınılmaz olarak ortaya çıkan sorunları yine elbirliğiyle ve ekip ruhu içinde çözmeye çalışıyorlar. En azından böyle olması hedefleniyor.

Karşılaştığımız başlıca zorluk, insanın en evcil organı diye bilinen bağırsaklarda yaşanıyor. Tuvalet bulmak ve eğer bulunabilirse o tuvaletin hali, başlangıçta ciddi bir sorun gibi görünmesine karşın, kısa sürede duruma alışılıyor. Yol kıyılarında, önce ormanlık alanlar aranırken, giderek birkaç ağaç ve nihayet cılız bir çalı bile uzmanlaşan yolcular için yeterli oluyor. Çöl geçişlerinde sıkışanlarsa, gözden kaybolmak için kumlar üstünde uzun ve keyifli bir yürüyüş yapmaya çoktan hazır hale geliyorlar.

Bu yolculuklarda yaşanacaklar, ekibe, ekibin uyumuna, ortak enerjinin yaratığı atmosfere bağlı. Yolda başımıza neler geleceği pek belli olmuyor. Karşılaşılan her sorun, yere ve zamana göre kendi çözümlerini üretiyor. Her sorun hayatın bir dönemeci, her çözüm bir adım... Öyle gidiyoruz işte...

Yani kısacası, Faruk Akbaş, Ömer Yargan ve ben, değişen yol arkadaşlarımızla birlikte yılda iki ay, Asya yollarında direksiyon sallıyoruz.

Yolculuk Taksim'den başlıyor. Sultanahmet'e uğramıyoruz ama, 1960'ların 'Magic Bus' yolcularına "hadi gidelim" makamından bir korna selamı yolluyoruz.

Ve her sefere başlarken, 1850'lerde, katır yükü alet edevatla 'Gizemli Doğu Yolculuğu'na çıkan ilk gezgin fotoğrafçıların, Sarı Otobüs'teki boş koltuklara usulca yerleştiklerini hayal ediyorum. Onların fotoğraf peşinde giriştikleri maceraların yanında, bizim Sarı Otobüs'le çıktığımız yolculuk, eğlenceli bir seyahat gibi kalıyor.

Karayoluyla Asya yolculuklarına katılanlar, fotoğraf meraklısı olsun olmasın, dünyanın doğusuna doğru giderken, daha önce tanımadıkları âlemlere giriyor ve fotoğraf çekiyorlar. Gerçi dünyada filme kaydedilmemiş hemen hiçbir şey kalmadı. Ama güneş hep aynı tepenin arkasından doğmuyor, ışık hep aynı şiddette aydınlatmıyor ve her bakış her görüntüyü başka okuyor.

Söylemek istediğim şu ki, ister fotoğraf peşinde, isterse bir soruyu çoğaltmak için olsun, ama asıl, teslim alınmış hayatlarımızı kurtarmanın yolunu bulmak için, Asya yollarına düşmenin şimdi ve daima tam zamanıdır.

İADEMİZ YOKTUR

Bir kez gidilen yoldan bir daha geçmek pek makbul sayılmaz. Ne de olsa dünyada gidilecek onca yer, görülecek nice memleket, geçilecek kim bilir kaç yol var. Bu nedenle gezme işini rutine bindirip, her yıl, git gel aynı yolu yapmak biraz iş gibi, meslek gibi olur ki, bu durum gezgine de, uzun yolların yolcusuna da pek uymaz. Uysa da uymasa da, iki bin birinci yılda, sekizinci kez aynı yolu yaptım. Ama bu yolculukların hiçbirinde geçtiğim yerler, tanık olduklarım, yaşadıklarım bir önceki seferin tekrarı değildi. Tıpkı yola birlikte çıktığım arkadaşlarımın, Sarı Otobüs'ün içinde aynı yolu giderken, kendi içlerinde başka yolculuklar yapmaları gibi, ben de kendi meşrebimce gittim. Ama ne ben bir önceki sefere katılan bendim, ne de yollar aynı yollardı.

Her yolculuğu bir öncekinden farklı kılmak az çok yolcunun elinde. Biraz sezgilerin keskinliğine, biraz algı kanallarının açıklığına, tabii ki biraz da şansa bağlı, yollardaki hayat. Kendini zorlamadan, kasmadan... Sonuçta her yola, her defasında, ilk sefermiş gibi gidilebilir.

Sarı Otobüs küçüktür, kapasitesi kendisiyle sınırlıdır. Ancak yolculuğun daha ilk haftası dolmadan, gerçek hacminin üstüne çıkar, büyür. Otobüste herkes birer özel yaşam alanı yaratır kendine. Bardağını koyacak bir yer bulur, şapkasını asacak bir yer beller, kâğıdını, kalemini, kitabını el atınca hemen bulacak gibi yerleştirir. Yollara uyum sağlamanın ilk adımıdır bu. Tam bu aşamada, irili ufaklı sürtüşmeler, çatışmalar yaşanır ekip içinde, ki normaldir. Asya yollarının zor koşullarında günlerce seyahat etmek, vadi diplerinden dağ tepelerine, çöllerden uçsuz bucaksız ormanlara aniden geçmek, yabancı kültürlerin içinde hayal bile edilmeyen olaylar yaşamak, doğumdan ölüme, insanın her haliyle karşılaşmak çarpar yolcuyu. Hem bedenini hem aklını fikrini zorlar. Kimin nerede ne zaman patlayacağı, kimin neye nasıl tepki göstereceği, hoşgörü sınırlarının nerede biteceği pek belli olmaz.

Her şey sınırlıdır burada. Mekân, zaman, hareket olanakları... hayatı alıştığımız gibi sürdürecek araç gereçler, giysiler, malzeme, yiyecek, içecek... Her şey sadece ihtiyaç kadardır. Fazlası varsa eğer, çok geçmeden ağırlık olarak sırtına biner yolcunun, ayaklarına dolaşır Sarı Otobüs'ün içinde...

Herkesin kendi düşündeki yolculuk, bu yollara uyar mı uymaz mı belli olmaz. Yeni hayat, alışkanlıklarımızla çatışarak akarken, hem kendini kollamak hem de ötekini gözetmek gerekir. Aynı yolun yolcularının birlikte gitmekten başka çaresi yoktur...

Çok geçmeden, zihinlerimizdeki yaşam alanlarının toplamı kadar büyüyen Sarı Otobüs'ün içinde, birdenbire yalnız hissedebilirsiniz kendinizi. Her uzun yolculukta, onca kişinin arasında, yalnızlığın tadını çıkaranlar olduğu gibi, müthiş iç ürpermeleriyle kendini çaresiz ve kimsesiz hissedenler de olur. Benim gibi.

Bunu aşmanın yolu, hele vakit geceyse, şoför mahalline geçip, efkârlı bir hava tutturmaktır kimi zaman, kimi zaman da bir sınırda beklerken, oynak nağmeler eşliğinde halay çekmek. Yol kıyısındaki bir çiçeğe ilgiyi yoğunlaştırmak da bir yöntemdir...

Bu yolculuklarda mesafe ve zaman çok uzunmuş gibi görünür. Gelin görün ki, yumuşak karınlı minik bir kuş gibi zaman, ne avucumuzun içinde durmaktan hoşlanır, ne de sonsuza kadar uçuşunu seyretmemize izin verir. Zaman ve mekânın sürekli birbirini ittiği, bir türlü uyuşup anlaşamadığı bir atmosferde geçer uzun yolculuklar. Bir durakta daha fazla kalmak isterken, zaman buna izin vermez. Zamanın elverdiği bir konaktaysa umut edilenler, vaat edilenler için belki mevsim erken, belki de geçtir... Olağan yaşam halleri yani.

Ancak yoldayken ciddi bir tedirginlik hali yaratır bu durum. Neyse ki yolcu, zamana rağmen, yol kurgusunu yaparken, rastlantıların zenginliğinde huzur bulur. Yollar beklentilere ve alışkanlıklara iltifat etmiyor iyi ki...

Biraz rastlantıların belirlediği, nerede ne zaman konaklanacağı pek belli olmayan, güzergâhı ve durakları koşullara göre kararlaştırılan, yaşamın ortaklaşa üretildiği bu yolculuklar, yolcuların kendilerini yeniden tanımalarına da fırsat verir. Kadim kentlerden, uçsuz bucaksız çöllerden geçer, iç denizleri aşar, dünyanın doruklarındaki dağlara doğru çıkarsınız. Bilenler bilir, uzun yolculuklar sırasında, içinden geçilen her yaşam, insanın yalnız bedenine değil, ruhuna da çarpar. Tıpkı unutulmuş, yok sayılmış kültürlere tanık olan, ama gerçekten tanık olan insanın, kendi yaşam kurgusunu da bilerek ve isteyerek altüst etmesi gibi. Tarihin zamana direnerek bıraktığı izler, hayal gücünü kışkırtan sayısız geçitler yaratır bu yolculuklar sırasında.

Bazı yolcular, bir ömür boyunca yaşanan her şeyin, ama her şeyin, bu yollarda yoğunlaşmış biçimde aynı anda yaşandığını söyler. Ben onların yalancısıyım...

Velhasıl, yolculuklarımızı hakkıyla gerçekleştirmeye çalışırız. Darısı önümüzdeki yılların ve yeni rotaların başına...

Şimdi bu şoför mahalli yazısının sonuna gelmişken, yaklaşık iki ay süren, otelden çok arabada, çadırda, dağda bayırda yatıp kalktığımız, sekiz on kez sınır geçtiğimiz, hela ihtiyacını çoğunlukla yıldızların altında ya da bir çalı dibinde giderdiğimiz, ne bulursak yiyip içtiğimiz bu zahmetli yolculuklar için, "Bunca yol kat etmenin manası ne? Çok istiyorsan bin uçağa git, gez, gör, gel," diyerek fiyakamızı bozmanın yeri değil. Bir kere, bu gezegende bizim memleketten başlayan en muhteşem karayolu güzergâhı, Asya içlerine giden bu yollardır. Adım adım, usul usul, aldığın her soluğu hissederek... Ne coğrafyalar, ne hayatlar varmış yeryüzünde, insanlar başka türlü nasıl yaşar, ne yer ne içer, ne dinlermiş, hayatlarımızdaki problemlerin, hırsların, kinlerin, öfkelerin, tutkuların, bağlılıkların, aşkların, kırıklıkların... kıymeti harbiyesi neymiş, değeri ne kadarmış, bu yollarda ölçer insan.

Bu yolculuğu yapın. İstanbul'dan çıkıp Asya yollarına düşün. İster otobüsle, ister tren, dolmuş, taksi ne bulursanız, isterseniz motosikletle, isterseniz bisikletle, isterseniz yürüyerek, ama bu yolculuğu hayatta bir kez olsun yapın. "Anamdan emdiğim süt burnumdan gelmedi, hiçbir şey olmadı, dünyam falan da değişmedi," diyenin anıları alınır, paketlenip aynen saklanır. Sonradan pişman olmak fayda etmez, iademiz yoktur...

EN İYİSİ GİTMEK

Gezmekle, alıp başını gitmekle, uzun yolculuklarla başımız pek hoş değil doğrusu. Sonuçta, bir dil sürçmesiyle yollara dökülmüş Evliya Çelebilerin torunlarıyız. Gerçi son zamanlarda gezenlerimiz çoğaldı. Kanarya Adaları'ndan Gize Piramitleri'ne İstanbul'dan yol var, yordam var, paketlenmiş turlar var. Bir de dünyanın en olmadık yerlerinde kendi başlarına dolaşan, aynı dili konuştuğumuz insanlara rastlıyoruz ki, onlar da çantalarını sırtlamış, yaşadıkları çağla, zamanla, yerle ilişkilerini gözden geçirmeye niyetlenmişler. Teslim edilmemiş bir hayatın peşinde alıp başlarını gitmişler.

Bu yolculukları, artık suyu çıkmış bir egzotizmin aracı kılmak bayağı görünse de, memleketteki gezi yayınları, gezi edebiyatı, söyleşiler, dia gösterileri, bu bayağılığın çemberinde dönüp dursa da, yeni yeni palazlanmanın verdiği güven ve merakla yollara dökülüyoruz. Dönüp yazıyor, çekip gösteriyoruz. Üstelik genellikle bunların 'Aman ne maceralar yaşadık bir bilseniz' edasıyla yapıldığı da malum.

Teknoloji sayesinde, büyük keşifler gibi, büyük maceralar da pek mümkün değil artık. Maceranın büyüklüğü, arkasındaki sponsorla orantılı hale geldi. Cesaret, pazarlama tekniklerine indirgenmiş durumda. Gezginlerin, maceracıların, habercilerin yaşadıklarının özsuyunu medya üstünden emip, yerine renkli gazoz, bilemedin sigara dumanlı egzoz gazı doldurmak için alesta bekleyenler var. Turizm şirketlerinin maceraymış, gazozcularla sigaracıların ise yarışma değilmiş gibi Afrika'da, orta Asya'da, Amerika Kıtası'nda yaptıkları safarilere, trophy'lere yerli halkların öfkesi büyüyor, şimdilik seslerini fazla çıkaramasalar bile...

Davul tozuyla minare gölgesi piyasadan kalktığı için, seyyahların, bir vakitler yapılan o muhteşem yolculukların büyüsünü artık yaratamayacakları yer burası, zaman da bugün...

Yine de durum o kadar umutsuz değil. Farklı iklimlerde, yabancı coğrafyalarda geçen yolculukların iç muhasebe kanallarını açtığı, çırılçıplak kendisi olabilen insana 'yabancı'dan hiza alma fırsatı verdiği söylenir, ki doğrudur. Mevlana, "Her gün bir yerden göçmek ne iyi, her gün bir yere konmak ne güzel," diyeli çok oldu. Oruç Aruoba da, "Bir yere ulaşmak isteyen kişinin tutabileceği tek yol, hep yolcu olma yoludur," diyor bugün. Özgürlük sorununa da buradan bir vurgu yapıyor. "Özgürlük budur belki de, sürekli bir yersizlik, sürüp giden bir yol." Kuşkusuz bu sözleri iç yolculuklar üstünden okuyabileceğimiz gibi, insanın hem gönlü hem bedeniyle çıktığı yolculuklara da yamayabiliriz.

Hiçbir gidişin insanı kendinden kurtaramayacağını bilmek neye yarar? Bir yanda insanı silen bu kent, elini kolunu bağlayan hayat gailesi, korkular, kuşkular, bir çeyrek sonra başlayacak sınavlar, ekmek parası, çocuğun okulu, validenin yaprak sarması, öte yanda olanca cazibesiyle dünya... Hayat, yaşanmak ister.

Yaşanmamış, keşfedilmemiş ne kaldı ki şu koca kentte, bu küçük gezegende. Olsun, nasıl olsa hepimiz öleceğiz. Ama ufak da olsa alışkanlıklarımızı kırmanın bir yolu olmalı. Gitmeli. Çünkü ne kadar yolcu varsa o kadar da yol var. Malum, bunu herkes biliyor ve her iklimi her gönül başka yaşıyor.

Kimi demir alarak çıkar yola, kimi demir bırakarak. Fark etmez. Aslolan, yola çıkmaktır. Aslolan, aramaktır; yanıtları bulmaktan çok, soruları çoğaltmaktır.

Şunu bilirim ki, bir kentten geriye özlenecek bir şeyler bırakmışsa yolcu, o kenti artık bitirmiş demektir, tüketmeden ayrılmayı becermelidir.

Marakeş'te Sonsuzluk Meydanı, İsfahan'da Azadi Çayhanesi, Kyoto'da Honyarado Kafe, Semerkand'da Labi Havuz, Katmandu'da Durbar Meydanı, Urfa'da Gümrük Han, Kalküta'da Hotel Paragon... arada bir burnumda tüter... Bir yerde söylendiği gibi, "kâğıt kesiğine benzer, tiz bir sızıdır bu..." Belki de bunun için yola çıkılır.

YETER Kİ İNSAN YOLUNU KENDİ İZİNDE ARAMASIN

Yolculuk esas ne zaman başlar? Tren düdük çaldığında, şoför kontak çevirdiğinde, iskeleden palamarlar atıldığında, tekerlekler yerden kesildiğinde mi? Çin atasözündeki gibi 'İlk adımda' mı? Ne zaman başlar yolculuklarınız? 'Hayat zaten, uzun ince bir yoldur, gündüz gece gidilir' faslı ayrı bir konu; onu bize sormazlar. Bizimki daha küçük gidişlerle ilgilidir. İnsanı her merhalede bozup, her durakta yeniden düzen gidişlerle. Hani, o eski haiku'da Başo'nun,

Yağmurkuşu sesleri
yoğunlaşmaya çağırıyor beni,
Yıldız Burnu'nun
karanlığına doğru

demesi gibi. Bir çağrıya uyup, öylece, alıp başını gidişlerle...

Bilen bilir, yolculuk denilen şey, karar verdiğiniz zaman değil, yola çıktığınız sırada da değil, ikisinin arasında bir yerde, hazırlıklara giriştiğiniz an başlar. Varacağı bir yer var mıdır bu yolun, ulaşacağı bir menzil? Onu ancak gidenler bilir:

Elveda dostlarım
sımsıkı tarak kabukları
nasıl ayrılırsa, ben de
ayrılmalıyım güzle

diyebilenler...

Gezmek bir ihtiyaç. Gönüllü olduğu kadar zorunlu da.

Çünkü, yaşamın sınırlarına kendi çapında bir karşı koyuş; çünkü anlamanın ve hissetmenin en kestirme yollarından biri bu uzun yolculuklar...

Gerçekten 'öteki'yle: Dış görünüşü, iç âlemi, düşünce ve davranışları benim gibi olmayanla, hiçbir ortak geçmişe sahip olmadan ve ortak gelecek tasavvuru kurmadan sadece yaşanan anı paylaşarak, yoldaşlık yapabilmeyi öğretir yollar. Burada değiştirici etken, yollardır kuşkusuz, ama yolcunun görme biçimleri ve algılama düzenekleri de gittiği yolu değiştirip düzenler.

Her ne yaparsak yapalım, bu 'dokuz delikli kalıbın' ihtiyaçları, tutkuları, alışkanlıkları... var malum. Bir de bu kalıbın içinde, "en hafif esintiyle bile darmadağın olup savrulan incecik, tül gibi bir şey". İster bir, ister bin kilometrelik yola çıkalım, onlarla gidiyoruz gideceğimiz yere. Yola çıkmadan önce aşmamız gereken ilk engeller de onlar tarafından dikiliyor karşımıza.

Zaten yolculuk da esas olarak bu engellerle cebelleştiğimiz süreçte başlıyor. "Artık yola çıktım" diyenler, bu engelleri aşmış, yolun imgesini de kurmuşlardır. Bedenleriyle de yola çıkmayı becerebilirlerse eğer, bütün yollar, bu imgeyle yaşanan çatışmalar içinde geçer çaresiz. Yolcu, bunu göze alabilen değil midir zaten? Evdeki hesap çarşıya ne kadar az uyarsa, o kadar yolda değil midir yolcu? Bir gerçeklik olarak yolda yaşananlardan sonra, kırıla parçalana helâk olan o ilk yol imgesinden geriye ne kadar az şey kalmışsa, o kadar hakkı verilmiş demektir yolculuğun. Çünkü yolculuk, bir çemberin üstünde değil, bir spiralin halkalarında yapılırsa yolculuktur. Bir sesin peşinden yollara düşülebileceği gibi, bir şeklin, bir suretin, hatta bir kokunun peşinde dolaşanlar olduğu da söylenir. Mümkündür. Yeter ki insan yolunu kendi izinde aramasın...

BAZILARI HEM ÇEKER HEM GİDER

İster turist olsun ister gezgin, hayatın kendisi için çizilmiş sınırlarını ister kısa bir tatil için aşmaya niyetlensin, isterse alıp başını uzun yolculuklara çıksın; her kim ki gitmektedir, boynuna bir fotoğraf makinesi asar.

On dokuzuncu yüzyıl ortalarında, 'Yaş Collodion' tekniği sayesinde, dünyanın 'keşfedilmemiş' uygarlıkları, o gezgin fotoğrafçılar aracılığıyla tanınıyordu. Yaş Collodion, zahmetli işti. Fotoğrafçılar, kocaman kameraları, karanlık oda çadırları, ölçü kapları, arı su şişeleri, bir sürü kimyasallar ve cam levhalarla seyahat ediyorlardı. Fotoğraf çekecekleri yerde çadır kurup, cam üstüne emülsiyon dökmeleri ve karışım içindeki eter buharlaşmadan görüntü almaları gerekiyordu.

Francis Frith, bu koşullar altında Nil Vadisi boyunca yaptığı bin üç yüz kilometrelik yolculukta, çöl sıcağına, fırtınalara, çadırını dolduran dayanılmaz eter kokularına rağmen, bugün de hayranlıkla izlediğimiz fotoğraflarla dönmüş ve bir kitap hazırlamıştı. Birkaç yıl sonra İsviçre Alpleri'ne giden Bisson Kardeşler de bunun tam tersi iklim koşullarında çalışmış ve olağanüstü fotoğraflar çekmişlerdi. Yani, fotoğraf tavan arasındaki stüdyolardan çıkacak kadar pratikleştikten sonra, fotoğrafçılar katır sırtında, bilinmeyen coğrafyaların, tanınmayan kültürlerin, yabancı iklimlerin ortasına atmışlardı kendilerini. Para kazanmak için, ya da dünyaya tanık olmak için, oryantalizmin rüzgârına kapılarak, belki de fotoğrafı bahane edip öylesine giderek...

Aradan çok zaman geçti. Hem de aradan geçen zaman, çok hızlı geçti. "Artık bu dünyada görülecek, yaşanacak ne varsa fotoğraflanmak için var" diyor bu konuya kafa yoranlar. "Bu vardı", "ben gördüm", "gerçekti ve yaşadım" diyebilmek için en inandırıcı kanıt, fotoğraf icat edildiğinden beri o meşum kâğıt parçası üstünde beliren görüntüler.

Kim bilir kaç vakit önce, kilometrelerce uzakta yaşanmış anların 'şlak' diye alınmış görüntüleri, dergi, gazete sayfalarını, albümleri doldurup duruyor. Bu ne sihir ne kerametttir ki ışık ışınları, gümüş tuzlarını allak bullak edip kâğıdın üstünde 'görüntü' oluşturuyor. O görüntülerin temsil ettiği anlar ya kilometreler ya da yıllar sonra, birilerinin gözüne görünüyor. Simyacıların gözde maddesi gümüş, fotoğrafın da esasıdır ne hikmetse.

Var olmayan bir şeyi temsil ederek, varmış gibi görünmesini sağlayan fotoğraf, bakanı inandırır; bu kadarla kalmaz, hayal de kurdurur. İçerdiği bilgilerden fazlasını çağrıştırarak kapılar, kapıların ardında yollar açar. Belki bu yüzden yolculuklarda çekilen fotoğraflar, erbabının elinden çıkmışsa, olduklarından fazlasını vaat ederler ve yeni yolculukların kılavuzu olurlar. Bakmasını bileni, kimi zaman yerinden yurdundan edip yollara düşürür, kimi zaman oturduğu yerde girdaplı derinliklere atar fotoğraflar. Sahra Çölü'nde sürüsünü otlatırken Land Rover'lı sarışın kadının çektiği portresinin peşinden Paris yollarına düşen, kendinden alınan şeyi, suretini isteyen garip çoban İdris gibiler de vardır ki, onların maceralarını Michel Tournier anlatır.

"Fotoğraf çekmenin gezi sırasında şiddetlenebilecek olası bir yön kaybetme duygusunu yatıştırdığını", "turistlerin karşılaştıkları her dikkate değer şeyle aralarına fotoğraf makinesini koyma zorunluğu hissettiklerini", "işkolik endüstri toplumu insanının, tatildeyken çalışmamanın ve eğleniyor olmanın getirdiği huzursuzluğu fotoğraf çekerek yatıştırdığını" söyleyen Susan Sontag güzel söylemiştir de, yönünü, yolunu kaybetmeyi "ah keşke" diye kabullenen, bilmedikleri, tanımadıkları coğrafyalarla, kültürlerle, insanlarla aralarına giren ne olursa olsun pek de makbul saymayan, endüstri toplumunun 'iş' anlayışına kahreden seyyahlar ne demeye fotoğraf çekerler, bunun üstüne laf oynatmak gerekir.

Sanayileşmeyle birlikte, 'uygarlığın' bu yeni dönüm noktasında ortaya çıkan 'fotoğraf olayı' ile, ufaktan endüstrileşmenin ipuçlarını veren 'gezi kavramı', ne yapsak birbirinden ayrılmaz, tarihleri ve pratikleri buna izin vermez.

Bazıları hem çeker hem gider.

Giderken fotoğraf çekmek zordur. Bir avcı gibi görüntüyü avlayıp geçecekseniz, mesele yok; karşınızda akıp giden hayat sizin için renk, leke, ışık ve gölgeden ibaretse, işiniz kolay. Fakat bir yaşantıyı anlamaya, hissetmeye çalışarak, oralara ait olmasanız bile, hani az buçuk içinden bakmaya gayret ederek fotoğraflıyorsanız, sadece fotoğrafçı olmak yetmez. Kameranıza hapsettiğiniz her suret, sizden de bir şeyler alır.

Hayat da böyle değil mi zaten? Kavuşmalar, yarım kalmalar, gönlünden ve bedeninden arkada bıraktıkların ve duruyorsa hâlâ bellekte her birinden birkaç anı...

Kalküta'da, Otel Paragon'da pineklerken, sözüne güvenilir İrlandalı bir gezgin demişti ki:

"Aslolan, gittiğin yerden, ardında tek bir iz bırakmadan, yanına hiçbir işaret almadan geçip gitmektir. Tıpkı durgun bir suya yazı yazar, suret çizer gibi."

Yanında fotoğraf makinesi var mıydı yok muydu, şimdi hatırlamıyorum...

DIŞARIDA HERKES KENDİ YOLUNU YÜRÜYORDU

Mevsim sonbahardı. Uzun ya da kısa, tam yolculuklara göre bir gündü. Bulutlar ve güneş yerli yerinde, havanın yoğunluğu hissedilir kıvamdayken sert bir poyraz başlamıştı.

Taksim'den biraz gecikmeyle kalktık. Pencere kenarına oturdum. Hareket eder etmez Meydan'ın o bildik görüntüsü değişiverdi. Kaldırımdaki insanlar pencereden hızlı hızlı geçiyor, arabaların görünmesiyle kaybolması bir oluyordu. Binaların, merdivenlerin, kaldırım döşemelerinin, ortadaki heykelin, karşıdaki pastanenin ayrıntıları ardı ardına uçuşuyordu gözümün önünden. Otobüsün penceresine giren her görüntünün, yerini bir başkasına bırakana kadar geçen kısacık süre, onun zihnimdeki eski yerine gidip yerleşmesine, daha önceki görüntülerle buluşmasına yetip artıyordu. Anılarım canlanıyordu. Onları saklıyordum. Reklam tabelalarının biri silinmeden diğeri beliriyor, renkler ve şekillerle temsil ettikleri nesneleri hafızama yerleştirmeye çalışıyordum. Sadece insan suretleri derhal birer simge haline dönüşüyor, silik birer fikir olarak gelip geçiyordu pencereden; onlar saklanmak için değildi.

Görünen ne varsa, hayatın alışılmış hızının üstünde seyrediyordu. Platon'un mağarasındaki gölgeler, otobüsün penceresindeki tuhaf koşuşturmacayla yer değiştirmişti. Başım dönüyor, midem kasılıyordu. Meydan'daki turu tamamlamaya kalmadan bedenim tepki vermişti; içerdeki bir noktaya, önümdeki koltuğun vidalarla sımsıkı raptedilmiş, hiç hareket etmeyen ayaklarına bakmaya başladım. Dengem yerine geldi. Dışarıdaki hayat, benim kavrayabileceğim hızın çok üstünde, otobüsün iki yanından akmayı sürdürüyordu, biliyordum. İnsanlar, pencereden silik birer fikir olarak gelip geçiyorlardı. Dışarıda herkes kendi yolunu yürüyordu...

Gümüşsuyu'ndan inerken, Michel Tournier'nin *Altın Damla*'sını yanıma almadığımı fark ettim. Oysa her yolculuğa birlikte çıkardık. Bu kez o, rafında kalmıştı. Hikâyeyi bilirsiniz:

Magrip'li İdris'in günleri, çöldeki küçük vahaya yerleşmiş köyünde, sürüleri otlatmakla geçmektedir. Günlerden bir gün, tozu dumana katarak yanma gelen Land Rover'dan inen kısacık şortlu, kara gözlüklü, sarışın kadın, ne olduğunu anlamasına fırsat vermeden fotoğrafını çeker; arkasını dönüp giderken İdris, "Fotoğrafı bana ver," der. Kendisinden alınanı geri istemektedir. Oysa filmin yıkanması, basılması gerekmektedir ki, İdris'ten yansıyan ışıkların gümüş tuzları üstündeki etkisi, kâğıt üstünde suretini çıkarabilsin. Kadın, "Fotoğrafını göndereceğim," diye cevap verir ve geldiği gibi gider. İdris'in o günden sonra hayatı, Paris'ten gelecek fotoğrafı beklemekle geçer, ama ne giden vardır, ne gelen...

Otobüs, Beşiktaş'ı geçmiş, köprüye girmişti; tam ortasındaydık köprünün. Aşağıya baktım; Boğaz'ın suları, sonbahar güneşinde bir gümüş ayna gibi parlıyordu. Ve ben, çırılçıplak bir sevişmeyi aynadan izler gibi, pas rengi kocaman bir şilebin, Boğaz'ın sularını yararak Marmara'ya doğru indiğini gördüm. Muhtemelen İdris de böyle bir gemiyle yapmıştı yolculuğunu, o bitmez tükenmez bekleyişi sona erdirmeye karar verip, Magrip'i ve vahasını terk ederek Paris yollarına düştüğünde. İdris, kendi suretinin peşindeydi.

Onun izlediği yolun tersini yıllar önce de ben geçmiş, Magrip'e gitmiştim. İdris kendi suretinin peşindeydi; bense, kimlere ait olacağını hiçbir zaman bilemeyeceğim suretlerin. Şimdi de uzun bir yolculuğun ilk adımını atmış, İran'a gidiyordum. Dışarıda herkes kendi yolunu yürüyordu.

İLK KIRK SAAT

Sonbahar güneşi bulutlardan sıyrıldığı anda battı. Sarı Otobüs'ün içindekiler, arkaya geçip eşyalarını yerleştirmeye başladılar. Aylardır süren hazırlıklar bitmiş, yola çıkmıştık. Birbirini tanımayan, farklı beklentilerle yollara dökülmüş bir grup insandık. Yirmi bin kilometrelik yolculuğu paylaşacaktık, ne kadarını paylaşmayı becerebilirsek...

Erzincan'a doğru gökyüzü aydınlanmaya başladı. Güneşin doğması uzun sürdü. Herkes uykudaydı.

Motorun gürültüsü tekdüze bir uğultuya dönüşmüştü. Farlar, gerekli mi gereksiz mi tam anlaşılmayan bir ışık düşürüyordu yola. Geniş bir düzlüğün ortasında ilerliyorduk.

Uzakta, ardı ardına sıralanmış tepeler, biz yaklaştıkça güneşe doğru yükseliyordu. Çok geçmeden farların ışığı, yerini puslu bir aydınlığa bıraktı. Çevremizi kuşatan duman, uzaktaki tepelerden doğuyor, griden turuncuya dönmek üzereyken eflatuna çalıp ovaya yayılıyordu.

'Günün en güzel saatleri' diye geçti içimden. 'Yolculuğun en huzurlu anları'. Kayar gibi gidiyorduk. Çevremizdeki her şey yumuşak, yuvarlak ve ayva tüyüyle kaplıymış gibi görünüyordu. Eflatun bir tülün altındaki uykusunun son demlerindeydi.

Güneşin yükselmesi çok uzun sürdü. Biz alçaldıkça o battı, yükseldikçe karşıdaki tepelerin arkasından doğdu. Battı, doğdu, battı ve aniden patladı. Sis dağılırken o kendi halindeki renkler, yerini çiğ bir aydınlığa bıraktı. Erzurum'a öylece girdik.

Bu şehri eskiden bilirim. Bağlarım, anılarım vardır.

İçinden geçtik. Geçerken arabaya son bir bakım yaptık. Yirmi dört saattir yoldaydık, Tebriz'e kadar on altı saat daha vardı. Karnımızı doyurup Doğubeyazıt'a doğru yola devam ettik.

Ağrı Dağı, bulutların üstünden şöyle bir görünüp kayboldu.

İRAN'A GİRİŞ

Bazargan'a vardığımızda gece yarısıydı. Gürbulak'tan iki saatte geçmiş, İran'a girmiştik. Gümrükler her zamanki gibi bunaltıcıydı. Türkiye'den çıkar çıkmaz, ekipteki kadın arkadaşlar kostüm değiştirmişti. Uzun pardösüleri ve başörtüleriyle görünümleri biraz yadırgatıcıydı doğrusu ama, alışmamız uzun sürmeyecekti.

Gürbulak'taki Türkiye gümrük kapısı, yenisinin yapımına bir türlü başlanamayan ve her seferinde "bir dahakine hayırlısıyla" diye söylene söylene geçtiğimiz berbat bir binanın içinde. Çatı çürümüş, duvarlar kirli, doğru dürüst ısınmaz, görevlilerin çalışması için elverişli mekânlar yok. Yirmi dört saat açık ama bir âlemdir vesselam. Çetin Altan'ın 1965 yılında basılmış *Bir Uçtan Bir Uca* kitabının İran bölümü bu kapıdan başlar. Bilmem, o yıldan bu yana bir çivi çakılmış mıdır gümrük binasına, geliş bölümündeki muamele pencerelerinin önüne inşaat demirlerinden yapılmış paslı parmaklıklar dışında.

İran'ın Bazargan Kapısı ise 2000 yılında yeni binasıyla hizmete açıldı. Mekân tasarımı, havaalanlarının gümrük bölümlerini aratmıyor. Her yer pırıl pırıl mermer, standlar, ofisler yerli yerinde, helalar işler vaziyette, içerisi sıcak. Çetin Altan'ın idare lambalarının aydınlığında gecelediği gümrük moteli, çoktan terk edilmiş. İki gümrük binasının arasında kalan salondaki karşılıklı asılmış fotoğraflarda bir değişiklik olmuş bu arada. Türkiye tarafındaki Atatürk portresi hâlâ duruyor ama karşısına Şah ve Diba yerine İmam Humeyni'nin fotoğrafı asılmış.

Aradan zaman geçti. Geçen zamanda Türkiye tarafındaki binalar da yenilendi. Gel gör ki işleyişte pek büyük değşiklik olmadı. Bilgisayarlar var, pek de güzel görünüyorlar ama bir kez aksilenip de mah yüzlerini karartırlarsa en az beş on saat bir kenara kıvrılıp beklemek gerekiyor. Bir kere olsa bir şey demeyeceğim, alışkınızdır, katlanırız ama defalarca arıza gerekçesiyle sabaha kadar bekletilince binalar eski de olsa yeni de, gelişmenin başka dinamikler istediğini anlayıveriyor insan.

Bazargan gümrüğündeki karayolları idaresinden yol kâğıdı almak gerekiyor. Bu kâğıt için iki kilometre aşağıdaki büroya başvuru yapıp rotayı istedikten sonra, yukarı çıkıp yeni binadaki bankaya para yatırıyoruz. Banka makbuzuyla gidip, bilgisayar başında bekleyen görevliden yol kâğıdını alınca sınırdaki işimiz tamamlanmış oluyor. Nerelerden geçeceğimiz, nerelerde duraklayıp trafik polislerine mühür bastıracağımız bu kâğıtta yazılı. İran'dan çıkarken iade edilmek üzere dikkatle saklanıyor bu kâğıt. Her kentin girişinde ya da önemli kavşaklarda kurulmuş polis noktaları, yerli ve yabancı bütün büyük araçların yol kâğıtlarını, takometreleriyle karşılaştırıp bir nevi hız denetimi yapıyor, trafik güvenliği sağlıyorlar. Bu noktalardan herhangi birini atlamak bir sonraki kontrolde geri dönmemize yol açacağı için, dikkatli olmak gerek.

Yol kâğıdı çıkar çıkmaz, bayır aşağı Maku'ya saldık kendimizi.

Maku'da, gümrük çıkışındaki yirmi dört saat açık lokantaların önünde durduk. Etrafımızı para bozan gençler sardı. İran parası biraz karışıktır. Hem *tümen* cinsinden konuşulur, hem de *riyal*. Resmi dairelerde bütün işlemler riyal üstünden yapılır. Banknotlardaki rakamı bir sıfır atarak okursanız, tümen'e çevirmiş olursunuz parayı. İlk başta karışıkmış gibi görünür ama ona da alışılır. İlk para bozdurmada ya da ilk alışverişte ufak tefek kazıklar yemek olağandır, geçer.

Sınırda, İran'ın pek çok bölgesinde olduğu gibi, Türkçe'yle halledilir işler. Aksanlı, müzikli, güzel bir dildir Azerilerin konuştukları. Kelime sonları uzatılarak nağme verilir; soru ekleri hemen hiç kullanılmaz; onun yerine, nağmenin dalgalanışı soru ya da ünlem yerine geçer.

Az bir miktar para bozdurup, yola koyulduk.

Otobüsün içindeki ilk saatlerde yaşanan tanışma ve karşılıklı yoklama faslı tamamlanmıştı. Herkes birbiri hakkında az çok fikir edindikten sonra, uysa da uymasa da birlikte yaşanacak günlere başlamıştık.

Sarı Otobüs'teki hayat, başlangıçta kendini açık etmez ama, yine de genel bir bilgi verir. Birlikte davranmaya yatkınlık, hoşgörü, paylaşma, dayanıklılık, sabır konusunda az çok fikir sahibi olur herkes. İlk kırk saat önemlidir.

Toplu yapılan uzun yolculuklarda esas problem, farklı kimliklerin, topluluk içinde kendini var edebilmesindedir. Aynı zamanda, topluluğun kendisi de farklı kimliklere ve tarzlara açık olmalı ki o yolculuk keyifli olsun, yarasın. Bu kez, çabucak ve kendiliğinden bir işbölümü çıktı ortaya. Daha yolun başındaydık ve her şey keyifli gidecek gibi görünüyordu. İlk sınırı aşıp memleket topraklarından çıkınca, "tamam artık, belli ki gidiyoruz" demişti herkes, şöyle bir kendine gelmişti. İsfahan'a kadar uzun bir yol vardı önümüzde.

Bu kent daima heyecan verir bana. İçinde olmak da, ona doğru gitmek de güzeldir; uzakta olup onu düşünmek kadar. Bu sefer vakit denk gelmişti, Tebriz'e de girecektik İsfahan'dan önce. Doğu Azerbaycan'ın merkezine; antik çağlardan kalma günlerinin çok küçük bir kısmını açık etmiş bu kadim kente; Safavilerin kısa ömürlü efsanevi başkentine... Tebriz'e...

TEBRİZ

TEBRİZ KALESİ'NDEN KAÇIŞ

İstanbul'dan çıkıp doğuya doğru giderken, Anadolu Yarımadası biter bitmez karşımıza Tebriz çıkar. Bu kent, Çin'e ulaşan 'ibrişim' yollarının düğüm noktalarından biri. Bunu herkes biliyor, ancak şehrin ilk ne zaman, kimler tarafından kurulduğu, tarihin kayıp sayfalarında yazılı. 224-637 tarihleri arasındaki Sasaniler döneminde başkent olmuş kısa bir süre. 1220-1380 yıllarındaki Moğol egemenliğinde Maraga ile Tebriz arasında gidip gelmiş ülkenin yönetimi. Moğollar'dan sonra Timur orduları tarafından yağmalanıp harap edilmiş. Kara Koyunlular'ın kısa süren iktidarında bakılıp onarılmış. 1502-1722 yıllarında hüküm süren Safaviler dönemindeyse kısa bir süre başkent olmuş bir kez daha. Ancak Osmanlı atakları karşısında Şah Tahmasb ülkenin idare merkezini Kazvin'e taşıyınca kent yeniden gözden düşmüş. Uzun süre Osmanlılar, Persler ve Ruslar arasındaki savaşlara sahne olmuş Tebriz. 1779-1921 arasında egemen olan Ghajar Hanedanı Tebriz'de hüküm sürmüş ancak, kentin kendini yeniden toparlayabilmesi için uzunca bir zaman gerekmiş.

Orasına burasına serpiştirilmiş eski kervansaraylar, gül bahçeleri, büyük parkların ortasına yerleşmiş mutedil dalgalı gölcükler, kebabın hası, halının en nakışlısı Tebriz'de.

Ancak bu şehir gündüzlere ait.

Tebriz'den defalarca geçtik. Genellikle geceye rastlıyordu geçişlerimiz. Şehre girmeden, çevre yolundan, ışıklarını seyrederek basıp gidiyorduk. Bu sefer öyle olmadı. Tebriz de varmış kısmette...

Mazot bitmek üzereydi. Gece vakti şehirlerarası yollarda yakıt bulmak pek kolay olmuyor buralarda. Memleket petrol havuzu ancak, istasyonlar bizdeki kadar sık değil yol boylarında. Üstelik hepsinde mazot bulunmuyor. Geceleri ise, hortumları pompaların üstüne çapraz atıp bırakıyorlar. Bu, 'Hiç yanaşma, yakıt yok' demek. Aslı ise, 'Bu saatte mazot vermem, hiç uğraşma çek git kardeşim, öbür benzinlikte dene şansını'. İran'da, uzun yoldayken ciddi yakıt sorunu yaşıyoruz. Her nedense geceleri mazot vermiyorlar. Akşam olmadan depoyu doldurmak gerek. Gerçi mazot neredeyse bedava. Gündüzleri girdiğimiz pompalarda kimi zaman para bile almıyorlar. "Hadi hediyemiz olsun, konuğumuz olun," diye yolculuyorlar bizi.

Bu istasyonlarda herkes kendi servisini yapıyor. Depoyu ağzına kadar doldurduktan sonra, para ödemek için görevli arıyorsunuz döne döne. Yüz litre mazota en fazla 1 dolar karşılığında tümen ödersiniz, para alacak birini bulabilirseniz. Gündüz melek olan benzinciler, gece canavar kesiliyorlar.

Tebriz'in batı girişinde otobüsü çevirip, içinden geçip bakalım dedik. Belki mazot bulabiliriz. Gecenin geç vaktiydi, kepenkler kapalı, sokaklar ıssızdı. Lambalar çiğ sarı ışıklarıyla, neredeyse tek başlarına bütün şehre yetiyordu.

Ben bu şehri kitaplardan bilirdim. Bildiğim bir başka şey daha vardır ki, Tebriz gibi kentler, gündüz yüzünü göstermediyse, kendini açık etmediyse, geceye sığmayan ufak tefek ipuçlarıyla yetinmekten başka çare kalmaz.

Bu ipuçlarından biri, gündüzleri değil ama geceleri daha heybetli görünen Tebriz Kalesi'ydi. Tuğladan yapılmış kalenin yanındaki beş yüz yıllık cami, otobüsün camından şöyle bir kendini gösterip kayboldu. Aslında görünen, on dördüncü yüzyılda yapılmış kalenin küçük bir kalıntısıydı sadece. Arkasında, peş peşe üçgen çatılarıyla antrepoya benzer büyük bir yapı uzanıyordu. Bir vakitlerin anlı şanlı Tebriz Kalesi, şehrin ortasına bir apartman büyüklüğündeki parçasını bırakarak yıkılıp gitmişti.

Son yıllarda üçgen çatılı antrepo şekil aldı, yükseldi, uzadı, çelik konstrüksiyonlar dev bir camiye dönüşmeye başladı. İnşaat tamamlanınca yapının bir bölümü de alışveriş merkezi olarak kullanılacak.

Buralarda anlatılan bir hikâyeye göre, doğru mu yalan mı, uydurma mı gerçek mi bilmem, çok zaman önce, âşığıyla birlikte kaçan bir kadın, canını kurtarmak için kaleye çıkmış. Kovalayanlar iz sürüp peşlerine düşünce, âşıklar yakalanacaklarını anlamış ve can havliyle burçlara tırmanıp kendilerini boşluğa bırakıvermişler. Peşlerindeki ahali, "idam mahkûmlarının infaz edildiği bu burçtan kim atlasa ölür, bunlar da nasıl olsa ölmüştür" diye surlara yaklaşmış. Aşağıda parçalanarak müstahakını bulmuş günahkâr bedenler yerine, kadının paraşüt gibi açılmış çadoru sayesinde, iki âşığın süzülerek ovaya doğru uzaklaştıklarını görünce dillerini yutmuşlar. Hikâye böyle diyor ve İran'da kadınlar hâlâ çador giyiyor. Başlarının üstünden omuzlarına konik biçimde dökülerek, eteklerine doğru çan gibi açılan, ince siyah bir örtü. Bedenlerini girintisiz çıkıntısız masif bir kütle gibi gösteren, sadece yüzlerini açıkta bırakan bu örtünün içindeki giysiye dair ipuçları, ayakkabıların hemen üstünde kalan kimi zaman renkli, nakışlı, simli, kimi zaman gri kumaş parçalarından ibaret.

Tebriz'in bin yıllık İbrişim Çarşısı'nın kubbeleriyse, çadorunu rüzgârla doldurmuş, boşlukta süzülen onlarca kadına benziyor, gece karanlığında bomboş İslam Cumhuriyeti Bulvarı'ndan arabayla geçerken.

İbrişim Çarşısı, şehrin ortasında hâlâ bir sultan. Tıpkı İpek Yolu'nun vızır vızır işlediği tarihin eski zamanlarında olduğu gibi.

Bu kadim çarşının, ki Tebrizliler 'Bazar' derler buraya, İbrişim Bazarı bu büyük çarşı içinde sadece bedestendir. Bir diğeri de Kızıl Bazarı, kuyumcular bedestenidir. İşte bu bedestenin tam karşısında, yan yana duran, yan yana durması ve birlikte anılması gereken iki âşığın adını taşıyan iki büyük ve modern çarşı daha var. Biri Mevlana, diğeri Tebrizli Şems...

Gece yarısına doğru, şehrin batı girişinde otobüsü çevirip, "hadi içinden geçelim, belki mazot buluruz" dedikten sonra, gelmişken bir de açık yer bulup karnımızı doyuralım derdine düşmemiz sayesinde, Tebriz hakkındaki bu ilk gözlemleri edindik. Bu kadar laf, bakarak toplanmaz, anlatayım nasıl olduğunu:

Durakta otobüs bekleyen genç bir Tebrizliye, "Bu saatte nerede yemek yeriz birader?" diye sormuştuk. Delikanlı durmuş, uzun uzun düşünmüş, inceden bir plan yapmıştı. Gecenin geç vaktiydi, biz konuktuk, karnımız açtı. Delikanlı iş edinmiş, otobüse binmiş, sokak sokak açık yer aranmıştık. Sonunda Hayyam Lokantası'nı bulmuştuk.

İran'daki bütün lokantalar gibi Hayyam da bodrum kattaydı. (Sonradan lokantanın işletmecisiyle birlikte adı da değişti, Şems oldu.) Nedense böyle buralarda. Çayhaneler, sandviççiler falan ayak altında ama lokantalar mutlaka yerin altına gizlenmiş. Bu saatte hâlâ çalışan cadde üstündeki çiçekçi dükkânının yanından alt kata indik. Pırıl pırıl bir İran lokantası. Servis kapanmış ama biz otobüsten tam takım inip, hela, lavabo, çorba, kebap diye saldırınca, çaresiz işe koyuldular. Şaşılacak kadar kısa sürede, üstüne nar tanesine benzeyen ekşi zerişlerden serpilmiş nefis bir çorba, isteyenlere cüce kebap (piliç şiş), isteyene ince kıyılmış parça etten kubi kebap geldi. Çok yerde, türlü çeşitli çorbalar içtik İran'da, ne hikmetse bu Hayyam Lokantası'nın çorbası hep bir başka tad bıraktı damaklarda. Kıvamlı bir domates suyunun içine havuç başta olmak üzere minik minik doğranmış birkaç tür sebze ve bol yarma buğday. Ortaya şık bir servis kâsesi ve kepçesiyle geliyor, iç içebildiğin kadar.

Hüseyin'i de o lokantada tanıdık. Yukarıdaki çiçekçiydi. Gece yarısına kadar açık, nöbetçi çiçekçi. Servise yardım etti, koşturdu, garsonları payladı. Yemekten sonra, sıra hesaba gelince tam bu cümleyle "konuğumuz olun" dediler. Yiyip içtikten sonra sıra hesaba gelince verilen bu yanıtla, İran'da çok sık karşılaşacaktık. Tıpkı, rasgele adres sorduğumuz birinin işi gücü bırakıp bizi gideceğimiz yere kadar götürmesi, o yetmezse, tarihi ve turistik bilgiler vermesi gibi.

O gece de, şehir dışına kadar iki refakatçimiz vardı. Lokantanın sahipleri baba oğul Mehdipur'lar. Dükkânı bizimle birlikte kapattıktan sonra, Tahran yolunu bulmamıza yardım etmişlerdi. Gece vakti ikinci Tebriz turuyla, bu kente ilk merhabamızı bırakıp yola devam etmiştik.

İBRİŞİM ÇARŞISI

Daha sonraki her geçişimizde, çiçekçi Hüseyin'in dükkânı ile Hayyam Lokantası bizim durağımız, Tebriz şehri de konağımız oldu. Kuşkusuz, bir türlü kıyı bucak gezip bitiremediğimiz İbrişim Çarşısı da...

Kendimize bir otel belledik. Hotel Sina, gayet güzel, temiz, bakımlı, Gülistan Bağı'nın hemen köşesinde. Otelin önünden geçen dolmuşlar, İbrişim Çarşısı'na kadar götürüyor.

Birine el edip durdurdum. 1970'lerde Ankara'da çalışan Kızılay-Bahçeli dolmuşlarına benziyordu. Boştu, arkaya yerleştim. Yüz metre gitmeden iki kadın oturdu yanıma, hemen arkalarından dolmuş doldu. Belediye otobüslerine kadınlar ve erkekler ayrı kapılardan inip biniyorlar, oturdukları bölümler de ayrı. Kadınlar arkada, erkekler önde. Ancak bu dolmuşlarda yan yana, diz dize yolculuk yapılıyor. Kaçan göçen yok. Gideceğimiz yer uzak değil ama, inen binen eksik olmuyor, ben köşeye sıkıştıkça sıkışıyorum. Nihayet çarşının önünde herkes indi dolmuştan.

Görünüm pek öyle ihtişamlı değildi. Tek katlı, sade bir yapı. Önündeki bulvarı kazmışlar, harıl harıl yeraltı çarşısı inşa ediyorlar. Geniş bulvarda iki yönlü akan trafik allak bullak olmuş. Yaya geçitleri de trafik işaretleri gibi pek itibar görmediği için, karşıya geçmenin tek çaresi, arabaların arasına atılmak. Birkaç zikzak çizerek, el kol hareketleriyle kendinizi göstererek, gerektiği yerde koşup gerektiği yerde yavaşlayarak geçebiliyorsunuz karşıdan karşıya. Bir İstanbullu için hiç de zor değil. İnşaat bitip de yeraltı çarşısı canlı bir alışveriş merkezi haline gelince karşıdan karşıya geçmek kolaylaştı, cambazlığa gerek kalmadı. Öte yandan yeni ile eski arasındaki geçiş de iyice keskinleşti.

Bulvara açılan iki küçük kapısı var çarşının. Birinden baharat kokusu püskürüyor, diğerinden altın parıltısı saçılıyor... Ancak bu kapılardan geçerek bir çarşıya girdiğini zannedenler yanılıyor, çünkü burası, aslında kilometrelerce uzayan, yayılan, yükselip alçalan bir labirent.

Genel olarak 'Bazar' diye bilinen ama bizim ilk duyduğumuz adla, 'İbrişim Çarşısı' diye anmaktan hoşlandığımız bu yapının bin yılı aşan geçmişinden söz ediliyor. Üç kilometre karelik bir alana yayıldığı biliniyor, ancak içindeki sokakların, geçitlerin sayısı meçhul. Yapı son halini on beşinci yüzyılda almış.

Tebriz'e gidip de, "Hemşerim, buranın nesi meşhur?" diye soracak olursanız, "Altını, gümüşü, halısı, bir de kınası meşhurdur," derler. Bunların hepsi de İbrişim Çarşısı'nda bulunur. Bu çarşıda bir kere kaybolmaya görün, aradığınızı da bulursunuz aramadığınızı da.

Kızıl Pazarı kapısından girdik labirente. Girmeden önce, Nasır'ın, hemen yol üstündeki saatçi dükkânına uğramıştım. Ufak tefek tamir işlerinin yapıldığı küçük bir dükkândı. Milas'taki saatçi Ruhi'nin dükkânı gibi. Ama Ruhi'nin dükkân, eski saatten, 'necefli maşrapa'ya kadar envai çeşit nesneyle doluyken, Nasır'ınki daha mütevazı. Nasır 'adresimiz belli olsun' diye kullanıyor kardeşlerine bıraktığı dükkânı belli ki. Daha çok kardeşi Mansur'la birlikte turist rehberliği yapıyor. Grup gezdiriyor, gelen giden yabancılarla ilgileniyorlar. Biz de Tebriz'e her gelişte uğrayıp hal hatır soruyoruz, işleri uygunsa birlikte dolaşıyoruz.

Bu sefer ikisi de yoktu dükkânda, selam bırakıp Kızıl Pazarı'na, spotlar altında yanıp sönen altın ışıltıları arasında girmiştik. Çok geçmeden herkes bir yana dağılmış, sokak aralarında, han avlularında, bedesten içlerinde kaybolup gitmişlerdi.

Kızıl Pazarı, yüksek ve sivri kubbeli bir bedesten. Kubbeler, gittikçe daralan çemberler halinde tuğlayla örülmüş, sıvanmadan, öylece bırakılmış. Tepedeki küçük, yuvarlak pencerelerden sızan gün ışığı, tuğlaların rengini alarak tam kuyumcu vitrinlerine düşecekken spot aydınlığında eriyip gidiyor. Tebrizli kadınların kalem işi, telkari altın ihtiyacı Kızıl Pazarı'ndan karşılanıyor. Altın için, 'ihtiyaç' vurgusuna takılmayın, gerçekten ihtiyaçtır, hiç tartışmayalım. Kuyumcularla kadınların pazarlığı yeteri kadar uğultu yaratıyor zaten bedestende.

Dellazen Pazarı'na girdiğimde de çekişmeli bir alışveriş sürüyordu. Bu kez kubbelerdeki pencerelerden giren gün ışığı, halılardan kalkan tozların oynaştığı huzmeler halinde taş döşemenin üstüne düşüyordu. Peş peşe dizilmiş parlak ışık sütunları, ucu bucağı yokmuş gibi görünmesine yol açıyordu çarşının.

Dükkânların hepsinde, ister toptan halı satılsın, isterse bir gömleklik kumaş kesilsin, hesap yaparken abaküs kullanıyorlar. Buradaki adı 'çortke'. İlkokulda matematik öğrenirken biz de tele dizili renkli plastik boncuklardan oluşan basit aletler kullanırdık, şimdi de görüyorum zaman zaman çocukların elinde. Birler, onlar, yüzler haneleri olurdu, o hanelerden hesap yapardık. Abaküs, onun aynısı neredeyse. Tele geçirilmiş tavla pulu büyüklüğünde on sıra ahşap boncuk. Tahtaların rengi el kirinden değişmiş, ince bir cila, güzel bir patina oluşmuş her birinin üstünde. Esnafın masasında duruyor abaküsler, pilli, ekranlı hesap makinaları gibi. Nasıl kullanıldığını defalarca anlattıkları ve her seferinde ben anlamış gibi olduğum halde, şimdi size iki artı ikiyi toplarım da abaküs yardımıyla, yüz yirmi beş ile iki yüz kırkı çarpamam. Zaten ilkokuldaki boncuklu aletleri de, renklerini sağa sola aktararak desenler, şekiller yapmak için kullanırdım ben, hesap yapmaktan çok.

Toptancılar halı balyalarını, ip yumaklarını, çileleri oradan oraya aktarıyorlardı abaküsle sayarak. Az sonra Skoda benzeri

Peykan kamyonetler dış kapıya yanaşacak, mallar yüklenecekti. Aslında bu balyaların develerle pazardan çıkarılmasını istiyor insanın gönlü. Hani, mekân eski, halı balyaları, satıcıların kostümleri hepsi mekâna uygun, bir de develer gelse paşa gönlümüz tam olacak.

Ancak, Bazar-ı Şüturban diye bilinen deve pazarı, çoktan dağılmış, bakırcılar çarşısı olmuş. Develer, Dellazen'den yükleriyle iki yana sallanarak çıksalar bile, şehrin cayırtılı trafiğinde ilerleyemez, telef olurlar.

Bazar-ı Şüturban'da miskerler, kendi kubbeleri altında bakır kazan dövmeye devam ediyorlar. Hemen yanı başlarına alimünyum, plastik, porselen kap kacak satan dükkânlar açılmış. Ama baharatçıların binlerce yıllık saltanatına dokunmaya kimsenin gücü yetmemiş. Öyle ya, kimyasal tatlandırıcıların, endüstriyel gıda sektörünün alayı, iki numara ufak kalır safranların, kakulelerin, hardal otlarının, karabiberlerin yanında. İbrişim Pazarı'nda aylak aylak dolaşırken, biraz da yönümü yolumu kaybetmiş, gözüme kestirdiğim her sokağa, her geçide girip çıkarken, baharatçılara yaklaştığımı buram buram yükselen kokulardan anlamıştım... Kuruyemişçiler baharatçılarla aynı bedestene yerleşmişti. Kuru incirin tam zamanıydı.

İbrişim Çarşısı'na adını veren ipeği alıp satan pek kalmamış artık. Küçük bir handa, sabahın erken vaktinde açılan mezat, birkaç saat sürmeden bitiyor. İpek ışıltıları kaybolmadan kepenkleri indiriyorlar.

Bu çarşıya girmek kolay da, çıkmak için gönlünün bir kısmını içerde bırakmak gerekiyor.

İran'daki hemen tüm tarihi mekânlarda olduğu gibi, İbrişim Çarşısı'nda da yoğun bir onarım faaliyeti sürüyor. Muzafferiye Bedesteni'ndeki işler neredeyse bitmiş. Yüksek tavanlı dükkânlar ortadan bölünerek iki kat çıkarılmış, dış cepheye hiç dokunmadan inşaat tamamlanmış. Bedestenin iki tarafındaki büyük kapıların üstlerine vitraylar yerleştirilmiş. Ortalık karma karışık, dükkânlar boş, tavan kubbelerindeki sıvalar tam temizlenmemiş, inşaat artıklarından kalkan kesif bir toz var havada ancak, vitraylardan giren renkli huzmelerin altında her şey hoş görünüyor. Bu hoşluk Muzafferiye kullanıma açıldıktan sonra da sürdü. Özellikle Tebrizli mimarlık öğrencilerinin kanaviçe detayları saatlerce ince ince çizip durdukları bir yer haline geldi. Halıcılar, sanki hiç yoklarmış gibi onlara aldırmadan tozu dumana katarak balyaları açıyor, çoğu genç kadınlardan oluşan öğrenciler de istiflerini bozmadan gözlerini tavana dikip, kemer, kiriş, kubbe çiziyorlardı.

Narkani'yle orada tanıştık. Tebriz'in namsız şairlerinden biriydi. Kravatlı, ceketinin mendil cebinden siyah bir saten sarkan yaşlı bir adam. Şehriyar'ı tanırmış. Hoş beşten sonra, nasıl denk geldiyse, bir şiir istedik İran'ın, hele hele Şarki Azarbeycan'ın medarı iftiharı şair Şehriyar'dan. Tok sesiyle ilk mısraya başlarken çevremizdeki kalabalık sessizleşti. Muzafferiye'nin taze sıvalarında yankılandı şiir. Sonra Narkani, yarın Şairler Mezarlığı'nda yapılacak törenden söz etti. Birkaç gün önce Almanya'da hayata veda eden Şair Cevat Kenareci'nin defin töreni yapılacaktı. Siyah mendili, yas alameti olarak takmıştı göğsüne; istersek biz de eşlik edebilirdik şairin son yolculuğuna.

TEBRİZ'DE ŞAİRLER MEZARLIĞI

"Neden?" diye soracak olursanız, "Bu memleketin beni çekmesindeki nedenlerden biri, şairlerdir" diye cevap veririm. Şiir ve şairler gözbebeğim olduğundan, onları yere göğe koyamadığımdan, hayatın estetik kurgusundaki tek ölçüyü şiirden ve şairlerden aldığımdan değil. Sonuçta, Türkiyeli her okur kadar haşır neşirim şiirle ben de. Şiirin, manasına, diliyle üstümde yarattığı etkiye bakarım, sıradan her okur gibi. Bu, benim kişisel ilişkimdir şiirle. Bir de şiir ve şairler âleminin toplumdaki etkisine, aynı dili konuştuğum insanlarla paylaştığım coğrafyadaki kıymeti harbiyesine bakarım... Şimdi, Türkiye'deki şiirden, şairlerden sormayın bana. Ben size İran'da karşılaştığım, kendisine şair demeden şiir yazan, Farsça'nın şiir deryasından haberdar genç yaşlı şairlerden de söz etmeyelim burada. Tebriz'deki Şairler Mezarlığı'nı anlatayım biraz, biraz da Cevat Kenareci'nin cenaze törenini. Ama isterseniz önce siz, Anadolu'da kaç şairin mezarını bildiğinizi düşünürken, ben bir çırpıda, Acem ellerinde bildiğim şair mezarlarını sıralayayım: Tebriz'de Çağdaş İran şairi Şehriyar'ın anıt mezarı. Burası 'Şairler Mezarlığı' diye biliniyor. Kimine göre dört yüz, kimine göre altı yüz şair, Şehriyar'la birlikte büyük bir bahçe içinde yatıyor. Bu, bir. Şiraz'da hemen kentin girişindeki Dervazeyi Kuran'da Hacı Kirman'ın kabri. Şair, ömrünü geçirdiği mağaranın hemen yanındaki yüksek eyvanın altına gömülmüş. Mağarası, küçük bir çayhane olarak düzenlenmiş. Bu, iki. Yine güller ve şairler şehri Şiraz'ın içinde, bir yamaca yaslanmış Hafız'ın türbesi, üç; serin bir pınarın başında yatan Sadi'nin kabri, dört. Meşhed yakınlarındaki Tus'da Firdevsi, beş. Nişabur'da Ömer Hayyam, altı... Bunlar sadece benim bildiklerim ve ziyaret ettiklerim. Özenli bahçeler içinde, anıtsal yapıların altında uyuyor İran'ın şairleri.

Kabirlerin ortak özelliği, saygın birer ziyaret yeri olması. Bu ziyaretler, yasak savma, yıldönümünde hatırlanma biçiminde gerçekleşmiyor. Sıradan, kuru resmi törenlerle anılmıyor şairler. İranlılar, ne zaman denk gelirse, gidip şairlerini yokluyorlar. İyi havalarda, hafta sonlarında, şöyle bir kafa dinlemek için, dışardan gelmiş misafirleri gezdirirlerken, bayramda, seyranda... şairleri ziyaret ediyorlar. Baş uçlarında dua okuyanlar, hatim indirenler kadar şiirlerini mırıldananları da gördüm.

Anıtsal mezarları çevreleyen bahçelerden hoş bir müzik yayılıyor etrafa. Genellikle santurla yumuşak havalar çalınıyor. Şairin dizelerinden yapılmış besteler okunuyor. Bahçelerin uygun bir yerine küçük çayhaneler yapılmış. Kadın erkek, çoluk çocuk İranlı'lar oturup, hem demleniyor hem de oradaki kitaplıktan bir cilt çekip, olmazsa kabir çevresindeki mermerlere kazınmış beyitleri okuyarak gün geçiriyorlar. Bazı günler iğne atsan yere düşmüyor buralarda. Kısacası üç yüz, beş yüz yaşındaki şairler, bu anlamlı ziyaretlerle hâlâ yaşıyor İran'da.

Tebriz'de Şehriyar'ın kabrini ziyaret ettiğimiz günlerde bizim memlekette de 'Nazım Hikmet'in kabri gelsin mi gelmesin mi?

Vatandaşlığı iade edilsin mi edilmesin mi?' tartışması bütün yoğunluğuyla sürüyordu, ekonomik krizin tozu dumanı arasıda. Gelse ne olur, gelmese ne yazar? Vatandaşlığa alınsa ne değişir, alınmasa kim kaybeder? Bilemem. Haydi geldi, vatandaşlığı da iade edildi diyelim. Kim, ne kadar süre yoklar Nazım'ı sabah akşam? Üç yüz yıl sonra kim bulur kabrinin yerini, kaygılıyım. Bence bu mesele siyasal bir mücadeleden çok, toplumsallaşmış, içselleşmiş bir şiir duygusunun alanına girer. Varsa olur, yoksa olmaz. Kanırtarak, zorlayarak açılmaz bu gönül kapısı. Şairler de mezarlarında itilip kakılmayı pek hak etmezler. Anadolu'daki bir köy mezarlığı ile, Moskova'daki kabristan arasında, tenhalık ve sükûnet açısından pek fark yoktur aslında. Hele siyasal sınırların kıymeti harbiyesi hiç... Ha o yakası Karadeniz'in, ha bu tarafı. Hepsi bir.

Şairler Mezarlığı, Tebriz'in içinde. Düzenlemesi yeni bitmiş, büyük bir bahçenin ortasında, modern çizgilerin hâkim olduğu yüksek beton bir anıtın altında. Burada Şehriyar'la birlikte, şiir bahçelerinde dolaşmış yüzlerce şair yoldaşı yatıyor.

Şehriyar, asıl adıyla Seyyid Muhammet Hüseyin Behçet Tebrizî, on üç yıl önce 82 yaşında ölmüş. Mezar taşı, İran'daki bütün mezarlar gibi yere uzanmış bir mermer parçası. Taşına güzel bir beyit kazınmış. Tercüme ettiler ama benim burada söylemem haksızlık olur. Ne vezin uyar ne kafiye, ne de anlamı aktaracak kelimeleri bulabilirim. En iyisi, mezar taşı yazısı bana kalsın, daire biçimindeki bu geniş salonu az buçuk anlatmaya çalışayım: Salon yerin altında. Bir mezara uygun biçimde yerin altında. Şehriyar'ın mezar taşı, çemberin kenarına doğru yerleştirilmiş. Aydınlık, sakin bir mekân. Mermer döşeli yuvarak salonun tavanı cam kubbeyle örtülü. Aydınlık oradan geliyor. Kubbenin üstünde, Şairler Mezarlığı'nın anıtsal yapısı yükseliyor.

Bir gün önce Narkani'yle anlaştığımız gibi, sabah erkenden gittik Şehriyar'a. Günün bu saatinde kimse yoktu görünürde. Bahçede biraz dolaştık, sokak aralarına doğru açıldık, çarşıya çıktık. Nevruz alışverişi bütün hızıyla sürüyordu. Dükkân önlerine, kaldırımlara dizilmiş akvaryumlarda renkli süs balıkları satılıyordu. Yeni yılın iyi geçmesi, dileklerin yerine gelmesi için, herkes birer ikişer bu balıklardan alıp evine götürüyordu. Çarşıda dolaşırken, uzaktan gelen ilahileri duyduk. Şairler Mezarlığı'ndaki hoparlörlerden geliyordu. Geri döndük. Cenaze arabası bahçeye giriyordu.

Şairin beyaz bir çelenk içindeki büyük boy fotoğrafını taşıyan araba anıtın önünde durdu. Çok kalabalık değildi uğurlamaya gelenler. Tabutu cam kubbeli salona aldılar. Bir kürsünün çevresine, şairin resimleri yerleştirilmiş, çiçeklerle süslü bir sahne kurulmuştu. Gelenler duvar diplerine dizildi. Ben Şehriyar'ın ayak ucunda bir yer buldum.

Almanya'da yirmi yıl yaşadıktan sonra, 69 yaşında hayattan ayrılan, Âzer mahlaslı Cevat Kenareci, bir grup öğrenci, ailesi, yakınları ve birkaç şair dostunun katıldığı törenle uğurlanıyordu. Herkes yerini aldıktan sonra konuşmalar başladı. Şiirleri okundu, güzel sözler söylendi. İçli bir törendi doğrusu. Arada anladığım birkaç kelime dışında sadece şiirlerin melodisini, sözlerin uçuşmasını, kürsüdekilerin hıçkırıklarını ve iç çekmelerini dinledim. Kim bilir ne zamandan beri ağlayan kadınlara çok geçmeden erkekler de katıldı. Gözyaşlarını gizlemeye çalışmadan hep birlikte şairin arkasından ağlıyorlardı...

KÂLYÂN ÇEKENLER

Şimdi nargile zamanıdır. İbrişim Çarşısı'ndaki çayhaneler süpürülüp sulanmış, serin ve loş kubbelerin altında, terbiyeli Tebriz tömbekileri közlenmiştir. İran'da nargilenin hası, Tebriz'de Ibrişim Çarşısı'nda çekilir. Ancak, "Nargile lütfen," diye değil de, "Ağa can, lütfen bir kâlyân veresen," diye istemek gerekir.

Çaya hiç çekinmeden 'çay' deyin, hası gelir.

Oturup çay söyledim. İbrişim Çarşısı'nda dolaşırken, şekerciler, kumaşçılar, terlikçiler arasında gün boyu verdiğim sayısız çay molalarından birindeydim, akşamdan önceki son molada. Sabah çarşıya ilk girdiğimde, daha esnafın afyonu patlamadan, dükkânın kapısını açıp ortalığı havalandırırken bir bardak çay içip kendine gelmek için toplandığı tamirciler bedesteninin girişindeki çayhaneydi burası. Pazara dağılmış arkadaşlarla da orada buluşmuştuk.

Ortası havuzlu büyük avluyu çeviren iki katlı dükkânların alt katları yazıhane, üstleri halı tamir atölyesi olarak kullanılıyor. Sabah dükkânı birlikte açtığımız esnaf, akşam vakti de bizi karşısında görünce bir tuhaf oldu ama, fark etmez, herkese birer çay ısmarladık, tabii biz ısmarladığımızı zannettik. Boşa. Çayların parasını onlar verdi, bize fotoğraflarını çekmek kaldı.

Keresteden çakılmış banka tek sıra oturmuş, nargilelerini tokurdatırken, "İşiniz zormuş, bütün gün sokaklarda piyade. Yorulmayasız," dediler. Biz aylak geziyorduk, onlar bütün gün çalışmışlardı, az sonra da avluya serdikleri tezgâhları, tamirli halıları, yıkanmış ipleri toplayacaklardı. Asıl kolay gelsini onlar hak etmişti: "Yorulmayasıız, elleriniz argımasıın"ı biz söyledik, çıkarken.

Kapının önünde Mansur'a rastladık. Bizi bulacağı yeri tahmin etmişti. Bu aralar Japon turist akını vardı, onlardan bir grubu gezdirmişti bütün gün.

YEŞİL GÖZLÜ, YAŞLI MÜRŞİT

Dellazen Pazarı'ndan çıktık. İplikçilerle halıcılar, dükkânlarının önüne gün boyu dizip durdukları çileleri, yumakları, halıları toplamış, işlerini bitirmek üzerelerdi. Esnaf, küçük dükkânlarını, mostralıklarla tıka basa doldurmuş, sadece ustayla çırağın bildiği düzen içinde yerleştirilen çuvallardan, denklerden adım atacak yer kalmamıştı içerde. İşini bitirenler büyük gürültüyle kepenk indirirlerken, İbrişim Çarşısı'nın yüksek kubbelerinden sızan ışıklar yavaşça çekildi. Vakit akşamdı.

Yumruk kadar kabaralar çakılmış demir kapı arkamızdan kapandı. Birkaç yorgun esnaftan başka gelip geçeni olmayan karanlık bir sokağa girdik. Mansur önümüzde yürüyordu. Gündüzden izin almıştık, zulhaneye gidiyorduk.

Zulhaneler, İran'ın ata sporu güreş için pehlivan yetiştiren ocaklar. Aynı zamanda akşamları dükkânı kapatan esnafın, tezgâhını toplayan sanatkârın, form tutmak, göbek eritmek için kullandığı spor salonları. Bir mürşidin yönetiminde ve idare heyetinin denetimindeki Zulhaneler, bir nevi esnaf örgütü, sosyal yardımlaşma kurumu gibi de çalışıyor. Yoksullar evlendiriliyor, iş kurmak isteyene yardım ediliyor, başı sıkışana el uzatılıyor. Bir vakitler iyice yaygın olan ve zulhaneyle ilişkilenen herkesin aktif olarak katıldığı bu dayanışma, son zamanlarda oldukça gevşemiş.

İran'a her gidişte denk getirebilirsek Tahran'da, İsfahan'da, Tebriz'de, nerede izin alabilirsek orada, zulhaneleri ziyaret ediyoruz. Aletli jimnastikle aerobik karışımı, dinsel motiflerle bezeli idmanları izliyoruz. Def eşliğinde ilahiler dinliyoruz. Saatler sürüyor bu törensi sportif faaliyet. Ortaya dökülmüş yiğitleri izlerken ben yoruluyorum.

Zulhanelerde yapılan işe sadece spor demek güç. Bir nevi dans buradaki. Sırım gibi ihtiyarların, göbekli heriflerin, yağız delikanlıların döne kıvrıla, yata kalka, yaptıkları bir dans. Estetiği, ritmi, uyumu, hepsi mevcut, belki biraz fazla yorucu ama dansçıların daha az yorulduğunu kim söylüyor ki...

İran'da gördüğüm zulhanelerden bazıları yüzyıldır aynı mekânı kullanıyordu. Mimarisi, iç düzenlemesi, süslemesi, kullandıkları alet edevatla bir müzeyi andırmaktaydı. Bazı zulhaneler de neon aydınlatmalı, beton zeminli sıradan salonlardı.

Bu mekânlar ister eski olsun ister yeni, iç düzenleri az çok birbirine benziyor. Genellikle iki katlı yapılar. Üst kat soyunma ve dinlenme odası olarak kullanılıyor. Alt kat geniş bir salon. Salonun bir köşesinde mürşit köşkü, orta yerinde de on-on beş kişinin sığabileceği, hoplayıp zıplayabileceği, havuz gibi dörtgen bir çukur bulunuyor. Salon çepeçevre banklarla çevrili. İzlemek için gelenlerle yorulup dinlenmek isteyenler burada oturuyorlar. Bazı zulhaneler kısa bir süre için kadın izleyici kabul ediyor. İranlı kadınlardan zinhar söz etmiyoruz burada; yabancı kadınlara, turist taifesine sözümüz.

Dellazen Pazarı kapanırken gittiğimiz Gerşahsi Zulhane, çarşı esnafının mekânı. Ondan biraz ötede, Poli Kari Semaver Pazar'daki Berişgah'ı Gif Zulhanesi ise neon aydınlatmalı yeni bir yapı. Mürşidi, tanınmış bir hanende. Televizyonlarda, özel günlerde ilahiler, gazeller okuyor, ancak burada kullandıkları ses düzeni bir alâmet. Sekiz kat yankılı, bol ekolu. Kadın izleyici de kabul etmiyorlar. Biz bu nedenle eski olana, Gerşahsi Zulhanesi'ne gidiyoruz.

Tenha sokaklardan geçtikten sonra alçak bir kapıyı tıklatıp beklemeye başladık. İçerde, merdiven inen takunyaların sesi yankılandı, kapı açıldı. Beli peştamallı, ayağı takunyalı genç adam, yüzümüze baktı, bir şey söylemeden arkasını dönüp uzaklaştı. Merdiven çıkan takunyaların sesini dinleyerek loş bir koridordan geçip, ortasında iri kristal avizenin sallandığı salona girdik. Avize gerçekten sallanıyordu, çünkü üst kattaki kalabalık, ısınma hareketleri için hoplayıp zıplamaya başlamıştı.

Salonun yüksek duvarlarına, kalın ahşap çerçeveli taş aynalar asılmıştı. İdman yapanların kendilerini izleyebilmesi için eğik asılan aynalara, salonun iç içe sayısız görüntüsü düşüyordu. Duvar diplerine tahta sıralar konmuştu. Ortadaki çukurun dört köşesine nasıl kullanıldığı ilk bakışta pek anlaşılmayan tahtadan, demirden yapılmış spor malzemeleri dizilmişti. Kimse yoktu görünürde. Üst kattaki ısınma hareketleri bitmişti. Arada bir yere düşen eşyaların sesi, hızla bırakılan bir soluğun hırıltısı, takunya tıkırtıları ile mırıltılar kalmıştı geriye. Ortadaki kristal avize, usul usul sallanmayı sürdürüyordu.

Oturup beklemeye başladık, idmanda kullanılan aletleri seyrettim bir süre. Devasa büyüklükteki labutları tanıyabildim sadece, diğerlerini bir şeye benzetemedim. İki demir borunun arasına takılmış kalın zincir sıraları, ahşap kapı yavrusu gibi iki büyük kalkan, upuzun takunyaları andıran, iki ucuna ayak çıkıntısı çakılmış bir sürü kalın çıta, nasıl kullanılır, neye yarar, merak sebebiydi doğrusu. Çıtalar dışındaki her şey ağır ve pek şakaya gelir yanı olmayan aletlerdi.

Aynalardaki iç içe görüntülerimizle oyalandık bir süre. Yukarıdan gelen seslerden geriye sadece körük gibi soluk alıp vermeler kalmıştı. Az daha gayret etseler, alt katta rüzgâr estireceklerdi.

Çok geçmeden merdivenlerden bir çift takunyalı, sıska bacak göründü. Rengi solmuş ekose peştamalın üstünde yaşlı bir adamın beyaz atletli gövdesi belirdi. Ağarmış göğüs kılları, iri adem elması, üç günlük sakalı, çökük avurtları ardından, olacak şey değil ama, uzun kıvrık kirpiklerle gölgelenmiş bir çift iri yeşil göz belirdi. Parlak, duru, koyu mavi hâreli, müthiş genç bakışlar. Mürşit idi gelen. İdmanı yönetip yönlendirecekti. Köşküne çıktı. Kadifeler, püsküller, sancaklar ve zillerle süslü tahtına bağdaş kurarak oturdu. Başının üstünde asılı büyük bronz çanı üç defa vurunca bütün sesler kesildi zulhanede.

Mürşit, çiftenağra davulunu önüne çekip yokladı. Kalın gergin deriyi ovalayarak ısıttı, bir iki denemeden sonra hazır olduğunu belirtir biçimde çanı tekrar öttürerek içli bir sesle gazele başladı. Koca Hindistan'ın Puşkar'daki tek Brahma Tapınağı'nda, çan makinasının vuruşları arasında duyulan akşam ilahisine benziyordu. Alakası yok ama bana öyle geldi.

Dua biterken, davulun sesine uyan takunyalar merdivenlerden inmeye başladı. Yaşlı, genç, kıllı, tüysüz, sportmen, tombul her tipten on yarı çıplak adam aşağı iniyorlardı. Üstlerine atlet fanila giymişlerdi, altlarına, bacak aralarından dolanarak taşaklarını iyice toparlayan peştamal sarmışlardı. En arkadaki, gerçek bir pehlivan eskisiydi ki, olanca heybetiyle önce göbeği belirdi; kalın kolları ve kat kat ensesi, işinin piri olduğunu gösteriyordu. Diğerleri, Mürşit'in ritmine uyarak salonun ortasındaki büyük çukurda ısınma hareketleri yaparlarken o, karşı köşeye geçti. Küçük birer kapı kadar heybetli kalın kalkanları iki koluna takarak sırt üstü yattı, bir birini, bir diğerini kaldırıp indirmeye başladı.

Mansur'a, "Kaç kilo bunlar?" diye sordum, "Daşların her biri kırk kıloyla elli kilo arasında değişir, pehlivanına göre," dedi.

Pehlivan kollarındaki daşlarla on dakika kadar sırt üstü bir o yana bir bu yana, yuvarlanarak ısınırken, diğerleri, önlerine koydukları ahşap sekilerde müzik eşliğinde bir aşağı bir yukarı hoplayıp zıplamaya başladılar. Aerobik idmanlarının nereden araklandığı o an hepimize malum oldu.

Mürşit, tempoyu hızlandırarak sporcuları zorluyor, yavaşlatarak dinlendiriyordu. Bir süre izledikten sonra, Mürşit'in tempo talimatını, yetmiş yaşlarında gösteren ve her an yığılıp kalacakmış gibi görünmesine rağmen, hareketleri en hakkını vererek hem de dans estetiğiyle yapan Miyandar'ın işaretlerinden aldığını anladık.

Miyandar'la Mürşit, bu zulhanenin hocalarıydı. Kollarına taktığı 'daş'larla yerde yuvarlanıp duran yarma, emekliliği çoktan geçmiş pehlivan, ortadaki peştamallılar da form tutmaya çalışan esnaf, öğrenci filan...

Isınma faslı bitti. Lobutlara geçerken, yerdeki pehlivan da geldi, mil dedikleri lobutların en büyüğünü o aldı, diğerleri onar kiloluk küçük milleri kavradılar, çevirip sallayarak göğüslerinden sırtlarına geçiriyorlardı. Epeyce bir süre kim elinden kaçıracak, kimin kafasına mil çarpacak diye heyecan içinde seyrettik. Aletleri kenara koyduktan sonra derin nefes alıp vererek kendilerini toparlarlarken biz de rahatladık. Hemen ardından, Mürşit oynak bir ritme geçti. Küçük kol bacak hareketleriyle kaslarını soğutmadan dinlenmeye çalışanlar bu tempoyla birlikte teker teker ortaya çıkarak kendi etraflarında dönmeye başladılar. Mevlevi dervişlerinin dönüşü gibi, ama daha çok Rufai dervişlerinin akıl almaz hızıyla, topaç gibi... Sırasını savan kenara çekilip terini soğutmadan bekliyordu.

Aradaki şınavlı mekikli dinlenmeden sonra, zincir ve demirden oluşan keppadelere sıra geldiğinde, 'gösteri'nin en sanatlı bölümü başladı. Demirleri tam ortalarından kavrayıp, kollarını havada gererek, zincirleri bir sağdaki kola bir soldaki kola topluyorlardı. Zincirlerin ve zillerin sesine hep birlikte alınıp verilen soluğun uğultusu ve davulun ritmi de eklenince müthiş bir müzik oluştu. Ortadaki adamların ter içindeki bedenleri ve bunca gayretleri insanın gözlerini yaşartıyordu. Çıkıp gitmezsek biz helak olacaktık.

Mürşit uzun bir ilahiyi bitirir bitirmez toparlanıp kapıya yöneldik. Geçerken verdiğimiz derin selamı, iri yeşil gözleriyle aldı ve arkamızdan bir duaya başladı. Ondan sonra da hangi zulhaneye gitsek, oranın Mürşidi uzun övgülü bir hoşgeldinden sonra, iyilik dilekleriyle dolu bir duayı esirgemedi.

AZATLIK MI MÜHİM, EMNİYET Mİ?

Kuru Çay'ın karşısına geçinceye kadar epeyce toz yuttuk. İbrişim Çarşısı'ndan çıkmış, nehrin karşı kıyısındaki Kızbeşti Pazarı'na gidiyorduk. İçine düştüğümüz inşaat faaliyeti, nehri ıslah etmeye uğraşıyor, istinat duvarları ve beton köprülerle, iki çarşı arasına bıçak gibi giriyordu.

Yeni bitmiş beton köprüden Kuru Çay'ı geçer geçmez, kazan döven miskerlerin sesi geldi. Beton karan makinaların uğultusu kaybolmuş, yerini ahşap tokmakların bakır üstündeki tınlaması almıştı. Ben severim. Zanaatkârların sadece çalışmasını seyretmeyi değil, seslerini dinlemeyi de. Hatta açıkça söylemek gerekirse, insanla madde arasındaki en doğru ilişkiyi zanaatkârların kurduğuna inanırım. İster kavramsal, isterse işlevsel olsun... Sanat denilen faaliyet, uzunca bir süredir benim dalga boyumun kapsayamadığı alanlarda koşturduğu için, zanaatkârlara olan saygımı bir kez daha arz ederim. Kızbeşti Pazarı'ına giderken de öyle yaptım. Kazancılara ulaştığımda selamımın karşılıksız kalmayacağı aşikârdı. Öyle de oldu...

Miskerler, türlü çeşit örs üstünde, inceli kalınlı tokmaklarla, irili ufaklı ıbrıklar, güğümler yapmış, raflara dizmişlerdi. Hepsi kalaysız, kırmızı bakırdandı ve hiçbirinin şekli bir diğerine benzemiyordu. Ustalar, her parçadan birer örnek çıkarmış, sipariş için mostralık düzmüşlerdi.

İçerde salak salak dolaşan cılız çıraklarla, ustasını kollamayı ihmal etmeyen uyanık kalfalar, bir punduna getirip itişirlerken, çırağın yediği tokat herkese haddini bildiriyordu. Şaplağın sesine alışkın ustalar, dükkânların önüne attıkları taburelerin kirden meşin görüntüsü veren minderleri kıçlarına yapışmış vaziyette asırlardır kazan dövmekteydiler. Yanlarındaki ıbrık, çarşının bozuk zeminini sulamak, toz toprağı yatıştırmak içindi. Her ne sebeple olursa olsun, şaplağı yiyen çırak ilk iş bu ıbrığa sarılır, yerleri suladıktan sonra yeni şaplaklar yemeye hazır hale gelirdi.

Yan yana dizilmiş küçük işliklerin önünden, körük basanları, kömür şişleyen, demir tavlayanları seyrederek geçerken, Urfa Çarşısı'ndaki tütün pazarının karşısına düşen bakırcılara girdik sanki. Dükkânların, ustaların, kalfaların, çırakların, kazanların ve şaplakların hiç farkı yoktu. Havayı yoğun bir asit buharı kaplamıştı. Ocakların saldığı duman, kemerli tavana doğru aynı isteksizlikle yükseliyordu. Ustaların bakır yeşili yansıyan kurşuni gözbebekleri bile aynıydı neredeyse. Urfa'daki bakırcılardan belki tek farkları, biraz daha köhne oluşlarıydı ve buradaki işliklerin açıldığı küçük meydanda topaç çeviren çocuklar yoktu.

Urfa'da eski kentin hemen her meydanında olduğu gibi, çarşı içindeki tütün pazarında da çocuklar deleme çevirir, topaç yani. Plastik torbalarda alıcı bekleyen, gelin saçı tütünlerin arasında şenlik başlaması için küçük bir işaret yeter. Hepsinin cebinde kınnapıyla zevkine göre bir topaç hazır beklemektedir zaten. Ortaya biri çıkıp da afili bir atışla topacını döndürmeye başladığında, diğer çocuklar da ona katılırlar. Hepsi ustadır, maharet sergilemekte yarışırlar. Kimi dönen topacı avucuna alıp koluna doğru yürütür, kimi ip üstünde gezdirir.

Siz de heveslenip kınnap dolamaya, topaç çevirmeye kalkıştığınızda, büyükler sarar çevrenizi. Fırıncı, bakırcı, tütüncü, bıçakçı, alışverişe gelmiş ya da aylak gezen sade vatandaş, beceriksiz atışlarınız karşısında dayanamayıp onlar da işe girişirler. Ağırbaşlı Urfa erkekleri, topaçları, unutulmamış çocukluk anılarının sevinciyle ortalığa dökerler. Kınnaptan boşanıp ortalıkta fır dönen tahta parçasını, gururla çakmaklanan çocuk gözlerle seyrederler. Başarısız denemelerden sonra siz de bir iki tur attırmayı becerebilirseniz eğer, çarşı ahalisinden teselli alkışını hak edersiniz. Tütüncülerden biri de elleriyle sardığı sigarayı size ikram eder.

Kızbeşti Pazarı'nda gezerken acıkmıştım. İran'da adım başı karşımıza çıkan türlü çeşitli hurmalar hem karın doyurmak, hem beslenmek için en uygun yiyecekti. Hindistan'daki muzun yerini burada hurma alıyor. Bol, ucuz, lezzetli, besleyici. Bir torba hurma doldurdum tezgâhtan, yanına küçük bir kese kâğıdı fıstık aldım, hani şu üstüne vernik çekilmiş gibi parlayan, safranlı yer fıstığından ki hurmanın şekerini kırsın. Yürümeye devam ettik.

Boynumuzdaki irili ufaklı makinelerle, üstümüzdeki tuhaf giysilerle biz olmasak çarşı, yüzyıllardır sürdürdüğü uykusundan tedirginlik içinde uyanmayacaktı. Esnaflar, tezgâhtarlar, ustalar, çıraklar, kalfalar, alışverişe konsantre olmuş analarının eteğini çekiştirerek mızıklayan bebeler, çayhanedeki aylaklar, dilenciler, herkes kendi dünyasında bu günü de geçirip gidecekti. Gelin görün ki, onun bunun fotoğrafını çeken kadınlı erkekli kalabalığın çarşı içinde bir aşağı bir yukarı dolaştığını görenler, birbirini dürterek, 'jahangard', 'harici', 'turist' diye fısıldaşıyorlardı arkamızdan. İbrişim Çarşısı'nda olsa neyse de, burada, demir, bakır atölyelerinin, üç beş yoksul şekerci dükkânı ile semercilerin olduğu Şüturban Çarşısı'nda ne işleri vardı bunların? Hani günün bu saatinde, yüz yıl önceki gibi bir deve kervanı girse çarşıya, ancak o kadar yadırganırdı belli ki.

Deve kervanları yük indirsin, mezat kurulsun diye yapılmış, yüksek kubbeli, geniş kapılı Şüturban Çarşısı'nın ortasındaki küçük çayhaneye girdik. Âdet üzre, vazife icabı, çayhaneye girer girmez makinelere sarılmış, nargile tokurdatanların, keyif çatanların fotoğraflarını çekmeye başlamıştık. Çarşı içinde dolaşırken birer ikişer peşimize düşen ahali dışarıda kalmıştı. Çoluk, çocuk, genç, yaşlı bir dolu insan giderek kalabalıklaşıyor, etrafımızdaki kuşatma giderek daralıyor, her dakika çayhaneye biraz daha yaklaşıyorlardı. Sessiz, öylece dikilmiş, gözlerini gözlerimizden ayırmadan çay içişimizi, oturup kalkışımızı seyrediyorlardı.

Çaycı tedirgin olmuştu. İlk kez başına böyle bir şey geliyordu belli ki. Ne yapacağını bilemeden, telaşla oraya buraya seğirtiyor, çay taşıyor, köz tazeliyor, endişeli gözlerle kalabalığa bakıyordu. Birkaç kişiyi azarlayarak kalabalığı dağıtmaya çalıştıysa da fayda etmedi. Biz de İran'da ilk kez böyle bir durumla karşılaşmıştık. Normalde insanlar bakarlar, bir iki laf edip, "Nerelisiniz, nasılsınız, ne yapıyorsunuz?" gibi sorularla meraklarını giderirler, sonra yollarına devam ederlerdi. Bu seferki ilgi biraz fazlaydı doğrusu. 'Çayları içip gidelim biz en iyisi' diye düşünürken, içerde kendi halinde demlenen yaşlı bir adam ayağa kalktı, tezgâhın arkasına geçip bir ibrik aldı, bütün sükûnetiyle ip gibi akan çeşmeden ibriği doldurdu, sonra çayhanenin önüne çıkıp yerleri sulamaya başladı.

İbriğin kıvrık uzun emziğinden sular döküldükçe, kalabalık açılmaya başladı. Sulanan alan, sanki seyircilerin sınırını belirliyor ve bu alan, arkalarındaki duvara doğru gittikçe genişliyordu. Birkaç dakika içinde sert toprak zemin yeterince ıslanmış ve bizim meraklı seyircilerimiz ıslak alanın dışına düşerek birer ikişer dağılıp gitmişlerdi.

Biraz dinlendikten sonra biz de kalktık. Şüturban Pazarı'nın develere layık görkemli kapısından çıkıp semercilere doğru yürüdük. Eşek semeri, deve hamutu yapan ustalar, ahşap iskelet üstüne diktikleri kalın kumaşların içine iri bir demir tığla saman tepiyorlardı. Birkaç işlik kalmıştı geriye. Köylerden gelip sipariş veren olursa ancak çalışıyorlardı.

Onlardan biri söyledi, biz de ilgilendik. "İstanbul Kapısı'nı gördünüz mü?" diye sormuştu, nereden geldiğimizi öğrenen semerci. Tebriz'de eski kent surlarında İstanbul Kapısı olduğunu bilmiyordum. Gidip görelim bari dedik, ne haldeymiş. Biraz uzak demişlerdi, bir taksi çevirdik. Lakin, ya semerci bizimle kafa bulmuştu, ya da taksi şoförü acemiydi. Bir türlü İstanbul Kapısı bulanamadı. Gün battıktan sonra aramaktan vazgeçip otele dönerken, şoförle aramızda hararetli bir muhabbet başladı. Bu arada, Tebriz'deki bütün taksiler gibi bunda da Türkiyeli pop şarkıcılarının kasetleri çalıyordu avaz avaz. Konumuz oldukça derin ve hayatiydi. Sadece İran'da değil, dünyanın pek çok ülkesinde, sokaktaki insanın, düzene karşı tavrını belirlemesinde önem taşıyan bir meseleyi konuşuyorduk. Şöyle açılmıştı mevzu: "Azatlık mı mühim, emniyet mi?"

Bu konuşmanın üzerinde bir yıl geçmiş, bu arada İran kitabı da yayınlanmıştı ki, ABD'nin İkiz Kuleler'i ve Pentagon vuruldu. Ne ferasetli taksi şoförüymüş ki o, dünyanın gündeminde gelecek ikilemi tartışmayı Tebriz'de başlatmıştı. 'Özgürlük mü, güvenlik mi?' Bu konunun her açılışında karşıma bir misal çıkıyordu artık, fanus misali, ahşap bir fanus...

GÖĞ MESCİTTE SERAMİK SERGİSİ

Önünden her geçişimizde, yüksek demir kapısına bağlanmış kalın zincirlerin eski yerinde durduğunu gördükçe, restorasyonun hâlâ bitmediğini anlar, Göğ Mescit'in mavi çinilerini dışardan seyretmekle yetinirdik.

Bu kez, Doğu Azerbaycanlı seramikçilerin düzenlediği sergi nedeniyle Göğ Mescit ziyarete açılmıştı. Seramik sergisi için iyi bir mekândı doğrusu. 1300 yıllık yapıdan geriye kalan çiniler, çıplak duvarlar üstünde yıldız gibi parlıyor, sanatçıların cami içine yerleştirdikleri modern, klasik çalışmalarla anlamlı bir bütünlük yaratıyordu.

Göğ Mescit'i Karakoyunlular döneminde Cihan Şah yaptırmış. İki yüz yıl önce Tebriz'i vuran büyük deprem yapıyı harabeye çevirmiş. Kubbe çökmüş, çiniler dökülmüş. Ortalık yatıştıktan sonra da dökülen parçaların çoğu tarumar olmuş, çalınıp gitmiş. Bir süre önce, sıkı bir onarımla bina ayağa kaldırılmış. Şimdi de çinilerin restorasyonuyla uğraşıyorlar. Cami çok ender olarak ziyarete açılıyor, seramik sergisi sayesinde bir aydır giriş çıkış serbest.

Mansur, İbrişim Çarşısı'ndan çıktıktan sonra, "Gelin Beyoğlu'ndan geçip Gök Mescit'e gidelim," demişti. 'Beyoğlu'nu özellikle vurgulayarak ve İstanbul çağrışımı yaptırarak. Yeni bitmiş yüksek vitrinli, bol ışıklı, mermer zeminli Mevlana Çarşısı'nın içinden geçip bir yaya bölgesine çıkmıştık. İki yanda alçak binalar, altlarında ışıklı vitrinleriyle dükkânlar vardı. 'Beyoğlu'na gelmiştik hep birlikte.

Mansur'un bizi getirdiği cadde, birkaç sokağıyla birlikte trafiğe kapatılmış bir alışveriş merkeziydi. 'Eğlence ve alışveriş merkeziydi' desem olmayacak, hani Beyoğlu'na benzetmeye çalışarak. Çünkü bizim bildiğimiz anlamda barlar, pavyonlar, kafeler, diskolar, pastaneler yok İran'da. Var olanları sırası geldikçe anlatırız nasıl olsa ama, Tebriz'deki bu cadde, sadece alışveriş merkeziydi. Parke döşemeli, ortası havuzlu, ağaçlıklı, ferah bir yerdi. Orta sınıftan vatandaş çoluk çocuğuyla rahat rahat dolaşarak vitrin bakıyor, alışveriş yapıyor, öğrenciler ve çalışan genç erkekler akşamüstleri burada piyasaya çıkıyorlardı. Veli Asr onlar için hem pahalıydı hem de bir hayli anlaşılmaz; çekici ama bir o kadar da ürkütücü. Halbuki burada genç kadınlar, çador değilse bile, hâlâ siyah pardösüden başka birşey giymiyor, delikanlılar çok fazla jöle sürmüyorlardı saçlarına.

Yayalar için düzenlenmiş bu yolun Beyoğlu'yla karşılaştırıldığında bir başka önemli eksiği de, canavar düdüğünü tıkırdatarak kendine yol açan polis arabalarıyla, vızır vızır işleyen resmi araçların, hatırlı şahsiyetlerin özel arabalarıyla motosikletlerin bulunmamasıydı.

Tebriz'in Beyoğlu'sunu gördükten sonra, hâlâ yaşayan eski kentlerin hayat üçgeni burada da tamamlanmıştı: Üçgenin bir köşesi, temel ihtiyaçların eski moda dükkânlardan karşılandığı, taş döşeme sokaklarından, kubbe tonozlarına kadar sinmiş kokusuyla kadim zamanlardan kalma çarşılar; üçgenin diğer köşesi, kentin yeni tüketim trendlerine uygun pullanmış alışveriş merkezleri, son köşe de zamana ve duruma göre kendini bu köşelerden ya birine ya ötekine ait hissedenlerin kalabalıkta ister istemez birbirine sürtündüğü, yayalar için düzenlenmiş alışveriş ve eğlence caddeleri. Bu üçgen yoksa bir kentte, o kent ya eski değildir ya artık yaşamıyordur ya da eski olduğunu çoktan unutmuştur.

Bu paragrafı yazdıktan sonra üçgeni aldım elime, İstanbul'un üstüne koydum. Akmerkez-Galleria bir, Kapalıçarşı-Mısır Çarşısı iki, Beyoğlu üç. Tamam. Oturdu. Marakeş'te, Sonsuzluk Meydanı, istasyon civarı, ticaret merkezi o da tamam. Kalküta'ya, cuk. Kahire'ye, mis gibi. Katmandu'ya, tamamen. Bombay'e bire bir, Kyoto'ya eh işte... Üçgen iyi çalışıyor demek ki...

Tebriz'in Kapalıçarşı'sından çıkmış, Akmerkez'inden geçtikten sonra İstiklal Caddesi'nde yürümeye başlamıştık. Bu tür yerlerden ilk geçişte, insanın ruh hali hep aynı oluyor. Bir taraftan vitrinlere bakarken, diğer taraftan insanlar ne yapıyor, ne alıyor, ne giyiyor, ne yiyor gibilerden bir merak. İster bayramdaki ücretsiz otobüs seferlerinden istifade ederek İstiklal Caddesi'ne yığılmış 'kenar mahalle' gençleri olsun, isterse Tokyo'da Ginza'yı aval aval gezen ben olayım, merak aynı merak. Benim boynumda fazladan fotoğraf makinesi var. Hani bakmak yetmiyor, bir de görüntü kapalım hevesiyle.

Göğ Mescit'de hazır seramik sergisi varken, hem Mescit'i hem sergiyi ziyaret fırsatını kaçırmayalım diye adımları açtık.

Avluya girdiğimizde işçiler, çevreden topladıkları tuğla parçalarını sınıflandırarak duvar diplerine yığıyorlardı.

Dere yatağının kıyısından Göğ Mescit'in kapısına geldik. İran'dan başlayarak Çin'e kadar giden, cami olsun, medrese olsun İslami mimarinin, tipik girişi bütün ihtişamıyla karşımızdaydı. Yapıdan ayrı bir parçaymış gibi duran, hatta arkasındaki kubbeyi, çatıyı da gizleyen, yüksek bir duvar. Ortasına açılmış sivri kemerli kapıyla devasa bir fasad. Buhara'da, Lahor'da, Delhi'de... ilahi yapıyla insanın karşılaşma anı için düzenlenmiş aynı mimari.

Bizi kapıda seramik sanatçıları karşıladı. Serginin pek geleni gideni yok muydu, son günler olduğu için mi azalmıştı, bilmiyorum, ama Mescit'in içinde kimse yoktu. Klasik, neo-klasik, modern, post modern çalışmalarını özenli bir düzenleme içinde sergileyen seramikçiler ürünlerinin başındaydı. Rıza, bize çalışmalarını anlattı. Uzun süredir ürettiği tekleme seramiklerden kazanıyordu hayatını. Alaylıydı. Ustasının adını söyledi ama unuttum. İran'ın önemli seramikçilerinden biriydi belli ki, Mansur da onun adını duyunca bir övgü nidası çıkarmıştı. Rıza'nın çalışmaları yurt içinde ve dışında çeşitli koleksiyonlara girmişti. Aranan bir sanatçıydı, söylediğine göre. Amerika'dan falan sipariş alıyordu...

Sergiden sonra Göğ Mescit'i gezdirmeye başladı Rıza. Gezilecek çok fazla bir yer yoktu aslında. Büyük kubbeli salon, sütunlarda ve duvarlardaki çiniler yerli yerinde olduğu zamanlar çok etkileyiciydi belli ki. Restorasyon bittikten sonra bir kez daha gelip çinili halini görmeli.

Göğ Mescit'in içinden bir küçük camiye geçiliyor. Bala Mescit'e. Söylendiğine göre, Göğ Mescit yapılmadan önce bu küçük yapıda ibadet edilirmiş. Müthiş iddialı bir mimari bu Bala Mescit. Çinilerinin çoğu onarılmış, mermer sütunları somaki, yer döşemesi kırmızı taş... Buradan üç dört basamakla Cihan Şah'ın, annesi, eşi ve kızıyla birlikte yattığı kabir odasına iniliyor. Oldukça gariban haldeler. Yer sıkıştırılmış toprak, içerisi rutubetli, etraf bakımsız.

Kabirlerin dördü de soyulmuş. Çıplak, titrek bir ampul aydınlatıyor koca Şah'ın asıl mekânını...

SAHRA'NIN RESİMLERİ, SİYAMİ'NİN FOTOĞRAFLARI

Kısmet dediğin böyle bir şeydir işte. Tebriz'e indiğimizden beri, vitrinlerde, direklerde bir fotoğraf sergisinin afişini görüyoruz. Khanalı Siyami'nin "Doğasıyla Doğu Azerbaycan" fotoğraf sergisi. İlk günün akşamı gitmeye niyetlendik, ancak zulhane, Şairler Mezarlığı derken vakit geçti, sergiye yetişemedik. Ertesi akşam, Gök Mescit'in bahçesinde oturmuş, günün son ışıklarıyla tenhada sigara tüttürürken birden aklımıza geldi Siyami'nin sergisi. Galeriye yakındık sözde, "On dakikada yürürüz," dedi Mansur, apar topar yola koyulduk. Tebriz'in akşam faslı başlamıştı. Vitrinler lambalarını yakmış, yaklaşan yılbaşı için sokaklar renkli ampullerle süslenmiş, belediye binasının önündeki meydan ışıl ışıl aydınlatılmıştı. Nevruz'a on yedi gün vardı. Kurban bayramı, sadece bir gün olmak üzere dün kutlanmıştı. Yoksullara yardım günü münasebetiyle bağış kulübeleri kurulmuştu. 21 Mart'ta girilecek yeni yıl için küçük akvaryum balıkları satılıyordu sokaklarda. Dükkânların önüne koca leğenler konmuş, kırmızı süs balıkları, ama illa ki kırmızı süs balıkları satılıyordu adım başı. Herkesin elinde bir naylon torba ya da balık şeklinde minik akvaryumlar, evlere kırmızı balık taşıyorlardı. Hıristiyanların Noel'deki çam ağacı ritüeline benzer bir telaş vardı bütün kentte.

Serginin kapanmasına bir saat vardı daha, hızlı adımlarla yürüyorduk ancak bir türlü bitmek bilmiyordu yol. "On dakikada varırız," diye başlamıştık yürümeye; biri Arkeoloji Müzesi'nin önünde olmak üzere sadece iki kez mola verdiğimiz halde hâlâ yürüyorduk. Nihayet, Tebriz Kültür Sarayı'nın önüne geldiğimizde demir kapı kapanmıştı.

Serginin son beş dakikasında yeni izleyici alınmıyordu. Onca koşturmaca boşa gitmişti. İçeri girmemiz pek mümkün görünmüyordu. Demir parmaklıklı kapının önünde yığılmış sanat meraklısı bir grup yabancı halinde, içeriye sesleniyor, görevlilerden medet umuyorduk. Doğu'da olur böyle şeyler. Tatlı dil her kapıyı açar. İçeri yollanan haber, Mansur'un ricaları, bizim yalvarmalarımız etkili oldu. Merkezin genç müdür yardımcısı Kemal Seblehiz aşağı inip bizi karşıladı. On beş dakikalık bir izin koparabildik ancak. Gelin görün ki, içeri girdiğimizde Siyami Bey'in fotoğraf sergisi yerine Sahra Hanım'ın resim sergisi çıktı karşımıza. Salon pek kalabalık değildi. Serginin son günüydü. Taş baskı ve yağlıboyalardan oluşan sergi bu akşam toplanacak, yarın Siyami'nin fotoğrafları asılacaktı.

On dakika içinde resimlere bakmaya çalışırken genç bir adam yanaştı yanımıza. "Hoş geldiniz, bize şeref verdiniz. Çok mutlu olduk sizi aramızda görmekten," dedi. Yanında genç bir kadın vardı. Hani, sergiye gelmiş on beş yabancı, değişik bir hava estirmişti salonda. Ancak ben ne olup bittiğini tam kavrayamadığımdan olsa gerek, şahane bir pot kırdım. "Yok, biz aslında bu sergiye değil, bir fotoğraf sergisi var diye gelmiştik," deyiverdim, neyse ki tam bu sözler ağzımdan çıkarken, genç adam yanındaki kadını, "Resimler Sahra Hanım'ın son çalışmaları," diye tanıştırırken, lafı çevirip "Çok güzel işler bunlar..." filan diye bir şeyler geveleyip durumu kurtarmaya çalıştım. Doğrusu gerçekten de hoş çalışmalardı Sahra'nın tabloları. Gerçi ben daha çok özgün baskıları beğenmiştim, nevrotik halleriyle iri gözlü kadın portrelerini. Sahra'nın ilk kişisel sergisiydi, akademiyi yeni bitirmişti. Bizi tanıştıran Ferhat'la nişanlıydı. Pek uzun uzun konuşacak zamanımız kalmamıştı. Galerinin yöneticisi bütün kibarlığıyla bize tanınan süreyi çoktan aştığımızı hatırlatıyordu. Nasıl olduysa o arada, Sahra'nın tablolarından on kadarı satılıverdi. Hem beğenmiştik çalışmaları hem de Sahra'nın söylediği fiyatlar tam bizim kesemize göreydi. Güzel bir sürpriz olmuştu, fotoğraf sergisi diye son dakikada kapıları zorlayarak girdiğimiz galeride İranlı bir kadın ressamın çalışmalarıyla karşılaşmıştık. Sahra da, tam resimleri toplamak üzereyken, hoşnutluk mırıltıları içinde resimlerini memleketine götürmek isteyen yabancılarla karşılaşmış, İran'da değilse bile Tebriz'de pek âdet olmayan satışlı bir sergi gerçekleştirmişti. Ertesi gün, Siyami'nin fotoğraf sergisinde buluşmak üzere ayrıldık.

Siyami'nin sergisi biraz hayal kırıklığına uğrattı bizi. Sarı Otobüs'ü kültür merkezinin önüne çekmiş, açılışa gelen zevatla birlikte salona girmiştik. Kalabalıktı. Tepsiler içinde tatlı kurabiye dağıtan genç kızlar, açılış kokteyli havası veriyordu salona. Kılık kıyafetimiz, halimiz tavrımızla hemen dikkati çektik. Siyami'yle tanışmanın ardından fotoğraf muhabbeti başladı. Doğu Azerbaycan'ın doğasına ilişkin bir sergi hazırlamıştı. Fotoğraflar benim ilgimi çeken türden değildi pek ama, dokümanter fotoğrafın baş tacı edildiği İran'da belki aykırı, farklı bir çalışma diye görülebilirdi. Khanalı Siyami'nin esas güzel işlerini, ayrılırken hediye ettiği albümünde gördüm. Memleketin özellikle kırsal kesimindeki hayata dair fotoğraflardı bunlar.

KARS'TA AZERİ FOTOĞRAFÇILAR

Bunca yıl gidip gelince, her geçişte Tebriz'de verdiğimiz uzun molalarda karşılaşıp görüşünce Kemal Şebkhiz'le dostluğumuz da hayli ilerledi. Küçük bir dörtçeker arabası var Kemal'in, Tebriz içinde onunla geziyorum, Bağlarbağı'nda mutlaka beraberiz akşamları. Kendovan'a giderken de Kemal bizim otobüse geliyor, Nadir de oluyor yanında, laflayarak gidiyoruz. Nadir genç bir fotoğrafçı, çektiği fotoğraflarda sanki Kemal'in hayli etkisi olmuş gibi. Kemal doğa fotoğrafçısı. Bunca yıl sızlanmama, her karşılaşmamızda günlük hayatın, yaşayan kültürün, toplumsal değişimin fotoğraflarını çek diye kafasının etini yememe rağmen, dalların uzanışı, kabukların kıvrımları, yaprakların çağrışımlarıyla uğraşmayı sürdürdü. İyi de yaptı. Hele taşların kayaların biçimlerinde anlamlar aramayı hiç bırakmadı. Kimi kayalar kuş olup uçmak istiyordu onun fotoğraflarında, kimi dağlar ise ceylan gibi sıçrayıp gitmek. Onun sayesinde ben de biraz olsun farklı görmeye başladım, sadece canlı değil cansız doğayı da.

Bir akşam Kemal'in galerideki ofisinde otururken çalışmalarından seçme işleri gösterdi. Bir sergi için basılmış büyük boy fotoğraflardı. Hepsini serip anlattı. Tümüyle imgeler, benzetmeler, çağrışımlar üstünden bir okumaydı. Fotoğrafta kıvranır gibi göğe yükselmiş kuru ağaç gövdesinin ucunda açan filiz ya da dev bir kayanın boşluğa sıçrayacakmış gibi uzanışı, Kemal'in fotoğraflarındaki anlamın eksenini oluşturuyordu. Güzel doğa fotoğrafları çekeyim, güzeli gösterip insanları mest edeyim, şimdiye kadar gördükleri yetmemiştir bir de ben göstereyim diye çekilmemişti fotoğraflar. Bir sözü, bir hikâyesi vardı her birinin. Fotoğrafçının da hayata dair bir bakışı, anlamlandırmaya çalıştığı bir yaşamı vardı. İyi kötü ona dairdi fotoğrafların her biri. İlk fotoğraflardan sonra birlikte okumaya başladık görüntüleri. Aramızdaki temel fark, bizde hiç olmayan, Kemal'de ise bir hayli derinleşmiş minyatür görgüsüydü, bir de içselleştirilmiş şiir duygusu. Gerçi bunların ikisi de tesadüfen karşılaştığım, kısa sohbetlerde tanıdığım İranlılarda zaten olan hasletlerdi. Köyleri bilmem ama, şehirli olup da minyatürü şiiri bilmeyen İranlıya rastlamadım dersem yalan olmaz. Her önüme çıkana minyatürle aran nasıl, şiir işleri nasıl gidiyor diye sormuyordum kuşkusuz, ama konu minyatüre, resme gelmezse, bir yerde bir şiirden iki dizeye dayanıyordu ayaküstü bile olsa.

Kemal'in fotoğrafları da böyle bir ortalama toplumsal temele yaslanan, takvim fotoğraflarına itibar etmeyen, sözü olan görüntülerdi. Minyatürdeki gibi imgeler yüzeyin tümüne önceliksiz dağılmıştı. Şiirdeki gibi zengin çağrışımlarla derinlemesine okunmaya elverişliydi. Biz de öyle yaptık, çok geçmeden oyuna dönüştü, şarkı söylemeye başladık.

Bu şarkıları Kemal Kars'ta da çaldı. Tahran'daki radyo sanatçılarının 1940'larda okudukları şarkılardı. Kars Sanat Merkezi'nin galerisinde o güzel fotoğraflarını sergilerken, salonu bu şarkılar doldurdu. İstanbul'da buluşmuştuk Kemal'le, Kars'ta benim bir konuşmam olacaktı, o da sergisini açacaktı, birlikte gitmiştik. İner inmez hazırlıkları tamamlamış, Kars'ı dolaşmaya çıkmıştık. Eski kentin sokaklarında yürürken sabah yağan karın üstüne parlak bir güneş vuruyordu. Kaleye çıkıp indikten sonra Tebriz'de de severek yediğimiz abguşt kaşıklamıştık birlikte. Kars'taki adıyla, piti. İki şehrin en sevdiği ve konuklarına övünçle sunduğu bu yemek, küçük kaplarda pişirilen etli patatesli bakliyat yemeğiydi. İran'da, özellikle Azeri bölgelerde piti de deniyordu ama, daha çok abguşt ve dizi diye biliniyordu. Kemal sofrada yabancılık çekmedi, ben de özlediğim bir yemek yedim.

Kars'ta Tebrizli fotoğrafçıların ürünleri kalabalık bir açılışla sergilenmeye başladı. Ben Kemal'in fotoğraflarına bakarken aklıma Tahran'da yaşayan ve son günlerde giderek daha fazla tanınan fotoğrafçı Şadi Ghadirian'ın çalışmalarını hatırladım. Hiç ilişkisi yoktu Kemal'in çalışmalarıyla, ancak o da objektifini toplumsal yaşamın dışında tutarak çok etkili eleştiriler geliştirebiliyordu. Şadi'nin fotoğraflarını önce internette görmüştüm, sonra Bangladeş'te Dhaka'da yapılan Chobi Mela fotoğraf festivalindeki sergisinde karşılaşmıştık. Günlük kullanım nesneleriyle, özellikle kadınların ev içinde kullandıkları aletlerle kadınları birlikte stüdyo ortamında fotoğraflamıştı. Soğuk, uzak, durağan âdeta bir fanusun içinden fotoğraflar. Bu fotoğrafların her biri, fotoğrafçısının hayata bakışını, yaşadığı topluma yaklaşımını, toplumsal koşullara eleştirisini, siyasal tepkisini, doğrudan fotoğraflardan daha güçlü bir dille ve İranlı bir kadın fotoğrafçının inandırıcılığıyla anlatıyordu. İran sineması gibi, İranlı fotoğrafçılar da kendi dillerini kurmuşlardı galiba çoktan da bizim haberimiz yoktu.

Bizim memleketin fotoğraf ortamı, kompozisyon kuralları, ışık durumları, renk leke dengelerinden bir adım öteye geçip de ne anlatıyor bu kâğıdın üstündeki görüntüler mevzuuna hâlâ gelemediği için, ısrarla ve kararlılıkla kumda oynamaktan vazgeçmediği için, haberimiz olsa da pek aldırmazdık zaten ya, neyse. Günün birinde yurdum fotoğrafçısı 'Neden çektim bu fotoğrafı? Çekmesem ne olurdu?' diye sorarak başlarsa işe, şöyle bir duraklayacak ve başkaları ne yapıyor, bildiğimden başka doğrular da var mı bu dünyada diye duraklayıp, soluk alıp göz atmaya zaman bulacak. Hele bir de reklam fotoğrafçılığının alanına giren gezi fotoğrafçılığının yerine memleket gerçeklerine dair iki laf edecek akıl fikir ve yürek sahibi fotoğrafçılar çoğalırsa, o zaman ancak söz edilir hale gelecek Türkiye fotoğrafından. Yoksa bir dolu can sıkıcı insan, birbirinden sıkıcı sergiler âleminde, hayata ancak parmakuçlarıyla dokunabilmeyi sürdürecekler fotoğrafçı olarak.

Kars'ta Kemal, Tebrizli fotoğrafçılar sergisini açarken, ben ne yaptım diye soracak olursanız, yukardaki konuların etrafında Türkiye'de fotoğraf konulu bir konuşma yaptım. Ertesi gün dolmuşla Doğubeyazıt'a yolladık Kemal'i, birkaç saat sonra evinden telefon etti.

HER YOL ELGOLİ

'Akşam nereye gidelim, ne yapalım?' faslı başladığında Elgoli'ndeydik. Elgoli, Tebriz'in içinde sayılır. İbrişim Çarşısı'ndan taksiye binince, on-on beş dakikada Elgoli'ne varılır. Ortasında dev bir havuz bulunan bu büyük parkın asıl adı Şahgölü'dür ama, Şah'ın ocağı söndüğünden beri Elpolü denir. Biz de, şehrin çarşı pazarlarında, müzelerinde, galerilerinde, çayhanelerinde, zulhanelerinde turlamaya biraz ara verip çıkıp nefes alalım, şehrin başka havalarına da takılalım diye düşünüp, Elgoli'ne geldik. Alt girişte bizi bırakan taksici blues dinliyordu. Neden sonra fark etmiştik, arabanın teybinden gelen müziğin bir tuhaf olduğunu. Taksi şoförüyle kısa süren muhabbetimiz, içten bir davetle, "Akşam yemeğine bize buyrun," şeklinde bağlandı. Tebriz'den ayrılmadan önce göreceğimiz başka yerler de olduğundan kabul edemedik bu teklifi. Öbür taksiyle gelen arkadaşlar da Sezen Aksu dinlemişler yol boyu; onların nasıl bir davet aldığını sormaya fırsat kalmadan, gölün kıyısında, bütün gün sayıklayıp durduğumuz taze meyve suyu tezgâhlarını görüp yanaştık.

Elgoli, alçak bir tepeciğin üstünde büyük bir havuz. Su bisikletleri, küçük kayıklar, kuğu şeklinde botlar yüzüyor. Tepelere doğru uzanan, yemyeşil parktaki havuzun ortasına şık bir lokanta yapılmış. Şehirden kaçanların, özellikle genç âşıkların mekânı Elgoli. Bu günlerde havalar biraz serin gittiği için pek rağbet görmüyordu belli ki, biz de açık havada soğuk meyve sularını içince, hem üşümüş, hem de acıktığımızı fark etmiştik, işte tam o sırada 'akşam nereye gidelim' faslına geçmiştik.

Hayyam Lokantası belliydi. Çeşitli kebaplar ile pilav. Orası çantada keklik. Başka bir yer olsun denirse, sakatatçılara gidebilirdik. Bu sakatatçılar bir nevi kebapçı, ama sadece iç organ pişiriyorlar. Aklınıza ne gelirse, akciğerden bağırsağa, uykuluktan, billura... Orası da uymazsa, Bağlarbağı'na gidip, çayhanede abguşt yemek kalıyor geriye, güveçte pişmiş patatesli, barbunyalı parça et. Ne yazık ki, etyemezler için İran'da yemek bir nevi eziyet. Lokantalarda sadece kebap pişiyor. Evlerde sebze yemekleri de yapılıyor ama onların da temeli et. Buralarda etsiz yemek pek makbul değil malum. Urfa'da da sebze isteyince, "Niye ne var ki, hasta mısın, bir anormallik mi var?" gibilerden cevap alınmaz mı? Ya da "Sizde pek sebze falan yenmiyor galiba?" diye gaflete düşüp sorulacak olursa, hele biraz yakınlık da kurulmuşsa, şakayla karışık, "Niye, biz hayvan mıyız ki ot yiyelim?" tadında cevaplar verilmiyor mu? Buralar da böyle işte. Mutfakları et. Konunun fazla derinine girmeyelim. Et yemeyenler Hindistan'a kadar pilav ve bulunursa çorba, yoğurtla idare edecek, başka çare yok. Bir de bolca meyveyle.

Sonunda, Bağlarbağı'ndaki büyük çayhaneye doğru yola çıktık. Giderken yanımızda konuklarımız vardı. Daha doğrusu, biz onların konuklarıydık; sayılarımız aşağı yukarı denkti, hep birlikte yirmi beş kişiyi buluyorduk neredeyse. Kimin kimi ağırlayacağı, nereye gidilip ne yapılacağı biraz karışıktı. Karambolde nasıl olduysa, Bağlarbağı'ndaki kahvede bulmuştuk kendimizi, gecenin programına dair kararsızlık sürüyordu.

Büyük çayhanedeki geniş kerevetlere ayakkabılarımızı çıkarıp yerleşirken gelip, önümüzdeki perdeyi kapatmaya yeltendiler. Hani aile gelmiş, kahvedeki yabancı gözlerden rahatsız olmasın yemeğini yerken, çayını, nargilesini içerken diye.

"Gerek yok kardeşim, açık kalsın perde, vatandaş bizi seyretsin, biz de onları görelim doya doya..." gibilerden bir itirazla perdenin açık kalmasını sağladık. Birer bardak çayı bitirmeden, kararsızlığın ateşi sardı ortalığı bir kez daha. Bir yere gitmek, bir şey yapmak değil maksat, oturup muhabbet edelim işte güzel güzel. Niyetimiz bu bizim ancak, doktor, kuyumcu, halı imalatçısı ve ihracatçılardan oluşan Tebrizli arkadaşlarımız, "madem ki gelmişsiniz, size felekten bir Tebriz gecesi ayarlayalım, güzel anılarla ayrılın buradan" derdindeler. Vaziyet bu minvaldeyse yapacak fazla bir şey kalmaz. Onların bir karara varmalarını beklemek ve sizin için uygun gördükleri geceyi çaresiz yaşamak gerekir bu gibi durumlarda. Nitekim öyle oldu. Biz bir köşede, İran'ın, Türkiye'nin, dünyanın halleri üstüne blucin pantolonlu, post-alabros tıraşlı genç arkadaşlarımızla muhabbet tutturmuşken, cep telefonlarıyla çağrılan birkaç doktor, birkaç halıcı daha eklendi arabalarıyla ekibe ve Bağlarbağı'ndaki çayhaneden çıkıp araçlara dağıldık.

Konvoy, bilinmeyen bir istikamete doğru yola çıktı. Araçlar arasındaki koordinasyon ile intikalin sevk ve idaresi, harıl harıl çalışan cep telefonları marifetiyle yürütülüyor. Oraya götürmeyelim, buraya götürelim tartışması hâlâ sürüyor. Çok geçmeden geniş bir caddeyi sağlı sollu tutmuş sakatatçıların önünde durduk. İzmir'de, Basmane'ye doğru giderken meşhur çöp şişçiler dizilidir ya kaldırıma, öyle bir yer. Üst kata çıktık. Upuzun bir masa kuruldu. Önce herkese teker teker hayvanın hangi iç organını yiyeceği soruldu, pek içinden çıkılır gibi görünmeyince durum, "en iyisi ortaya karışık yaptıralım bari"de karar kılındı. Yiyen yedi, yemeyen pamuk gibi pide ve peynirle idare etti.

Çaya kahveye sıra geldiğinde, 'çıkalım, başka yerde içelim' teklifinde bulundular. Teklif onlardan, kabul edilsin edilmesin uygulaması da onlardan. Kalktık. Hesabın ortak ödenmesi söz konusu bile değildi. Bir düzine insan, hep birlikte konuklarıydık. Fazla da söz hakkımız yoktu. Yine geldiğimiz gibi arabalara dağıldık. Hareket eder etmez cep telefonlarıyla sevk ve idareye geçildi bir kez daha. Ne oldu, ne yaptık demeye kalmadan, kendimizi Elgoli'nin havuz kıyısında bulduk. Biz zaten akşamüstü de buradan hareket etmiştik. Üşümüş, yorulmuş, sıcak bir yere gidip uzun bir akşam yemeği yiyelim, sonra çekilip dinlenelim istemiştik. Kader bizi, uzun bir yürüyüşe, Elgoli'nin sırtlarındaki açık hava aile çay bahçesinin soğuk metal sandalyelerinde plastik bardakta sallama çay içmeye layık görmüştü. Boyun eğdik. İçimizden birkaç kişi, işemek için gittikleri tuvaletten geç vakit ancak geri dönebildiler. Otele ricat acılıydı. Telef olmadan odalarına kapağı atmayı başaranların yüzündeki zafer ifadesi net biçimde okunuyordu.

ZENGİN MAHALLE – VELİ ASR

Hüseyin'in turizm ofisi tam Veli Asr'ın orta yerinde. Bir iki kez de olsa girmiş çıkmışlığımız var bu semte ama pek muhitimiz sayılmaz; bildik bir çayhane, tanıdık bir ocakçı, garson falan yoktur buralarda. Hüseyin'in bürosu Kerim Han Meydanı'nda ama burası daha çok Meydan-ı Bozorg diye anılıyor. Büyük Meydan. Doğrusu adı gibi değil pek bu meydan. İran'daki hallice bir kent kavşağından daha büyük değil. Buradaki bütün kavşaklarda olduğu gibi ortada mutlaka kocaman bir yeşillendirilmiş alan bulunuyor. Arabalar bu alanın etrafında dolaşarak kavşağı aşıp gidecekleri yola yöneliyorlar. Zaten bu nedenle Tebriz gibi büyük kentlerde ve Tahran'ın pek çok yerinde trafik ışıkları yok. Önce tuhaf geliyor insana, trafik ışıksız bir kentte araçların nasıl olup da birbirine girmeden seyrettikleri, ama çok geçmeden işin aslı anlaşılıyor. Büyük meydanlar, trafiği doğal akışı içinde yönlendiriyor. Sürücüler de birazcık birbirlerine saygılı sürebilirlerse arabalarını, şehir içi trafiği hiç tıkanmadan akıyor. Işıklardaki yığılma olmadığı için, bir hayli hızlı akıyor trafik burada. Veli Asr'ın Bozorg meydanı da öyle, ancak buradaki en önemli fark, arabaların oldukça yeni model, bakımlı, parlak ve koyu renk camlı olması. Aralarında dörtçekerler de var, kadın sürücü sayısı diğer semtlere göre kat kat fazla. Genç kadınlar ile genç erkekler de büyük şehrin lüks semtinin orta yerindeki tüketim merkezli caddelerde dolaşma halindeler. Kıyafetler burada bir hayli değişti. Meğer ben taşrasında dolaşırmışım Tebriz'in, zengin mahallesi Veli Asr başka bir âlemmiş. Erkeklerin görünümü televizyonlardaki son model şarkıcı, manken tiplerden farklı değil. Yüzlerindeki kıllarla yaptıkları şekiller, ki bunlara sakal demek pek doğru olmaz, suratlarında ilginç lekeler yaratıyor. Islak görünümlü saçları, düşük bel pantolonları, imaj gözlükleri tam tekmil. Salsanız Beyoğlu'na, yadırganmazlar, kimse şekilde bir eksiklik bulmaz. Genç kadınlara gelince, onların bir fazlası var buraların âlemleri için, o da başlarındaki örtü, ama ha kaydı omuzlarının üstüne ha kayacak. Bazıları mendilden az büyük boyutlarda. Gerçi kadınlar şehrin diğer taraflarına, mesela pazar bölgesine, ibrişim çarşısına böyle inemiyorlar ama fark etmez, düşük bel pantolondan göbeğini göstererek gelen gençler de mahalleye dönerken gerekli tedbirleri alıp öyle çıkıyorlar Beyoğlu'nun dışına. Kılık kıyafete düğümlenmiş siyasal ölçüler her yerde aynı. Rejimi, kadınların başlarını örterek koruyacağını sanan akıl, kadınların başlarını açarak rejimi sürdürmeye çalışan akıldan pek de farklı değil.

İran'da erkekler, mollalar gibi giyinmeye asla zorlanmıyor. Hatta kimsenin aklından bile geçmiyor, erkeklerin mollalar gibi cübbe ve sarıkla dolaşması. Siyasal İslamcılar da en fazla ceket altına yakasız gömlek giyiyor, gravat takmıyorlar. Ama kimse pantolonun üstüne yakalı gömlek ya da tişört giyen erkeklere, hatta gravat takanlara ilişmiyor. Sadece kılık kıyafette değil, erkekler için alabildiğine genişlemiş kamusal alanda da kadınlar riskleri göze alarak var olmaya çalışıyorlar. Şimdilik nispeten rahat hareket edebildikleri varlıklı mahallelerde, üniversite muhitlerinde istedikleri gibi giyinmenin koşullarını yaratmaya çalışıyor, sınırlarını zorluyorlar. Gel gör ki, giyim kuşamlarına kimsenin karışmadığı genç İranlı erkeklerin çoğu, hatta muhalif fikirlere sahip olanlar bile, kural dışı giyinen kadınlara pek 'iyi gözle' bakmıyorlar. Arkadaşlık ediyor, birlikte dolaşıyor, aynı sınıfı, hatta çoğu kez aynı siyasal görüşü paylaşıyor ama, evlilik mevzusuna gelince, kural kaide bilen kadınları tercih ettiklerini açıkça ifade ediyorlar. Kuşkusuz mutlak veriler üstünden vardığım bir sonuç değil bu ama, toplumun farklı kesimlerinden tanıdığım insanların -ki bazıları yıllardır bildiğim arkadaşlarımdır- görüşü böyle en azından. Hatta kimisi benim sadece düşüncelerimi değil, İstanbul'daki yaşamımı da bildiği halde, iş kendi toplumunun kadın-erkek ilişkilerine gelince, gönül eğlendirecek ve evlenilecek kadınlar konusunda net bir ayrım koyuyorlar. Bu arada, siyasal sistemin baskı altında tuttuğu kadınlar, daha özgür, adil ve eşit bir hayatın mücadelesini vermekte erkeklerden daha ilerideler. Bunu da İran'da tanıştığım, kimi zaman sokakta sohbet ettiğim, kimi zaman çalışmalarını ürünlerini, yapıp ettiklerini bildiğim kadın arkadaşlarımdan edindiğim izlenimlere dayanarak söylüyorum.

Öte yandan, özgürlük sorunu kılık kıyafetle sınırlı tutulunca, şunu da çok açık biçimde ifade etmek gerekir ki, İran'da siyasal sistemin kendi iradesiyle ya da zorunlu kalarak denetim mekanizmalarını ortadan kaldırdığı anda, İran'da bir anda bizden bile daha fazla oranda Amerikan tarzı giyim, davranış, tüketim biçimleri sarıverecek ortalığı. Genç erkekler zaten bu sınırı ha geçti ha geçecekler, ama kadınlar da hiç geri kalmayacaklar bu yolda.

Veli Asr'daki Baloch Cafe'de pizza ve fried chicken yemekten çıkmış ya da onun yakınındaki corn flakes gibi ithal bakkaliye ve şekerleme satan Shoko'dan alışveriş yaptıktan sonra siyah camlı arabasına binip Tarkan kasetini açmış genç kadınlar ve erkekler gözüme hiç de yabancı gözükmediler. Onları yakından tanıyorum memleketten.

EV

Veli Asr, Zamanın Prensi demek. Zamanın Prensi'nden kastedilen ise, kayıp 12. İmam Mehdi. Şia inancına göre, Irak'ın Samarra şehrindeki caminin altındaki mağarada, 878 yılında kaybolan Mehdi bir gün dönerek, dünyaya adalet, barış ve doğruluk getirecek, insanlığı kurtaracaktır. Gel gör ki Veli Asr diye de bilinen Mehdi, İran'daki büyük kentlerin zengin semtlerine ve lüks caddelerine isim olmuş, en azından benim bildiğim Tahran ve Tebriz'de böyle. Peki, insanlığın kurtuluşu nerede? Bu adın buralara konması bir rastlantı mı yoksa bu şehrin insanlarına bir işaret, bir sinyal mi, kurtuluşun nerede olduğunu gösteren, onu bilmem. Ama Seyit'lerin Veli Asr'daki evini elimle koymuş gibi bulabilirim. Meydan-ı Bozorg'dan yukarı doğru çıkınca üç sokak geçiliyor, sonraki ilk caddeden sola dönülüp biraz daha gidiliyor ve sağdaki dar sokaktan girince karşıdaki çıkmazda demir kapılı ev.

Evin kapısını Seyit'in annesi açtı. Geleceğimizi biliyorlardı; altı kişiydik, dördümüz Türkiye'den, ikimiz İran'dan ağır misafirlerdik. Bizim için hazırlanmışlardı. Bem'den dönüyorduk, depremden sonra kente gitmiş, yardım çalışmalarına katılmış, Marmara depremindeki deney ve birikimlerimizi aktarabilecek koşulları araştırmış, çalışmayı tamamlamış olarak Türkiye'ye dönüyorduk. Seyit ve Mansur da bizimleydi. Küçük bir çadırda günlerce hep birlikte yatıp kalkmıştık, Bem'de akşamları esen rüzgâr çöl kumlarıyla birlikte tüm gözeneklerimize işlemişti. Kirli ve yorgunduk ama yine de misafirliğe gelmeden önce banyo yapıp son temiz pırtıları giyecek fırsatı bulmuştuk.

Mükellef bir sofra karşıladı bizi. Ama sofradan önce, emekli bir askerin Asr'daki evini anlatayım size. Demir kapısından girdiğimiz ev bir merdivenle üst kata çıkıyordu. İkinci kapının önünde ayakkabılarımızı çıkararak geniş, aydınlık bir salona girdik. Yerler boydan boya seramik kaplıydı, lâke sehpaların altına İsfahan işi el halıları serilmişti, camlı yemek masasının aslan ayakları eski bir Tebriz halısına basıyordu. Koltuklar geniş ve rahattı, açık mutfak salondan bir tezgâhla ayrılmış, tezgâhın üstüne dolu bir meyve sepeti konmuştu sepet, son yıllarda Türkiye'yi de donatan Çin işi hasır sepetlerdendi. Hemen yanında büyük boy televizyon duruyordu. Salon ile teras boydanboya bir cam bölmeyle ayrılmıştı. Terasta hayli büyük bir çanak anten, altındaki motorla çeşitli yönlere çevrilerek farklı kanallar seyredilebiliyordu. Yüzlerce dünya kanalı. Buların içinde en fazla Türkiye kanalları rağbet görüyordu tabii ki, bilmediğim, seyretmediğim nice kanalları burada gördüm.

Tebriz'deki Azerilerin bayağı anlaşılır bir Türkçe konuşmaları, hatta bazılarının neredeyse aksansız dilleri, kuşkusuz bu televizyon kanallarını seyrettikleri içindi. Seyit'in babasıyla bu minval üzre muhabbeti sürdürürken kapı çalındı, akrabalar geldi. Genç kadınların ev içi giysileri gayet şık, hatta doğruyu söylemek gerekirse hayli özgürdü; üstelik kimsenin kafası örtülü olmadığı gibi, sanki eski arkadaşlarıymışız gibi sıcak, samimi bir sohbettir başlamıştı yeni gelenlerle de aramızda. Birkaç yıldan beri birbirimizi biliyorduk, zaman zaman yolumuz Tebriz'e düştükçe karşılaşıyor, kısa da olsa birlikte zaman geçiriyorduk, tekrar birlikte olmaktan memnunduk hepimiz.

Nihayet yemeklere sıra geldi. Muhteşem bir sofra hazırlanmıştı. Günlerden sonra ilk defa karnımız doğru dürüst doyuyordu, karnımızla birlikte gönlümüz, ruhumuz da şenlenmişti. Geceyi orada geçirmemiz teklif edildi, sonra ısrar edildi, onları vazgeçirerek yola düşmemiz bir hayli zor oldu. Tekrar görüşmek üzere vedalaştık. Aile yazları İstanbul'a tatile geliyordu. Bazen de komşularıyla birlikte güneye, Antalya taraflarına iniyorlardı.

SÜMÜKSÜZ VE SUBAY

Daha kitabın başındayız ama ben şimdiden tedbirimi alayım, korkarım hep çayhanelerde geçtiğini sanacaksınız yolculuklarımın. Aslında öyle değil. Bu çayhaneler bir taraftan bulunmaktan hoşlandığım yerler. Nedenini şimdi söylemeyeyim, siz her birinde neden bulunduğumu yeri geldikçe okuyacaksınız zaten, ama diğer taraftan pratik de bir yanı var bu çayhanelerin. Bir kere fiyatları gayet ucuz. Ucuz dedim ama doğrusu biraz durakladım. Son yıllarda giden gelen çoğalıp yabancılardan rağbet artınca çayhaneler de biraz fiyat yükseltti doğrusu, yine de hâlâ ucuz. Aynı zamanda yemek yiyip karnınızı da doyurabilirsiniz burada. Sadece çay ve dugh, yani reyhanlı ayran değil, galyan da içersiniz isterseniz. Üstelik orada oturup etrafı seyretmenize, gelen geçenle ahbaplık etmenize, tembellik edip hayal kurmanıza kimse karışmaz. Karışmak bir yana, hayal gücünüzü kışkırtacak neler vardır, neler olur biter söylemeyeyim ki merak olsun, daha baştan bırakıp gitmeyesiniz beni satırların arasında. Neyse, çayhaneler böyle işte. Benim kitapta sıklıkla çayhaneleri anlatmamın nedeni de anlaşıldı umarım. Zorunluluk bir yerde.

Tebriz'de Bağlarbağı'ndaki çayhane, nargile külhanının üstünde, elle yazılıp çerçevelenmiş şiirle anılır kâinatta. Şiir şöyledir:

Nice öğrendim
aşkı galyandan ben,
başında ateş,
kalbinde ah,
gözyaşında duman.

Galyan dediği nargile, aşk dediği de aşk işte. Peki, nasıl öğrenmiş kimliği meçhul şair, nargileden aşkı, aşkın mânasını ve nasıl yaşandığını. Aşikâr. Tömbekisi közlenmiş nargileyi getirin gözünüzün önüne. Hiç unutamadığınız aşkınız da aklınıza düşsün, çekin bir nefes, nargilede neler oluyor, ya sizde neler, bakın bakalım, bir kulak verin, anlarsınız o zaman.

Sünnethane-i Azeri'ye o akşam Mansur, annesiyle birlikte geldi. Biz kalabalık ve gürültücü bir grup halinde çayhanenin tüm dikkatini üstümüze çekmiş, yabancı olmanın da verdiği pervasızlıkla gülüp eğleniyorduk. Aslında memleket ölçülerinde böyle sekiz-on kişilik bir grup için gürültü ve tansiyon oranımız hiç de yüksek sayılmazdı. Yine de İran'da, hele Tebriz gibi nispeten taşra sayılacak yerlerde, kadınların da en az erkekler kadar patırtılı bir hoşça vakit geçirme tarzına pek iyi gözle bakılmaz. Bize de öyle bakıyorlardı. Biraz ayıplayarak, biraz şaşırarak, biraz merakla... Çünkü kadın-erkek birlikte oturmak sorun değilse bile, kadınların kahkahaları erkeklerinkinden hiç de az çıkmıyordu. İran'da da kadınlar ve erkekler, genç arkadaş grupları topluca bir yere gider, birlikte oturup kalkar, yer içerler ama pek öyle etrafın dikkatini çekmeden olur bütün bunlar. Her grup kendi atmosferinde, başkalarını rahatsız etmeden soluk alır. Bizimki galiba biraz turist densizliği, biraz ey ahali ben buradayım gösterişçiliği, biraz da grup içinde olmanın şımarıklığı, her neyse, kendi meşrebimizde takılmış gidiyoruz. Mansur'un annesi ağır hatun. Yaşlı ve gösterişli, iri gözleri sürmeli. Dimdik oturuyor ve sürmelerinin ucundan süzüyor grubu. Dudaklarına saklı bir tebessüm oturtmuş, hiç konuşmuyor, öyle seyir halinde. Bir şey sorulacak olursa nezaketle ve çok kısa cümlelerle cevap veriyor. Mansur, kırk yıllık arkadaşımız ama annesi, oğlunun arkadaşlarından, bu gürültücü kalabalıkla bir arada olmaktan memnun mu değil mi anlamak zor, kendisine sorulduğunda kuşkusuz zarafetine uygun cevaplar veriyor.

Öyle oturdu aramızda anne. Mansur'un nasıl olup da başka bir dünyanın insanı olarak yetiştirildiğini, bizim âlemimizin özensizliği, hoyratlığı, hatta kabalığı; acelesi, telaşı, hatta adapsızlığı; hırsı, öfkesi, hatta kindarlığı nasıl olmuş da Mansur'a hiç dokunmamış, ruhunu hiç kirletmemiş, anlamak kolaylaştı. Mansur için annesinin çok özel, hatta kutsal olduğunu bilirdim ama, ana-oğul arasında öyle bir ilişki var ki, gözle görülür, elle tutulur yoğunlukta. Annenin bu kadar vakur duruşu da, Mansur'un bunca yıldır subay kalması da ondan.

Sünnethane-i Azeri'de Mansur'la ikimize birer abguşt ısmarladım, etler sümüksüz olsun diye de uyardım. Anne bir şey yemek istemiyordu, bir bardak şekersiz çayla yetindi. Azeriler, kemiksiz ete 'sümüksüz' diyorlar, bekâr adama da 'subay'.

KENDOVAN'IN BATMAYAN GÜNEŞİ

Tebriz'in etrafı dumanlı dağlar diyeceğim, ne alaka diyeceksiniz, ama öyle. Urfa'nın etrafı ne kadarsa, Tebriz'inki de o kadar. Hatta daha fazla. Şehrin kuzeydoğusunda Sabalan Dağları 4,811 metreye yükseliyor. Güneyine ise 3,707 metrelik Sahand Dağı oturmuş.

Tebriz'den çıkıp Jolfa'ya doğru gidecek olursanız, şansınız da varsa, Sabalan zirvesi, bulutlar arasından kendini gösteriyor. Ama asıl Jolfa'da, tam Azerbaycan sınırına geldiğiniz yerde, İran Ermenilerinin muhteşem St. Stephanus Manastırı yükseliyor. Buralardaki adıyla Darri Şam Kilisesi. M.S. 60'lı yıllarda yaşayan azizlerden St. Bartholome'nin mekânı olarak bilinen Jolfa'daki bu korunaklı, ince nakışlı güzel yapı, tam Aras ve Akçay nehirlerinin buluştuğu yerde on dördüncü yüzyılda kurulmuş. Şah Abbas tarafından topyekûn İsfahan yakınlarındaki Yeni Jolfa'ya sürülmelerinden önce, İran Ermenilerinin merkezi burasıymış.

Marco Polo'nun anlattığına göre, Stephanus Manastırı'nın rahip ve keşişleri, "yaşamlarını boşa geçirmemek için, tapınma sırasında azizlerine ayrılmış sunağa koydukları kemerleri dokurlar. Çevrede bağış topladıkları zaman, büyük bağışlarda bulunan soylu kişilere bu kemerlerden armağan ederler. Kemerlerin gut hastalığını iyileştirici gücü olduğu söylentisi yaygındır. Bu nedenle de toplumun her kesiminden pek çok kişi bu kemerlere sahip olmaya can atar". Marco Polo'nun söylediklerinden çıkan şu: Tebriz o vakitler halı, ipek ve baharat ticaretiyle zengin bir kenttir. Malum, gut da zengin hastalığı olarak bilinir. Keşişlerin aziz sunağında ördükleri kemerleri yüklü bağışlar karşılığında soylulara hediye etmeleri, oldukça hayırlı bir hizmet gibi görünüyor buradan bakınca.

Tebriz'den çıkıp Maraga'ya gitmeye niyetlenirseniz eğer, Sahand Dağı'nın manzarası biter bitmez, Moğolların başkentine gelirsiniz. Maraga, 1220-1380 tarihleri arasında Moğolların bölgedeki en önemli kenti olmuş. Bugün de yaşıyor, ancak bir köy görünümünde. Hulâgü Han'ın yaptırdığı gözlemevi ve çevresine yerleşmiş dört büyük kabir kulesi, çinileri ve mimarisiyle görülmeye değer.

Biz o gün Jolfa, ya da Maraga'ya değil, Kendovan'a gitmeye karar verdik. Adı yeni yeni duyuluyor. Mansur'un Türkiye benzetmeleri kaleminden burası da Kapadokya.

Hiç yükselmiyormuş gibi göründüğü halde, Tebriz'den çıktıktan sonra, sinsi sinsi rakım alan karışık bir yoldan iki saatte Kendovan'a vardık. Gün batmak üzereydi. Daha doğrusu, vakit öğleni biraz geçmiş olmasına rağmen, derin bir vadiye inmiş, nehir boyunca biraz gittikten sonra, Kendovan'a ulaşmıştık. Dağların arasında unutulmuş bu kasabada gün batmak üzereydi. Kendovan'a giriş biraz Karaman'ın Taşkalesi'ni andırıyordu. Biraz değil bayağı. Bir vadi, ortadan iştahla akan bir nehir, batı yakası geniş teraslarla yükselen bir bayır -ağaçlık mı çıplak mı, tam karar veremediğim bir bayır- doğu yakası kent. Hadi, Taşkale'nin girişindeki Manazan Mağaraları ve dağa oyulmuş tahıl ambarları da Kendovan'a uyar diyelim, ama benzerlik bu kadar. Size yeter mi yetmez mi bilmem. Şimdi şunu söylemeliyim ki hem Kendovan gözünüzde tam canlansın hem de Mansur'un 'Bizim Kapadokya'mız' tezi doğrulansın. Kapadokya'daki peribacalarının iki yüz elli, üç yüz tanesini alın, dip dibe, Kendovan'ın doğu yamacına yerleştirin. Her birinin bacası tütsün, pencerelerinden ışık sızsın.

Kendovan'a girdiğimizde hava müthiş soğumuştu. Sarı Otobüs'ten inerken başlayan yağmur, birdenbire hızlandı. Otobüsü bırakıp, güneşin bulutlarla boğuştuğu batı yamacına doğru tırmanmaya başladık. Biz yükseldikçe, altımızda akan nehir ve yamaca yerleşmiş peribacaları olağanüstü bir manzara içinde güneşin son ışıklarını alıyordu. Hava kararmadan iyice yükselip kasabanın tamamını görmek için adımları açtık; güneş sanki olduğu yere çakılıp kalmış, ne batıyor ne de alçalıyordu. Tam tepenin üstünde öylece duruyor, bulutlardan fırsat buldukça, Kendovan'ın peri bacalarına turuncu ışıklar, gri gölgeler, kasvetli sis bulutları, neşeli huzmeler gönderiyordu. Karışık bir ruh hali güneşinki. Bize yansıması da, geri dönüp aşağıdaki çayhanede sıcak sobanın başında akşam keyfi yapmak ile, kan ter içinde tepeye tırmanıp günün son ışıklarında Kendovan'ın sefasını sürmek arasında gidip gelen bir kararsızlık... Sonunda oldukça yüksekteki ikinci düzlüğüne çıktık yamacın. Gözümüze kestirdiğimiz yaşlı dut ağacının altına geldiğimizde yağmur yerini lapa lapa yağan kara bıraktı. Bu da yetti zaten.

Güneş hâlâ olduğu yerde duruyordu. Tepenin üstündeki bulutlar tamamen açılmış, erguvan rengi bir aydınlık Kendovan'a inmişti. Sırtımı dut ağacına yasladım. Sert ve sıcaktı. Gökyüzüyle birlikte çıplak dallarını üstüme örttü. Son kalmış birkaç yaprak, kar tanelerinin ağırlığıyla dökülüyordu...

Çayhanenin sıcak sobasına döndüğümüzde Şemsullah'ı bekler bulduk. Fırıncı Şemsullah, ekmek alırken kendisi teklif etmiş, bizi evine çağırmıştı. Hemen çıkmak istiyordu, hava kararırsa dar patikalarda kayar düşeriz, bir yerimiz sakatlanır diye korkuyordu. Kendovan malum, dik bir yamaçta peribacaları. Perilerin de Kendovanlıların da hikmetinden sual olunmaz. Birkaç saattir köydeydik, iki yüz elli hanede yaşayan yaklaşık iki bin kişiden topu topu üçünü beşini görmüştük en fazla ve şimdi, dar, eğri büğrü bir patikadan evlere doğru çıkıyorduk. Yükseldikçe, karşıdan birer coğrafi yapı olarak gördüğümüz peribacalarının, nasıl elverişli birer kullanım mekânı haline geldiğini ibret alarak seyrediyorduk. Karşı yamaçtayken seyrettiğimiz iki antik sütunlu mağaraya gittik. Kocaman açılmış bir ağzı olduğu gibi tutmaya yarayan işlentili iki antik taş sütun görmüştük uzaktan. Köşeyi dönüp mağaranın önüne geldiğimizde bu ihtişamlı sütunların, petrol variline dökülüp üst üste yerleştirilmiş iki beton kolon olduğunu gördük. Mağaranın ön cephesi yıkılınca, artık bundan ev olmaz, hiç değilse tavanı destekleyip hayvan damı olarak kullanalım diye bu pratik çareyi bulmuşlardı.

Şemsullah önde, biz arkada, Kendovan'ın dar sokaklarında yürürken, kapı önlerinde günün son demlerini alan kadınların arasından geçiyorduk. Kırmızı yanakları, Çamlıhemşinlileri andıran baş bağları vardı. Müthiş asık suratlı, hatta yabani görünüyorlardı. Selamlarımız hep yerlere düştü.

Şemsullah'ın götürdüğü eve, birkaç damın üstünden aşıp iyice dik bir yokuşu tırmandıktan sonra küçük bir boşluktan girdik. Bu köyde yürürken, hele akşamın bu iyice mest olmuş vakitleriyse, keskin hatları olmayan bir dokunun içinden geçiliyor. Ev önündeki boşluk köşesiz bir çokgen gibiydi. Hem zemin, hem komşunun duvarı, hem üstümüzü örten mağara çıkıntısı, elimizle düzeltip yeniden şekil verecek kadar yumuşak ve uysal duruyordu.

İçeri girdiğimizde ılık havayla birlikte belli belirsiz bir gazyağı kokusu dokundu yüzümüze. Kapının hemen dibinde, bir metrekare içinde, taştan oyulmuş bir yalak, küçük bir ocak yeri ve lastik boruya bağlanmış musluktan ibaret mutfak vardı. Mutfağın tam karşısındaysa, duvardaki oyuklara asılmış torbalardaki kışlık nevale ile bir iki abguşt güvecinden ibaret bir nevi kiler duruyordu.

Oldukça geniş ve yeterince yüksek mağaraya geçtik. Yere halı kilim serilmiş, saman dolu minderler konmuştu. Duvardaki oyukların birinde, döşek ve yorganlar duruyordu. Ama peribacasının içindeki bu ev, pek yaşanan bir eve benzemiyordu nedense. Her şey tam tekmildi de, insanın kullandığı mekânın az buçuk savrukluğundan eser yoktu ortalıkta.

İçerdeki ılık hava iyi geldi. Minderlere sırtımızı verip yayıldık. Fırıncının kalfası Şemsullah, ki aslen kendisi turist rehberiydi, böyle tanınmaktan ve kendini böyle tanıtmaktan hoşlanıyordu, köyün uyanık delikanlısı olarak İngilizce öğrenme gayreti içindeydi. Bu evin ihtiyar sahibi, Tebriz'e taşınınca anahtarını ona vermiş, gelen giden, merak eden olursa göster, üç beş kuruş da harçlık çıkar demişti. Şimdi Şemsullah, Kendovan'ın turizmcisi olarak eve getirmişti bizi.

"Çok turist var mı, yazın çok gelen oluyor mu?" diye sorduğumuzda, "Çok," cevabını aldık. Yaz aylarında haftada beş-altı kişi geliyormuş.

İçeride soba yanmıyordu. Ateş yeri de açılmamıştı mağara duvarlarında, ama içerisi ılıktı doğrusu. Biraz daha salıversek kendimizi uyuyabilirdik. Nasıl ısınıyor burası diye konuşurken, yandaki komşu abguşt güveçlerini getirdiğinde anladık ki, elindeki gaz lambası, bizden önce bir süre içeride yanmıştı. İlk girerken burnumuza çarpan hafif gazyağı kokusu ondan kalmıştı ve normal koşullarda ısınma sorununu çözmek için idare lambaları, olmazsa közlendikten sonra teneke üstüne alınmış küçük bir odun parçası yetiyordu. Biz Şemsullah'ın ve komşu kadının yalancısıyız, fazlasını bilmeyiz. Yine de şunu eklemeliyim ki, Şemsullah'ın mağarasından çıktıktan sonra aşağı inerken, kapı önlerindeki kadınlar selamımızı gayet sıcak aldılar ve bebekleriyle oynamamamıza, çocuklarıyla şakalaşmamamıza izin verdiler, ne olup bittiyse aradan geçen bir saat içinde.

TAHRAN

AZERİ ÇAYHANESİ'NDE BULUŞMA

Yemek düzenini elden geldiğince aksatmamak, uzun yolculukların kurallarından. İran'da kavun mevsimiydi, bolca beyaz peynirimiz vardı. Tahran'a doğru bir dere kenarındaki ağacın altına çektik otobüsü, mutfağı açtık, Erzurum'dan aldığımız yufkalar iyi durumdaydı hâlâ. Daha doğrusu, pek iyi durumda değildi de, üstteki küflü parçaları ayıklayınca geri kalanlar iş görecekti. Bol peynirli börek pişirdik, kavunla birlikte afiyetle yedik.

Tahran'a vakitlice girdik. Akşam yeni olmuştu. Bulvarlardaki trafik hız kesmemiş, ışıklı vitrinlerin önündeki kalabalık artmıştı. Günün son alışveriş saatleriydi. Az sonra sinemaların önündeki kuyruklar uzamaya başlayacak, Tahran yavaş yavaş kapalı mekânlardaki hayatına geçecekti.

Şehri Sabz'ın karşısındaki Azeri Çayhanesi'nin önüne çektik otobüsü. Yolda gelirken Raşidi'yle telefonlaşmış, bu ihtişamlı çayhanede buluşalım demiştik.

İçeri girdik. İran'daki Azeri çayhanelerinin belki de en gösterişlilerinden biri burası. Mimarisiyle, genel havasıyla bana Antep'teki Tahmis Kahvesi'ni hatırlatıyor. İkisi de aşağı yukarı aynı büyüklükte. Belki Tahran'daki biraz daha büyük, ancak iç yapıları şaşırtıcı biçimde birbirine benziyor. Çift kapılı dar girişten salona geçiliyor. Salonun sonunda üç beş basamakla çıkılan bölüm, büyük bir loca, ikinci bir salonmuş gibi, çayhanenin bütününe hâkim konumda duruyor. Aşağıdakiler yukarıdakileri, yukarıdakiler de aşağıdakileri rahatça görebiliyor. Tavanları yüksek, duvarları sağlam. Antep'teki kahvenin duvarları uçuk mavi yağlıboyaya bulanırken, muhteşem ahşap tavanın patlıcan isiyle aldığı patinaya kimse dokunmadı neyse ki. Tahran'daki çayhanenin duvarları ise bol resimli. Manzaralar, çiçek çizimleri, portreler, pehlivan güreşlerinden sahneler, minyatürlerden esinlenmiş arnüvo tablolar, dinsel figürler, antika çalgıların, maun çerçeveli taş aynaların, çatal dilli zülfikarların arasında duruyor.

Bu iki kahve, her ne kadar birbirine benzese de, Antep'teki, Tahran'dakinin yanında oldukça sönük kalıyor bugünkü haliyle. Bir zamanların ihtişamı, ancak dökülmekte olan boyalarından, nakışlarından, küçük pencerelerin ve çay ocağının ahşap işçiliğindeki ustalıktan anlaşılıyor. Bir de tavanındaki o tuhaf ahşap örme işçilikten. En önemli özelliği sona bıraktım, Antep'teki Tahmis'in tavanı, patlıcan moruna çalan siyah renkte. Bu memleketin en sevilen yiyeceği patlıcan olduğundan tüketimi bol, artığını değerlendirmek de gayet akıllıca. Yıllardır kahveyi ısıtmakta kullanılan mangallarda patlıcan sapı yakılmış. Tavan, patlıcan isiyle usul usul, kat kat boyanmış. Antep'teki kahvehanede neler yaşandı, nelere sahne oldu burası tam bilemiyorum ama, hayalini kurmak hiç de zor değil. Bir vakitler, çekme katta ince saz heyeti fasıl geçermiş.

Tahran'daki çayhane ise bütün görkemiyle ayakta. Duvarları silme resim, resimlerin altındaki raflar boydan boya rengârenk nargile şişeleriyle dolu. Yerler halı, minderler pofuduk, siniler parlak. Günün her saati kadınlı erkekli bir kalabalık, çay içmeye, abguşt yemeye geliyor. Gecenin bir vakti sahne alan çalgıcılar, usuldan girdikleri havalardan, gittikçe hızlanan neşeli parçalara geçiyorlar.

Yukarıdaki sekiye, çalgıcıların arkasındaki minderlere yayıldık. Âdet üzre demliklerle çaylar geldi önümüze. Demini alsın diye beklerken, Raşidi de eşi ve bir arkadaşıyla kapıdan girdi. Raşidi fotoğrafla uğraşır. İran Fotoğraf Federasyonu'nun üyesidir. Oturdular. Eşi, gri pardösüsünün eteklerini topladı, iri desenli başörtüsünün düğümünü gevşetti; birer bardak çay doldurduk, abguştlar gelene kadar nargileleri tokurdatarak, beceremeyip söndürerek, ateş tazeleyip, marpuç dolaştırarak muhabbete başladık. Gece çok uzun sürmedi. Çalgıcılar çıngırdaklı havalarda dolaşırlarken kalktık; yorgunduk, ertesi gün erkenden Tahran'a çıkacaktık.

İRANLI FOTOĞRAFÇILAR MERKEZİ

Sabah otelin önünde buluştuk. Raşidi arabanın önüne oturdu, Tahran'ın geniş bulvarlarında, gölgeli caddelerinde dönüp dolaştıktan sonra, tek katlı, büyük bir binanın önünde durduk. Günlerden perşembeydi. Sommayeh Caddesi'ndeki şık dükkânlar bir buçuk günlük hafta sonu tatili için kepenklerini indirmeye başlamışlardı.

İranlı Fotoğrafçılar Merkezi Galerisi'nin önünde otobüs boşaldı, içeri girdik. Oldukça büyük bir salon panolarla bölünerek iki galeri, bir kitaplık, küçük bir çerçeve-paspartu atölyesi, toplantı salonu ve idare bölümü oluşturulmuş. Girişin hemen karşısına fotoğraf albümlerinin, katalogların, kartpostalların, film ve banyo malzemelerinin satıldığı bir stand kurulmuş. Onun hemen yanındaysa manzara çizili dekor panolarıyla ayrılmış küçük bir bölüm var; üstünde "Fotoğraf İstasyonu" yazıyor.

Raşidi, Merkez'in yöneticilerine geldiğimizi haber verdi. Bir yarışma jürisi için toplanmışlardı, beklememiz gerekiyordu. Galeriyi dolaşmaya başladık. Büyük salonda, "Çocuk" konulu son uluslararası yarışmanın sergisi vardı. Fotoğrafların künyesinde fotoğrafçının adı soyadı, katıldığı ülkenin yanı sıra yaşı da yazılıydı ve çoğu altı, yedi, on yaşlarındaydı. Üstelik fotoğrafları yetişkinlerin işleriyle boy ölçüşecek düzeydeydi. Yayın standından birkaç katalog aldık; çerçeve atölyesinde çalışanları seyrederken Ahmad Nateghi'nin bizi beklediğini söylediler, idare bölümüne geçtik.

Nateghi, Merkez'in profesyonel yöneticisiydi. Tanışma faslından sonra Galeri'yi anlatmaya başladı. Kurum, 1993'te kurulmuştu. Profesyonel ve amatör tüm fotoğrafçılara açıktı. İki bin üyesi vardı. Yeni başlayanlar için birer aylık kurslar düzenleniyordu. Üyelik başvurusu yapanlardan portfolyo isteniyor ve çalışmaları bir yıl boyunca izleniyordu. Aidatlar çok düşük tutulmuştu. Üye fotoğrafçılara, İran'da fotoğraf çekebilmek için bir izin kâğıdı veriliyor, sergi açacakları zaman giderleri Merkez tarafından karşılanıyor ve kurum laboratuarlarından indirimli yararlanmaları sağlanıyordu... Nateghi, bu izin kâğıdı meselesinden söz ederken hafifçe irkildiğimizi fark etmiş olmalı ki, tekrar konuya dönüp, "Öyle ya canım, herkesin her istediği zaman her yerde fotoğraf çekmesi..." gibilerden bir şeyler söylemeye çalıştı, konuyu geçtik. Nateghi, sık sık, Merkez'in özerkliğinden, yerel ve merkezi iktidardan bağımsız davranmaya özen gösterdiğinden söz etti.

Burada kırk personel çalışıyor. Kültürel bölüm, sergileme bölümü, ödüller, festivaller, bienaller bölümü, gençlere ve çocuklara yönelik çalışmaları planlayan bölüm, özel dosyalar bölümü, eğitim bölümü ve teknik bölüm olmak üzere bir iç yapı kurulmuş. Galerideki sergiler kırk beş günde bir değişiyor ve her yıl bir yabancı fotoğrafçının sergisi açılıyor. Merkez'e gelen sergi talepleri beş kişilik bir seçici kurul tarafından değerlendirildikten sonra yıllık programa alınıyor. İran'ın çeşitli kentlerinde dört yıllık eğitim veren beş fotoğraf okulunun bin öğrencisi Merkez' le yakın ilişki içinde.

Nateghi soluk aldığında, dünya fotoğrafının klasiklerine, ustaların ürünlerine, çağdaş, deneysel, kavramsal çalışmalara kolayca ulaşıp ulaşamadıklarını sorduk. Sorumuz hem üyeler hem fotoğraf öğrencileri açısındandı. Ahmed Nateghi, alınır gibi oldu, "Biz bir fotoğraf merkeziyiz," dedi. "Bağımsız çalışırız. Kitaplıklarımızda ve arşivimizde ustaların ürünleri ve klasikler yer alır..." Sözün burasında, aramızda kalan bir değerlendirme yaptık çabucak: Nü çalışmaların fotoğraf âlemindeki yerine ve önemine değinerek, insan bedeninden üretilmiş estetik görüntülerin sistem karşısında nasıl bir yer bulabileceğini tartıştık. Diplomatik nezaket kuralları çerçevesinde bu tartışmayı kendimize sakladık. Still life ve kavramsal fotoğraf konusunda da yeni sorular sormadık. Çünkü İranlı fotoğrafçıların belgesel fotoğrafa gösterdikleri yakın ilgiden, İslam Devrimi ile İran-Irak savaşının ve toplumdaki sonuçlarının başlıca ilgi alanları olduğundan daha önce söz edilmişti. Başarılı örneklerini biz de görmüştük.

SOREH FOTOĞRAF FESTİVALİ

Bizim asıl ilgimizi çeken, hemen girişteki "Fotoğraf İstasyonu" ile sergide yer alan çocuk fotoğrafçıların ürünleriydi. Nateghi, Merkez'in çocukları fotoğraf çalışmalarına yöneltmek için özel programlar düzenlediğini söyledi. Fotoğraf İstasyonu da onlar için hazırlanmıştı. Kısa bir kurstan geçen çocuklar, manzara resimli fonların önünde insanlar ve nesnelerle düzenlemeler yaparak fotoğraf çekiyorlardı. Fonlar sık sık değiştiriliyor, bazen çocuklar tarafından boyanıyor ve istedikleri zaman gelip çalışabiliyorlardı. Çocuklara yönelik bu küçük atölye, 1997'de üçüncüsü yapılan "Uluslararası Soreh Festivali"yle aynı düşünsel temele dayanıyordu.

Ilk festival 1992 Kasım'ında ulusal düzeyde yapılmış, 1993'teki ikinci festivalden sonra, katılımcı sayısının fazlalığından güç alarak uluslararası organizasyon gerçekleştirilmiş. İran fotoğraf tarihinde ilk uluslararası etkinlik sayılan Soreh Festivali'ne, 27 ülkeden 937 fotoğrafçı katılmış. 315 fotoğrafçı on yedi yaşın altında. Festival broşüründe, "bütün dünyadaki çocukların yaşadıkları problemlerin çözümünü ortak amaç haline getirebilmek için, çocuk fotoğrafçıların katılımıyla böyle bir yol seçtik," deniyor.

Soreh Fotoğraf Festivali'nin yarışmalı bölümü üç grupta yapılıyor. İlk grup altı ile on iki yaş arası fotoğrafçılara açık ve konu serbest. İkinci gruba on iki ile on yedi yaş arası fotoğrafçılar katılıyor ve her yıl değişen bir konuyu çeşitli yönleriyle işlemeleri isteniyor. Bu yıl 'hayat, oyun ve mutluluk' konusu seçilmiş. On yedi yaş üstü fotoğrafçıların katıldığı grubun konusuysa, 'çocuk işçiler, sokak çocukları ve çocuk mutluluğu' olarak belirlenmiş. Raşidi de bu bölüme katılmış ve bir fotoğrafı sergiye girmiş. Tahran sokaklarındaki lüks düğün arabasının önünü kesmeye çalışan bir sokak çocuğu fotoğrafı ile...

BUYRUN MERKEZ'E

Sarı Otobüs hazırdı, yola çıkacaktık. Vedalaşmak üzere toparlanıyorduk ki Ahmed Nateghi, "Merkez'e de gidelim, çalışma düzenimizi görün," dedi. Biz bütün işlerin galeride ve arkadaki birkaç eklentide kotarıldığını düşünüyorduk.

Kapıda hatıra fotoğrafları çekildi, hemen arka sokağa geçip üç katlı binadan içeri girdik. İlk kattaki bilgisayar bölümünde kadınlar çalışıyordu. Üye her fotoğrafçı için bir dosya açılıyor, gönderdiği fotoğrafların teknik özellikleri giriliyor, arşiv numarası veriliyor, yürüttüğü çalışmalar konusunda not düşülüyor, biyografisi, aldığı ödüller, vs. kaydediliyordu.

İkinci kat araştırma bölümü, grafik bürosu, arşiv ve çekim stüdyosuydu. Arşiv için gömme çelik dolaplar yapılmıştı, kapağı açılınca ileri doğru gelen raflar kendi ekseni etrafında dönüyordu. Yüz binlerce dianın ve negatifin yer aldığı arşiv, ajanslara ücret karşılığı servis vermeye başlamıştı. Üyelere ve dışarıya kiralanan stüdyo, mekân genişliği, alet edevatı, aydınlatma ekipmanları açısından, bu işten anlayan arkadaşlarımız tarafından pek yeterli bulunmadı. Grafik bürosundaysa, yeni yarışmanın afiş-broşür taslakları hazırlanıyordu; son yarışmanın davetiyeleri baskıdan yeni gelmişti; ödül töreni için tasarlanan sahne düzeninin maketi bitmişti. Kurslarda kullanılmak üzere mukavvadan yapılmış değişik formatlardaki dev boyutlu fotoğraf makineleri, objektifler, film kesitleri bir kenarda duruyordu. Video odasındaysa, birkaç saat önce yapılan ve Nateghi'nin de katıldığı ulusal yarışma jüri toplantısının video kaydı kurgulanıyordu. Her üyenin, seçtiği fotoğrafın üstüne koyduğu renkli pullarla oy kullandığını gördük.

Nateghi, giriş katına indirdi bizi ve karanlık odalara girdik. Eğitim sınıfı on üç agrandisörlü ferah bir laboratuardı. Kapı yapılmamış, yan yana duran iki duvarın arasına giren üçüncü bir duvarla ışık alması engellenmişti. Son banyodan çıkan kartlar, duvardaki bir boşluktan aydınlık ikinci odaya, su küvetine alınıyordu. Siyah beyaz için de aynı düzenekte bir laboratuar hazırlanmaktaydı. Ayrıca, profesyonellerin kullanımı için dört küçük karanlık oda yapılmıştı.

"Son olarak benim odama gidelim," dedi Nateghi, asansörle en üst kata çıktık ve biraz savruk bir fotoğrafçının kartlar, negatifler, albümler, ödül beratlarıyla dolu odasına girdik. Artık 'resmi' konukları gezdiren kurum yöneticisi değil, fotoğrafçılara kendi işlerini gösteren bir fotoğrafçıydı Ahmed. Doğrusu, renkli baskıları siyah-beyazlarından çok daha iyiydi. Biraz teknikten, biraz içerikten konuştuk, dertleştik. Güzel bir çalışmasını hediye etti bize ve yandaki toplantı odasına alındık. Nefis İran çaylarıyla kekler, pastalar, poğaçalar bizi bekliyordu... Şimdi diyeceksiniz ki, 'Ne demeye anlattın fotoğraf merkezini bize bu kadar?' Cevabım kısa, net ve basit: Bizde yok da ondan.

TAHRAN'IN MÜZELERİ

Yanlış bir genelleme olacak belki ama söylemeden geçemeyeceğim. Karayoluyla yaptığımız uzun yolculuklarda girmekten en çekindiğimiz kentler, başkentlerdir. Bizi en çok bunaltan trafik, eskaza konakladıysak en çekilmez zamanlar, hep başkentlere aittir. Hangi ülke olursa olsun, başkenti görülecek yerler listemizde bir hayli alt sıralardadır. Bunu sadece karayoluyla yapılan yolculuklar için söylemiyorum, benim bunca yıllık gözlemim, farklı araçlarla gidip geldiğim ülkelerin başkentleri de daima gitmesem de olur dediğim yerler arasındaydı.

Tahran, başkentler içinde en tipik başkent olanı. Hangi araçla ulaşırsanız ulaşın şehre, ister hava yoluyla ister trenle ya da arabayla, içine düştüğünüz trafik burnunuzdan getirir. Metroya kapağı atabilirseniz makul sayılabilecek bir sürede gideceğiniz yere en yakın istasyonda inersiniz ama, ondan sonrasında bir araç kullanacaksanız yine vay halinize. Trafik sürekli kilitlenme halindedir Tahran'da. Hele işe gidiş dönüş saatlerine denk geldiyseniz hepten vay halinize. Mesela, gökyüzüne heybetle yükselen Azadi Anıtı'nı görür de bir türlü yaklaşamazsınız. Bir de yanlış yola giriverirseniz es kaza, beş dakikaya kalmaz varırız dediğiniz anıt, önce sizden uzaklaşmaya başlar, sonra uzunca bir süre bir sağınızda belirir bir solunuzda, etrafında yeteri kadar tur attıktan sonra en nihayet varıp durursunuz dibinde. Ancak ne mecal kalmıştır gidip anıtı gezecek, ne de istek içinizde. Yine de ben size birkaç söz edeyim anıt hakkında.

Azadi Anıtı, adı üstünde Özgürlük Anıtı. Ters Y şeklinde inşa edilmiş 45 metre yükseklikte hayli görkemli bir yapı. 1971 yılında Pers İmparatorluğu'nun 2500. yılı anısına inşa edilmiş. Büyük bir yeşil alanın içinde yükselen anıtın çevresinde şehir trafiği akıyor. Bu meydan 1979 İslam Devrimi sırasında en büyük gösterilere ve kanlı olaylara sahne olmuş. Özgürlük Anıtı'na ulaşmak isterseniz parkın etrafında vızır vızır seyreden araçların engelini aşmak için yola atılmaya kalkışmayın, son derece tehlikelidir. Üşenmeden kaldırımı izleyip altgeçite inen merdivenleri bulun, yolu yordamıyla karşıya geçin.

Y'nin iki bacağı arasına varınca küçücük hissediyor kendini insan. Bir tarafta 2500 yıllık bir imparatorluğun anısı, öte yanda İslam Devrimi'nin başlattığı yeni süreç, beri tarafta bu kadim kültüre dar gelen yasaklar, kısıtlamalar, engeller... Altgeçitlerden medet uman özgürlük arayışı, engelleri aşmak için kükreyen canavarların arasından sıyrılma çabası... Bu kükreyen canavarlar, ki kendilerine Peykan denilmektedir, bu şehrin, ama sadece bu şehrin değil, bütün İran'ın soluğunu keserler. İlk kez 1960 yılında imal edilen Peykan arabalar, halen o yılların teknolojisiyle üretilmektedir. Bugün İran yollarında 3 milyondan fazla Peykan'ın dolaştığı söylenir, bunda bir sakınca yok belki ama, bu arabaların kilometrede yaklaşık beş litre benzin yaktığı düşünülürse, hava kirliliğinde en üst sıraları tutan Tahran'da egzost gazı zehirlenmesinin neden sıradan vaka olduğu kolayca anlaşılır. Bazı günlerde hava kirliliği nedeniyle okullar tatil edilir, yaşlı ve hastaların evden çıkmaması duyurulur.

Çoğu beyaz renkte olan Peykanlar, binek arabası ve kamyonet modelleriyle insan ve eşya taşıyarak şehir trafiğinde atlıkarıncalar şeklinde durmaksızın gelip geçerler. Gerçi son zamanlarda az sayıda ithal model ve Kia üretimi araçlar da görülmeye başladı ama, İran'da döşova arabalarla yan yana görülen kuyruklu İmpala'lar, Chevrolet'ler, Buick'ler, Cadillac'lar hâlâ yolların kralı, kimilerine göre de kraliçesi.

Bu krallar ve kraliçeler, ya da isterseniz Şah'lar ve Banû'lar deyin, topluca bir arada görüldükleri vakit, nikelajlarının parıltısıyla müzeden firar etmiş nadide parçalar hissi uyandırıyorlar. Bu hissin Tahran'da yaşanması doğal, çünkü Tahran aslında müzeler kenti.

Bilmem sizin merakınız var mıdır ama, bir ülkenin geçmişi ve bugününü başkentinde bu kadar derli toplu gösterebilir olması ilginç doğrusu. Müzelerden birkaçının sadece ismini sıralamak, bu şehirde ne kadar çok ve çeşitli müze olduğuna dair bir fikir vermek için yeterli olur sanırım. Bu arada, ziyaret yerlerini, türbeleri ve tarihi camilerle kiliseleri ve önemli parkları liste dışı tutuyorum.

Başta klasik birkaç müze, sonra diğerleri: İran Arkeoloji Müzesi, Etnografya Müzesi, Ulusal Müze, Askeri Müze, Şehitler Müzesi, Tahran Çağdaş Sanatlar Müzesi, Güzel Sanatlar Müzesi, İslam Dönemi Müzesi, Cam ve Seramik Müzesi, Fotoğraf Müzesi, Mücevher Müzesi -ki dünyanın en büyük işlenmemiş elması "Işık Denizi"nin dışında, "Güneş Tahtı" ya da "Tavuskuşu Tahtı" diye bilinen 26,733 kıymetli taş kakılarak işlenmiş mobilyanın da burada olduğunu söylemeden geçmeyelim-, Halı Müzesi, Ünlü Ressam Behzad'ın resimlerinin toplandığı Behzad Müzesi, Safavi döneminin ünlü ressamı Rıza Abbasi adına müze, çağdaş heykeltraş Seyid Ali Ekber San'ati'nin ürünlerinin sergilendiği müze, Mir Emad Kaligrafi Müzesi, Sadabad Müze Kompleksi Gülis an Palas Müze Kompleksi, ki sadece bu müze, içindeki yedi ayrı müzeyle başlı başına bir âlem. Niyavaran Sarayı Müze Komplesi, ki bunun içinde de dört ayrı müze bulunuyor... Bunlar ilk elde sayılabilenler. Hani kararlı ve ısrarlıysanız, o müze senin bu müze benim bir hayli vakit geçirirsiniz Tahran'da, üstelik kıyıda köşede daha niceleri çıkar karşınıza.

ABD BÜYÜKELÇİLİĞİ VE BAŞBAKAN MUSADDIK

Mesela son kaldığım otellerden biri Amerikan Büyükelçiliği'ne yakındı. Gerçi bir vakitlerin ABD Büyükelçiliği müze değildi ama, yakın tarihteki önemli olayların, başbakanlara kurulan komploların, CIA imzalı ilk hükümet darbesinin, suikastların, baskınların, rehin almaların tezgâhlandığı mekân burasıydı. Elçilik bugün iki önemli caddenin kesiştiği yerde, duvarlarındaki ABD-karşıtı yazılar, resimler ve pankartlarla Sepah birliklerinin karargâhı olarak kullanılıyor. Ancak bu tarihi bina 1953'teki Musaddık darbesinde ve 1979'daki elçilik baskınının ardından 444 gün süren rehine krizinde bütün dünyanın dikkatlerini üstüne çekmişti.

1953'te Başbakan Musaddık'ın düşürülmesi, CIA'nin becerdiği ilk darbe olarak bilinir. Kongo'da Lumumba, Endonezya'da Sukarno, Şili'de Allende darbelerinden önce, demokrasi ve özgürlük düşmanı ABD politikalarının en kirli uygulayıcısı CIA, seçimle iktidara gelen Başbakan Musaddık'a karşı düzenlenen darbeyi organize ederek ilk adımı atmış. Hikâye günümüz insanı için hiç de yabancı değil. Petrol üstünde oynanan oyunların eski bir versiyonu. Bugün acımasızlığın, bencilliğin ve sorumsuzluğun egemen olduğu politikalarla Irak'a saldıran ABD, İngiltere ve müttefikleri, 1950'lerde, SSCB'nin varlığıyla pervasızlığa pek izin vermeyen daha dengeli dünya koşullarında, ister istemez sinsi taktikler izleyeceklerdi. İran petrolünün paylaşımı için ABD ile İngiltere arasındaki çekişme, Başbakan Musaddık'ın ulusalcı politikalarıyla açığa çıkacaktı. Musaddık, o güne kadar İran petrollerine istediği fiyatten el koyan İran-İngiliz Petrol Şirketi'ni daha adil olmaya ve İran halkının çıkarlarını gözetecek bir fiyat politikası izleme davet eder, reddedilir, sömürgeci politikaların değişmeyeceğinin anlaşılması üzerine şirket kamulaştırılır ve İngiliz diplomatlar, komplo hazırladıkları gerekçesiyle sınırdışı edilirler.

1951'deki bu uygulama son derece etkili olur, dünyada yankılanır, Üçüncü Dünya ülkelerinin gelişme sürecinde önemli bir adım olarak simgeleşir. Yayılma eğilimi gösteren bu politika, emperyalist ülkelerdeki çıkar çevrelerini rahatsız eder. 1952 yılında İngiltere'de Churchill yeniden başbakan olur. En şeytani sömürgeci planların mimarı Churchill'in, ABD'deki Eisenhower yönetimini ikna etmesi zor olmaz. CIA operasyonunun hazırlıkları başlar. Theodor Roosevelt'in torunu Kermit Roosevelt yönetiminde Ajax operasyonu hazırlanır. Kısa süre içinde Şah'ın desteğini alan çete, ABD büyükelçilik binasında üslenir ve milyonlarca dolarlık bütçeyle üst düzey din adamlarından, yüksek rütbeli komutanlardan, politikacı ve gazete yöneticilerinden satın almalar başlar. Musaddık'ın ulusalcı politikalarına karşı bir zemin ya ratılmaktadır. Ne var ki ilk işin acemilikleri de olur tabii. Şah'ın da desteğiyle hazırlanan hükümet darbesi açığa çıkar ve elebaşlar yakalanır, Şah Roma'ya kaçar.

Darbe engellenmiştir ancak bu durum uzun sürmez, hatta çok kısa sürer, sadece üç gün. Geçen üç gün içinde toparlanan ve eksiklerini gideren darbeci güçler bu kez başarılı olurlar ve böylece sadece İran'da değil, bizim de içinde bulunduğumuz bölgede, giderek dünyada CIA komplolarının önü açılmış olur, hem de bir kez daha aynı beceriksizlikler tekrarlanmamak üzere.

Musaddık devrilir, Şah Roma'dan geri döner, petrol şirketlerini ulusallaştırma kararı geri alınır. Ancak ABD de payını almakta gecikmez. Daha önce yüzde 100 olan İngiliz payı, yüzde 60'a düşer. Churchill'in demokrasiyi ve İran'ın özkaynaklarıyla gelişmesini engellemek için başlattığı operasyon karşılığı ABD'ye ödediği ücret, İran petrollerinin yüzde 40'ıdır. Bu alış veriş, 25 yıl sonra, 1 Nisan 1979'da İran İslam Cumhuriyeti'nin kuruluşunu gerçekleştiren devriminin de önünü açar.

Günümüzde İran'ın nükleer araştırmalarını gerekçe göstererek bu ülkeyi de Irak gibi demokratikleştirmek istediğini açıklayan ABD ve müttefikleri, Türkiye'yi de içine alacak hangi bölgesel oyunun içindeler, yaşayan görecek.

Tahran'daki Meşhed otelinden çıkıp iki köşe dönünce önüne geldiğim eski ABD Büyükelçiliği, CIA'in tarihteki ilk ve belki de kader operasyonu sayılan hükümet darbesinin uygulandığı mekân olarak, sadece İran'ın değil, dünyanın ibret alacağı bir müze olarak düzenlense yeridir.

KAPALIÇARŞI VE DEVRİMİN ESNAFLARI

Tahran kapalıçarşısı bütün geleneksel çarşılar gibi bedestenler halinde düzenlenmiş. Her iş kolunun kendi mahallesi var. Mahalle demek pek yanlış olmaz, çünkü neredeyse mahalle büyüklüğünde bedestenlerden oluşmuş bir şehir Tahran Kapalıçarşısı.

Onlarca girişten hangisine dalarsanız, kendinizi neredeyse 15 kilometre uzunluğundaki labirentin de girişinde buluyorsunuz. Çarşının mimari bir özelliği, kentsel dokuya estetik bir katkısı falan söz konusu değil. Kimi yerde çatısı teneke levhalarla, kimi yerde branda bezleriyle kaplı daracık sokaklardan ibaret bir çarşı burası. İçine onlarca cami, bir o kadar banka, bir kilise ve itfaiye teşkilatının özel bir taburu konuşlanmış.

Nasıl bir yer olduğunu hayal etmek güç değil. Bir kenarda zanaatkârlar hâlâ geleneksel üretimi sürdürürlerken, öte yanda her türlü mal satılıyor. Hatta çarşının bir caddesi Adidas, YSL, Nike, Leevis gibi markaları satan sıra sıra dükkânlara ayrılmış. Yani, bir bedesten de burada oluşmuş. Doğunun eski çarşısında, batının marka malları bedesteni. Tuhaf ama olsun, zaten ne var ki tuhaf olmayan.

İran'ın toptan halı, altın, ipek ve temel tüketim maddeleri piyasasını bu pazarın orta ve büyük esnafı elinde tutuyor. Aynı zamanda, rejimin toplumsal dinamiklerine, resmi propagandanın karşılık bulmasına ve yaygınlaşmasına bu çarşı olanak sağlıyor. Tahran'ın kapalıçarşı esnafı rejimin her ne kadar temel direklerinden olsa da, bu toplumsal rolde yalnız değil. Tüm İran'ın küçük esnafı devrim sürecinde de sonrasında da mollalara desteklerini eksik etmemişler. Bu pozisyonlarıyla sadece turistlere ilginç gelen doğunun mallarını pazarlayan ve pazarlıkta üstlerine olmayan birer oryantalist figür değiller. İran'ın küçük esnafı, karşılıklı ilişkiyle rejimden de nasipleniyor. Örneğin, halıcılar başta olmak üzere büyük esnaflar döviz alıp satma, kısa vadeli faizli borç verme gibi ufak çaplı bankacılık hizmetlerini yürütme hakkına sahipler.

Şah döneminde büyük marketlere yakın duran ve küçük esnafı pek de kollamayan rejim, Tahran Kapalıçarşısı'nın ortasından geniş bir cadde geçirmeye kalkışınca, İslam devrimi zaten orta sınıf tutuculuğu içindeki esnaflardan güçlü bir müttefik kazanmış. Bugün de bütün matemlerde siyah bayrak asılıyor, kepenkler indiriliyor, bütün bayramlara aktif katılım sağlanıyor. Yönetim moral desteğin yanı sıra, vakıflar üstünden sürdürülen örtülü bir ekonomide de esnafların maddi desteğini alıyor.

MIYANDEŞT KERVANSARAYI

Sisler içinde görür görmez tanıdım. Geçen yıl alacakaranlıkta yanından geçmiş, yol tuttuğu için durup girememiştik. Yanından geçişimiz yel gibi, rüzgâr gibiydi ki, ne olup bittiğini anlayamadan görünüp kaybolmuştu.

Nişabur'a kadar, "o neydi?", "nasıldı?" diye konuşarak gitmiştik...

Şimdi siz, ne gördük, neyi ıskaladık diye meraka kapılmadan hemen söyleyelim, Miyandeşt Kervansarayı'ydı gördüğümüz. Ama ben önce şu yol tutmasından bahsetmeliyim ki, herhangi bir yanlış anlama olmasın, midemiz bulandı sanılmasın.

Uzun yollarda yol tutması, bir nevi basiret bağlanmasıdır. Dalgıçların derinlik sarhoşluğu, dağcıların zirve saplantısı gibi bir şey. Önünde uzayıp giden yollar, binlerce kilometrelik sefere çıkmış sürücüyü içine çeker, duraklatmaz. Hep gitmek ister, bir kez yolun ritmini yakaladı mı bırakamaz insan. Planda yoksa bile, görmeden geçilmeyecek şeyleri ıskalayıp gidiyorsak, durmaya üşeniyorsak yol tutmuş demektir... Yol, efendi olmuştur; biz de yolun kölesi. Çaresi yok mudur, vardır elbette. Gözü dört açmak yetmez, zihni de cilalı tutmak gerekir. Direksiyon sallarken yolun çekimine kapılmamanın çaresi 'yol bitecek' fikrini kafadan çıkarmaktır. Uzun yolların has şoförleri, 'bitse de giderim bitmese de' havasında direksiyon sallarlar.

O akşamüstü de vitesi beşe atmış, yağ gibi İran yollarında gidiyorduk. Uzakta, sisler arasında belirdi. Güneş karşımızdan batıyordu, uçsuz bucaksız düzlükteki koyun sürüsü ince bir toz bulutu kaldırmıştı. Sarı Otobüs buluta girerken, turuncu ışık kırılmaları arasında, çok uzakta, uçuk kahverengi siluetiyle göründü. Hemen önünde uzanan biçilmiş buğday tarlasıyla aynı renkteydi. Düzlüğün ortasında yumuşak hatlarıyla yükselmiş, arkadan aldığı güneşle siluetini gösteriyordu. Dört köşesinde kuleler vardı; duvarları bir kale kadar olmasa bile yine de heybetliydi ve iri bir kubbeden başka ne olduğunu göstermiyordu. Biz yaklaşırken koyun sürüsü geçip gitti. Toz bulutu yatışırken arabayı kenara çekip kervansaraya doğru yürümeye başladık. Çan sesleri çok geçmeden kesildi. Gün batmak üzereydi. Uçuk, duru mavi bir gökyüzü vardı. Kızaran güneş, pürüzsüz bir pembeye boyamıştı nereden geldiyse iki parça küçük bulutu.

Ağır, ahşap kapının önünde durdum. Kabaraları, menteşeleri yeniydi, ancak kapalı bir gözkapağı gibi duran kavisli bronz tokmak, çarptığı iri topuz gibi, tam orta yerinden bir hayli aşınmıştı.

Bu, dişi tokmaktı. Vurdum. İran'daki kervansarayların, hanların kapılarında, iki kanatta iki ayrı tokmak vardır. Hoş, Diyarbakır'dakiler de aynıdır ya, ben İran üstünden anlatayım. Yuvarlak, nakışlı olan, dişi; sap gibi düz ve kapçıklı olan, erkek tokmaktır. İkisinin sesi birbirinden farklıdır. Kadınlar kadınlarınkini, erkekler erkeklerinkini vururlar. İçerdekiler de gelenin cinsiyetini anlayıp kapıyı açarken tedarikli olurlar. Ben dişi tokmağı vurdum. Bir daha... Ses veren olmadı. Öteki tokmağı denedim, giden gelen yok. Bir daha, yine ses yok. Güneş batmıştı.

Aslında bir oyun gibi yapmıştım bütün bunları. Sarı Otobüs'ten bir kervan yolcusu edasıyla inmiş, küçük adımlarla kapıya doğru yürümüş, uzaktan fark ettiğim kalın zincirlere rağmen, içerde kimse olmadığını bile bile kapıyı çalmıştım. Kendiliğinden açılıverecekmiş, bizi içeri alacakmış gibi. Sırayla, ikisini birden, hem dişi tokmağı, hem erkek tokmağı... Kapının önünde beklerken, sanki içerden bir çan sesi geldi...

Kapının açılacağı yoktu.

Kervansarayın karşısındaki yıkıntıların dibine otobüsü çektik. Hava kararırken mutfağı açıp yemek hazırlıklarına giriştik. Çok geçmeden bir köpek peydahlandı. Ürkütücü görünüyordu, belli ki açtı. Birkaç parça ekmek atıp ilişkimiz için bir şekil önerdik. Ekmekleri iştahla yiyerek anlaşmayı onayladı. Hep birlikte makarnanın kaynamasını beklemeye başladık. Gökyüzü zifiri karanlığa kesmeden önce Venüs belirdi.

Yemekten sonra kısa bir muhabbet döndü ekip içinde. Kervansarayın duvarlarını seyrettik bir süre. Bir süre de, yıkıntıların arasından gökyüzüne baktık. Sonra herkes yattı.

Ay doğarken uyandım. Otobüsten indim. Yıkıntılar arasında uzun uzun işerken kırmızı bir hilal halindeki eski ayı seyrettim. Kervansarayın yüksek duvarları belli belirsiz aydınlanmıştı. Gözüm karanlığa iyice alışınca, duvarların arasında iri, koyu bir yara gibi duran tahta kapıyı gördüm. Kapının iki kanadındaki biri dişi, biri erkek tokmaklar hayal meyal seçiliyordu.

Yürüdüm. Ayışığını arkama alıp kapıya doğru yürüdüm. Gidişim uzun sürdü. Arada bir geri dönüp bakıyordum, zaman zaman yanı başımda beliren, sonra yavaşlayıp arkada kalan ayak seslerini duyuyordum. Bana mı öyle geliyordu, yanımda bir gölge mi yürüyordu gecenin bu vaktinde, doğrusu pek ayırt edemedim. Kapıya yaklaşırken sesler belirginleşti. Hemen yanımdaydı. Görmüyordum. Görmek için bakmam gerekiyordu, bakmıyordum. Sadece sol tarafımda sıcaklığını hissediyordum. Otobüse dönmek geçti aklımdan...

Ne kadar sürdü, bilmiyorum. Kapıya ulaştığımda uzun uzun çaldığımı hatırlıyorum. Tokmakların sesi, bir ince bir kalın, kervansarayın duvarlarında yankılanıyordu. Sesler buyürken beni çağırıyor, serin gecede yumuşak ve ılık bir davet gibi içine çekiyordu. Kapının iki kanadını sımsıkı bağlayan kalın zincir olmasa hiç kuşkum yok açılacak ve ayışığında bir girdap gibi beni içine çekecekti.

Vazgeçtim. Kapıyı çalmaktan vazgeçtim. Arkamı döndüm, sırtımı kapının geniş tahtalarına yasladım; paslı kabaralar, iri başlı çiviler ve tam kafamın üstüne gelen ağır pirinç tokmağa rağmen yumuşacık geldi sırtıma. Karşıdaki yıkıntının duvarları, bıçaklanmış bir bedenin darmadağın parçaları gibi, gökyüzünden bir ton koyu, öylece uzanmıştı. Arkasında kıpkırmızı bir hilal batıyordu.

İçerden çan sesleri geldi bir kez daha ve ben, ayın kırmızısı gökyüzünde kapanmak üzere bir yara gibi dururken, sırtımı dayadığım Miyandeşt Kervansarayı'nın ağır ahşap kapısının inleyerek, tıpkı bir sevişmenin ilk dakikalarındaki ihtirasla aralandığını hissettim....

Büyük bir avluda buldum kendimi.

Karşıdaki geçitten, çoktan kurumuş bir sarnıca iniliyordu. Sarnıcın arkasındaki kırık dökük yapı, bu haliyle bile Sasani ihtişamının izlerini taşımaktaydı.

Avlunun ucundaki yüksek kemerli kapıdan iç avluya geçtim. Etrafı, onlarca odayla çevriliydi. Her birinin önünde, duvara gömülü kalın hayvan bağlama demirleri vardı ve onlar da ana kapının bronz tokmakları gibi aşınmıştı.

Büyük dörtgen avlunun her köşesine birer salon yapılmıştı. Ortadaki büyük seki gibi bu salonların içinde de ateş yakıp yemek yapmaya, meclis kurmaya yarayan toprak yükseltiler vardı. En yakındaki salondan, içerdeki odalara giden dar bölmeye geçerken, çan seslerini bir kez daha işittim. Tok, uzun, derin yankılanıyorlardı...

Avluya tekrar çıktığımda sesler büyümüştü. Çan sesleriyle birlikte, uğultular, pazarcı nağraları, eşinen atların saçtığı tozlar, oraya buraya koşturan uyuz itlerden kaçan çocuklar, mallarını ballandıra ballandıra anlatan tüccarlar, takla atarken halka çeviren köçekler, akrep dövüştüren bahisçiler ve köpürmüş yorgun develerin mağrur bakışları arasında küçük bir kervanı, avluya girerken gördüm.

Hangi arada olduysa avluya canlı bir pazar kurulmuştu. Uzak yollardan gelmiş kervanlar yüklerini indirmiş, bezirgânlar ortadaki büyük sekiye mallarını sermiş, çevredeki köylerden gelen besicilerle sıkı bir pazarlığa tutuşmuşlardı. Simli kumaşlarla, kesme cam şişelerdeki esanslarla, çuvallardan taşan türlü çeşitli baharatla ilgilenen kadınlar meydanı doldurmuşlardı. O sırada avluya, sıska esircinin yanından geçerek giren küçük kervana ilgisiz gözlerle baktı hepsi.

Develerinden, devecilerinden, hamutlarından ve hurçlarından belliydi ki, yeni gelen yoksul kervanın tüccarlara vaat ettiği fazla bir şey yoktu. Develerin kaldırdığı bir gıdım toz bile hemen yatışıp silinmişti.

Ancak, sıska develi küçük kervanın en arkasında yürüyen Egeli tülü girdiği zaman avluya, herkes dikkat kesilir gibi oldu. O da uzun sürmedi. Tülünün ayakları, çöl develeri kadar iri, ancak bilekleri, çöl develerinde olmadığı kadar uzun, kıvırcık tüylüydü, tıpkı sakalları ve göğsü gibi. Devenin sırtındaki ihtişamlı hamutta küçük bir kız oturuyordu.

Bir an, gecenin karanlığında kervansarayın kapısına doğru yürürken sol yanımda hissettiğim sıcaklığı hissettim yine. Kızın elinde bir çerçeve vardı ve çerçevenin üstü eflatun bir tülle örtülüydü. Örtünün altından, belli belirsiz bir resim, bir kadın portresi görünüyordu.

Deve kervandan ayrıldı, ilerleyerek ortadaki sekiye yanaştı, tedirgin bir ifadeyle çevresine bakan küçük kızı daha deve çökmeden kucaklayıp indirdiler. Sekinin ortasına yürüyen kız, resmin üstündeki örtüyü kaldırdığında ortalık bu kez gerçekten sessizleşti. Herkes resme, resimdeki kadına bakıyordu. Basit bir camaltıydı kızın taşıdığı. Gecenin karanlığını yaran iri meşaleler, resimdeki kadının altın yaldızlı, simli pullu yaşmağını ışıldattı, iri kahverengi gözlerini daha da belirginleştirdi. Geniş alnını örten, tel tel taranmış kâkülleri, yay gibi çekilmiş kaşlarına düşüyordu. Başını usulca yana eğmiş, uzakta, belirsiz bir yere bakıyordu resimdeki kadın. Avludakiler işlerine dönmek üzere bakışlarını camaltı portreden alırlarken, tülü deveyi sinsice saran kervansaray itleri ürümeye başladı.

Ne olduysa o sırada oldu. Ortalık karışıverdi, önce tülü, sonra diğer develer, bütün heybetleriyle ve bir anda doğrulurlarken sanki koca kervansaray sallandı. Sarsıntı ahaliyi sardı, bağırışlar, çığlıklar arasında ortadaki sekiyi, alışveriş edenleri toz duman bürüdü. İşte tam o anda, devenin tekmesiyle havada uçan bir köpekten sakınan küçük kızın, yere düşerken kollamaya çalıştığı sırça portrenin fırlayıp gittiğini ve bir kenarda dizili duran İsfahan işi seramik çanaklara çarparak, paramparça olduğunu gördüm.

Ortalık yatışıverdi. Her şey eski haline dönerken kız, boş çerçeveyi yerden aldı. Sakin, sessiz, devesinin yanına gitti. Heybesine uzandı, sırma işli Semerkant kadifesinden bir bohça çıkardı. Kırık portreden arta kalan cam parçalarını teker teker bohçanın içine toplarken elinin kesildiğini ve batmak üzere olan hilal renginde birkaç damla kanın toprağa düştüğünü gördüm...

KUM

KUM'DAKİ HUMEYNİ

Tahran'dan İsfahan'a giden yolun ortalarına gelince uzaktan Kum şehri gözükür. Kimi eski kentler gibi ya da tarihte önemli rol oynamış kimi kentler gibi, uzaktan da yakından da görünümü pek öyle etkileyici değildir. İran İslam Devrimi'nde önemli yeri olan şehir, hâlâ rejimin en kararlı ve bağnaz savunucularının merkezidir.

1964 yılında daha Humeyni Kum'dan sürülmeden önce başlayan gösteriler, İran devriminin ateşleyicisi olmuş. İslam Cumhuriyeti ilan edilene kadar da şehir öncü rolünü sürdürmüş. Kasım 1978'de Şah'ın ilan ettiği olağanüstü hale karşı başlayan protestolarda Tahran'ın yanı sıra Kum'da da yüzlerce gösterici öldürülmüş.

Aslında 1925'te Pehlevi hanedanlığı kurulduğundan beri var olan huzursuzluğun giderek artmasıyla birlikte 1960'larda sokak eylemleri başlamış. Gençler, solcular, ilericiler, demokrasi yanlıları, bir an önce radikal reformlar yapılmasını isterlerken, siyasal İslamcı kesim, mollalar, tutucular, usuldan uygulanmaya başlayan reformların da geri alınmasını istiyorlarmış. Hoşnutsuzluk ve her iki kanattan gelen tepkiler iktidarı sarsarken, ekonominin giderek bozulması, gelir dağılımındaki eşitsizliğin artması, yoksulluğun ve adaletsizliğin dayanılmaz hale gelmesi, eylemlerin kitleselleşmesine yol açmış.

1962 yılındaki gelişmeler Humeyni'nin muhalefet lideri konumuna gelmesinde önemli bir yer tutmuş.

Humeyn köyünde doğan ve ailesindeki diğer erkeklerin yolunu izleyerek Kum'da teoloji, felsefe ve hukuk eğitimi gören Humeyni, 1920 yılında ulaştığı Şii din adamlarının en yüksek mertebesi olan Ayetullah makamında iken, toplumsal kalkışmanın da ön saflarında görülmeye başlamış. Humeyni adı ilk kez, Şah Rıza'nın yeni bir reform paketiyle din adamlarının mülk edinme haklarına denetim getirmesi ve kadın haklarını genişletmesi nedeniyle gösterdiği tepkiyle duyulmuş.

Aynı yıl Şah İran'daki Amerikan kuvvetlerine tutuklama yetkisi veren yasayı onaylayınca, Kum'da yaşayan Humeyni de kendisini muhalefetin önderi durumuna getiren açıklamayı yapmış:

"Şah, İran halkını Amerika'da yaşayan köpeklerden bile daha aşağılık konuma soktu," demiş ve "Amerikada biri bir köpeği ezerse hakkında yasal kovuşturma başlatılırken, İran'da bir İranlıyı ezen Amerikalının yasal yükümlülüğü yok," diye kafa tutmuş. Çok geçmeden Humeyni'nin Türkiye günleri başlamış. 1964'te Şah tarafından Kum'dan sürülmüş. Humeyni'nin Türkiye'deki sürgünü kısa sürmüş, hemen sonra Irak'a geçmiş.

Bu arada, yükselen muhalefele birlikte 1970'lerin, ikinci yarısında Şah rejimi de iyice despotlaşmış. Nihayet 1978'deki olağanüstü hal uygulamalarıyla birlikte, göstericiler üstüne silahlı saldırılar, işkence ve faili meçhul cinayetler birbirini izlemiş. Aynı yılın son aylarında son bir umutla başbakanlığa getirilen Şahpur Bahtiyar'ın politikaları da toplumsal kalkışmayı engelleyemeyince, Pehlevi hanedanı devrilmiş. Şah Rıza, ailesiyle birlikte 16 Ocak 1979 tarihinde ülkeyi terk etmiş. Humeyni ise Kum'dan sürüldükten 17 yıl sonra devrim lideri olarak Tahran'a dönmüş.

MEZAR-I MASUME

Günümüz İran'ının Meşhed'den sonra en önemli kutsal kenti, Kum. Meşhed'i Meşhed yapan türbede yatan İmam Rıza'nın kız kardeşi Fatima'nın kabri burada. Mezar-ı Masume olarak bilinen anıtyapı, İmam Rıza'nınki kadar olmasa bile aynı fikir, üslûp ve bezemeyle yapılmış. Hazreti Masume dokuzuncu yüzyılda ölmüş. Türbesi Abbasiler döneminde yapılmış. Safaviler dönemindeyse, Osmanlılar egemenliğindeki Kerbela ve Necef'ten geri kalmamak için, yapı elden geçirilmiş. Kabir odasının üstündeki altın kubbe Ali Şah döneminde yapılmış... Bütün bunları, rahat koltuklu serin ofisinde, külliyenin dış ilişkiler sorumlusu Ali Amiri anlatıyordu.

Kum'a girer girmez, nehir yatağı boyunca ilerlemiş, çinili kubbeleriyle türbe gözükür gözükmez sarı otobüsü park edip köprüye yönelmiştik. Kum nehri cılız bir su halinde geniş yatağında akıyordu. Ziyarete gelenler, arabalarını çekmiş, çadırlarını kurmuş, ayaklarını suya sokarak serinlemeye çalışıyorlardı. Bu arada her fırsatta araba yıkamaktan zevk alan, hele buldukları dere kenarlarını bu iş için en uygun yer diye düşünerek kafadan suya yanaşan sürücüler, arabalarını serinletmekle meşgullerdi. Bu ilginç alışkanlık, yani derede araba yıkama işi, fillerin, develerin, mandaların ya da küçük baş sürülerin serinlemesi için yapılan işlemi hatırlatıyordu. Bu eski alışkanlığın hayvan bulunamayan yerlerde ısrarla arabalara uygulanması, doğrusu Anadolu'daki dereboylarında da dikkatimi çekmişti. Kum'da renkli şemsiyelerin altında serinlemeye çalışanlar, sadece hacı adayları değil, aynı zamanda arabalarıydı.

Onları seyrederek köprüden geçer geçmez, türbenin yan kapılarından birine geldik. İçeri girmek için kadınların çarşaf giymesi gerekiyordu. Bu arada sadece Müslümanların girebildiği bölümlere alınmamız için bir rehber çağrıldı. Hep birlikte geniş bir avluya girdik, girer girmez tıpkı Meşhed'deki gibi, ayna mozaikle bezenmiş kubbelerin altında yürümeye başladık. Salonların, avluların, sahanlıkların çoğunda inşaat, onarım ya da bezeme çalışması vardı. Belli ki bu külliye de kapsamlı bir genişletme, yenileme uygulamasından geçiyordu.

İç bölümlere girmeden önce, nazikçe ofise davet edilmiş ve akide şekerleri ikram edilerek bilgilendirilmeye başlamıştık. Ev sahibimiz Ali Amiri, düzgün bir İngilizce'yle çeviri yapan yardımcısına sorumuz olup olmadığını sordu. Kum'daki medreseyi merak etmiştik, kapasitesini ve öğrenci bileşimini sorduk. Büyük medresede, dünyanın her tarafından, hatta Amerika'dan bile gelen binden fazla öğrenci olduğunu öğrendik. Ali Amiri, konuşmasını Şii-Sünni ayrımına değinerek tamamladı. Özenle çevirisini dinlediği sözleri, iki mezhebin kardeşliği üstüneydi ve ayrılığa neden olan hurafelerin düşmanlar tarafından yayıldığını söylüyordu. Ali Amiri, "Burası sizin de eviniz, hoşgeldiniz," diye bizi türbeye doğru uğurladı.

İSFAHAN

KURUMUŞ NEHRİN KIYISINDAKİ KENT

Geniş yatağında, sırtını İsfahan'ın kâh eski yakasına, kâh yeni yakasına dönerek şehri boydan boya geçen Zâyande Nehri'nin suları çekilmişti...

Tebriz'den akşamüstü hareket etmiş, Tahran'ın trafik kaosuna dalmadan yolu doğrulttuğumuz için İsfahan'a çok erken girmiştik...

İsfahan ki ona şöyle derler: "İsfahan nefse jahan."

Yani, "İsfahan dünyanın yarısıdır". Hani bizim "İstanbul bi misli bahadır, bır sengine tüm Acem mülkü fedadır/İstanbul emsalsizdir, bir taşına bütün Acemistan feda edilir" beyiti var ya, ana fikirleri aynı.

Şimdi, biri İstanbul, diğeri İsfahan hakkındaki bu iki özlü sözü birbirine çarpıp ortaya çıkanı okuyacak olursak, şöyle bir sonuç sergiliyoruz siz sayın okurlarımıza:

Acemlerin kadim kenti İsfahan, dünyanın yarısıdır. Bu tamam, ama gel gör ki, İstanbul'un bir taşına da Acemistan'ın tüm varı yoğu fedadır. Şimdi nasıl oluyor yani; biri dünyanın yarısı, öbürünün bir taşı dünyanın yarısından daha değerli... Bu durumda daha değerli olan galiba İstanbul. Eşi menendi, bedelini karşılayacak bir değer yok bu gariban gezegende 'İstanbul Şehri'nin. Peki, bütün Acemistan İstanbul'a yetmiyor ama tek başına İsfahan da dünyanın yarısı. İstanbul'un içinde bulunmadığı yarımkürede sorun yok, ancak İstanbul'u da içine alan yarımküreden söz ediliyorsa, o takdirde İsfahan eşsiz anlaşılan.

Neyse bu cümleler de tam olmadı galiba ama sorun şu ki, nedir bu yaşadığımız mekânlara olan engin tutkumuz ve güzelleme topuzunu kaçırmalarımız? Edebiyat zahir. Öyleyse, mesele yok. Ancak, yerleşikliği bu kadar ciddiye aldıkça, mekân, şehir, yurt tutkusunu besleyip abarttıkça, günlük hayatlardaki bukağılarımızı da kendimiz vuruyoruz bir güzel kendi ayaklarımıza.

Bağımlılığın durduğu yer, esaretin bıçak sırtı. Hadi, bilerek ve gönüllü seçildiyse esaret neyse de, ister ülke olsun, ister şehir, isterse ev, mekânlara, sınırlara bağımlılık bırakın bedenimizi, ruhumuzu hapsediyor. Hani, lafı eveleyip geveliyorum, şu yersiz yurtsuzlaşmaya, malsız mülksüzleşmeye getirmeye uğraşıyorum ama derinine dalarsam toparlayıp çıkamam diye tırsıyorum. Gelgelelim, bütün gece araba kullandıktan sonra, otelin kapısında yatarken zihnimde bir açıklık, bir parlaklık sormayın gitsin. Hem ben ne istediğimi ne dediğimi biliyorum da anlatamıyorum. Derdimiz biraz da bu değil mi zaten...

İsfahan'a vardığımızda sabah olmak üzereydi. Sokak lambalarının o bildik çiğ aydınlığı dışında vitrinlerin parlak ışıklarını seyrederek şehre girmiştik. Charbag Caddesi'ni bulmak kolay olmuştu. İsfahan'ı cetvelle çizilmiş gibi boydan boya geçerken Zâyende Nehri'nin üstünden atlayarak alıp başını giden, tam 403 yıllık bir cadde bu. Amir Kabir Oteli bu caddenin üstünde.

İsfahan'a yolu düşen sırt çantalılar ya da bizim gibi otobüsle dünyanın öbür ucuna gitmeye kalkışanlar, İsfahan'da Amir Kabir'de soluk alıyorlar. Oteli, gün boyu nöbetleşe resepsiyonda bekleyen güleç yüzlü, tombul iki kardeş işletiyor. Temiz ve ucuz.

Odalarla çevrili avlu, aynı zamanda iki katlı otelin lobisi. Ortadaki küçük havuzun çevresinde akşamları uzun gezgin sohbetleri kuruluyor. Birbirine kanı kaynayanlar, yolları konuşuyor, son durumlardan haber alıp veriyor, yeni yerler, rotalar öneriyorlar birbirlerine.

Ne hikmetse Amir Kabir'in konukları arasında en yeni yolcu bir yıl önce yola çıkmıştır, en kısa yolun yolcusu da üç yıl daha gidecektir. Bisikletle, yaya, yerel araçlarla, bilemedin ne çıkarsa bahtına, ona binip giden yolcular, ortasından nehir akan bu yeşil kentteki derin soluklarını Amir Kabir Oteli'nde alırlar.

Biz de pek yabancısı sayılmayız bu mekânın...

Gün doğmadan dayanmıştık kapısına. Entarili gececi açmıştı. Gel gör ki bir tane olsun boş yatak yoktu. Onca yoldan gelmişiz, çaresiz, otobüste sabahlayacağız. Gerçi sorun değil, arkadaki yataklar açık, on kişi ranzalara yerleşmiş kestiriyor zaten, geri kalanlar da koridora uzandı, Sarı Otobüs'ün yolcuları otelin önünde horultulu bir uykuya daldı...

Sefere çıkan ilk belediye otobüsünün kornasıyla uyandık. Durağına park etmişiz. Çoluk çocuk kaldırımda sıkışmışlar, otobüs yolu tıkamış, korna çalıp duruyor. Telaş içinde toparlandık, arabayı duraktan çektik, yol açıldı. Hazır uyanmışken kalkıp otele girdik. Henüz boşalmış odalardan birine bütün çantaları atıp, avludaki havuzun başına toplandık. Yoldan aldığımız son kavun şerbetlenmişti. Sıkı bir kahvaltının üstüne iyi gitti. Şimdi İsfahan'a çıkma zamanı.

İsfahan'ın dolambaçlı sokakları kâh içine çeker insanı, kâh dışına iter. Halvet olmak kolay değildir bu şehirle.

İsfahan, içinde kaybolduktan sonra, kendini bir yerlerde yeniden bulacağınız kentlere pek benzemiyor. Az çok yön yordam kestirip, adabıyla gezilmesi gerekiyor. Ne istediğini, nasıl istediğini bilip öyle gezeceksin İsfahan'ı.

Birer ikişer açılmaya başlayan dükkânların kepenk şangırtıları arasında, Charbag Caddesi'nden nehre doğru yürümeye başladım.

İsfahan'ın yağışlı ilkbaharlarında, kaldırım kıyılarındaki su kanallarının küçük birer derecik gibi çağladığı ve şehre hoş bir hava verdiği söylenir. Ancak yıllardır kurak giden iklim nedeniyle bu satırların yazarı, İsfahan sokaklarında şarıldayan dereciklere ve bu dereciklerin kente verdiği taze havaya bir türlü rast gelememiştir. Onu avutan, İmam Meydanı'nda pineklemek, şehrin ortasından döne kıvrıla akan Zâyende Nehri'ni seyretmek, nehrin üstündeki eski köprülerden teker teker geçmek ve özelikle Siosepol Köprüsü'nün altındaki çayhanelerde nargile tokurdatmaktır. Bu nedenle yolu hep Charbag'dan geçer.

Charbag geniş bir cadde. Gidişli gelişli. Adını biteviye dizilmiş dört sıra ağaçtan almış. 'Char,' malum Farsça dört demek, 'bag' da bağ, bahçe, yeşillik. Kaldırım kenarlarına birer sıra, birer sıra da ortadaki geniş trotuarın iki yanına dizilmiş yaşlı ağaçlar, yaz kış yeşil kalan türden. Çoğu çınar.

Timur'un akıllara ziyan geçişinden sonra harabeye dönen şehri, 1560'larda başkent yapmaya karar veren Şah Abbas, işe bu muhteşem caddeyi açmakla başlamış. Kilometrelerce yan yana dikilen dört sıra çınarın arasında kalan üç yoldan ortadaki süvarilere ve kervanlara ayrılmış. Yandaki yollar ise gül bahçeleri, havuzlar, su kanalları, tarhlar arasında, çardaklar altında yürüme yoluymuş yayaların. Cadde boyunca iki taraflı bey konakları, sultan malikâneleri, Heşt Behişt sarayları uzanırmış. Bugün de caddenin ağaçları dört sıra yerli yerinde. Ancak küçük bir değişiklik olmuş. Kenardaki gül bahçeleri arasındaki yollar asfalt dökülüp otolara bırakılmış, yayalara da ortadaki bölümle, kenardaki kaldırımlar kalmış. O eski kâşanelerden eser yok tabii ki. Yerlerine apartmanlar dikilmiş. Altlarına her türden dükkân açılmış. Charbag, yüzlerce yıldır şehrin nabzını elinde tutmaya devam ediyor velhasıl.

Kaldırımlar daima kalabalık. Gece yarısına doğru şehir uykuya dalarken en son bu cadde içine kapanıyor. Yüzlerce yıldır İsfahan'ı bir uçtan diğerine, hiç sapıp kıvrılmadan geçerken, kavşak irisi meydanlardan şehrin içlerine açılıyor Charbag. Ama asıl hünerini Zâyende Nehri'ni geçerken gösteriyor. Bilmem ki böyle söylemek doğru mu? Çünkü Zâyende Nehri'ni otuz üç küçük adımla, eteklerini toplayarak, şıngır mıngır geçen Charbag Caddesi değil, Siosepol Köprüsü'dür aslında.

Eğer bu köprü son gördüğümde, hâlâ geniş yatağında sırtını kâh o yana kâh bu yana dönerek akan Zâyende Nehri'nin sevgili köprüsü olsaydı, ne bu yazının ilk cümlesi yukarıdaki gibi yazılırdı, ne de ben bu sabah, güneş daha bir mızrak boyu yükselmeden, zarif bir köprünün kirli su birikintileri üstünde acemi bataklık kuşları gibi sarsak adımlarla yalpalayıp durduğunu söylemek zorunda kalırdım.

Ancak şunu belirtmeden geçmeyelim. Siosepol Köprüsü, Zâyende Nehri'ni otuz üç küçük adımla geçtiği için, adını kemerlerinin sayısından alıyor. 'Siose' otuz üç demek, 'pol' de köprü.

Eğer sular çekilmemiş olsaydı, dört sıra ağaçlarıyla dümdüz uzanan cadde ile, döne kıvrıla şehri geçen nehrin buluştuğu yerdeki en güzel İsfahan Köprüsü'nü anlatırken, uzayan yollar, akarsular ve suları aşarak yolları birbirine bağlayan köprülere dair kıvamlı bir metin döktürürdüm buraya... Kısmetse bir başka sefer...

BİR BAŞKA SEFER, SIOSEPOL, 33 YA DA 99+1

Nehrin karşı kıyısına bu kadar narin adımlarla geçmeye çalışan, üstelik bunu bir damlacık bile su sıçratmadan başaran bir başka köprü görmemiştim doğrusu. Hayatta çok fazla köprü gördüğümden değil, Siosepol'u gördüğümden söylüyorum bunu.

İsfahan'ı ikiye bölen Zâyende Nehri'nin üstündeki beş köprüden biri Siosepol Köprusu. 1602 yılından beri kentin iki yakasını birbirine bağlıyor. Herkes Siosepol diye anıyor onu, ancak asıl adı Allahverdi Han Köprüsü. Doğrusunu söylemek gerekirse, 'Siosepol' adı, 'Pol'e Allahverdi Han' dan daha çok yakışıyor bu köprüye.

Bir kez söylenişi hoş. Siosepol'u heceleyerek yüksek sesle okuyun, dudaklarınızın dört kere ileri geri hareket ettiğini fark edeceksiniz. İki küçük öpücük yollar gibi. Türkçe'sini okuyun, 'otuz üç' diye, uzunca bir öpücük yapar dudaklarınız. Sevgiliyi rüyada öper gibi...

Neyse, bunları bir tarafa bırakalım, otuz üç, tamlık, mükemmellik sayılarından biri. Özel bir önemi, anlamı var. Dante'nin *İlahi Komedya*'sı üç çarpı otuz üç bölümden oluşuyor; otuz üç yıl yaşayan İsa'nın hayatını üçle çarparak Tanrı'ya götüren yola açılıyor.

Üç kendi başına, içinde yaşadığımız dünyanın boyutlarını simgeleyen sayı. Görünen dünyayı 'uzunluğu, yüksekliği ve genişliği'yle algılarız, malum ve zaman kavramımız da 'geçmiş, şimdi ve gelecek' diye üçlü kurgulanır. Renkler adına da üç esas renk vardır bildiğimiz.

Ne var ki, bu sihirli üçle, yan yana gelmiş iki tane üçün çarpımı, yani üç çarpı otuz üç, mükemmelliğin büyük yuvarlak sayısından bir eksik düşüyor. Doksan dokuz, mutlak birliğe zıt görünen, henüz mükemmel olmayan bir şey. Eksikli. Alemi kuşatan o en büyük gerçeğe, o en güzele işaret edebiliyor sadece. Söylenmemiş olanı mimliyor ve açıkta bırakıyor. Hani, "En güzel söz henüz söylenmemiş olandır" gibi, ya da kadim Arap şairlerinin sevgiliden doksan dokuz artı bir öpücük istemeleri gibi...

Siosepol Köprüsü dardır, yolcularını, altında akan sudan insani bir yükseklikte geçirir karşı kıyıya. Karşı kıyı, bulunduğunuz yere göre her iki taraf da olabilir. Uzun yolculuklarda 'gitmek ve dönmek' ayrımını acımasızca yaşayan, yolda olduğu halde, adı 'dönmek' olduğu için, alışılmış bir mekâna ve yaşama gitmekte olan yolcunun yüreğini sıkan 'dönüş', köprüler için geçerli değildir. Köprüler, bir kıyıdan diğerine hep gider. Götürür.

Siosepol'un, yan yana sekiz, on kişinin ancak yürüyebildiği taş döşeme bir yolu var. Üç yüz yıl önce bu yol, gümüş eğerli kısraklar, yük beygirleri, uyuz pazarcı eşekleri ve İran'daki adıyla 'İbrişim Caddesi', İpek Yolu'ndan gelen kervanlar için tasarlanmış. Onlara uygun büyüklükte, iki yüklü devenin yan yana geçebileceği genişlikte.

Köprünün iki yanında, tek kişinin ancak sığabildiği, gölgeli iki koridor uzanıyor boydan boya. Burası acelesi olmayan, sıcaktan bunalmış, seyir arayan yayalar için. Karşı kıyıya bu koridordan geçerken, aşağıda akan suyun sesini duymak için biraz kulak kabartmak gerekiyor. Ses, dipteki kayalardan belli belirsiz yükseliyor. Su çok yakın ancak Zâyende Nehri o kadar sakin ki, kuşandığı incecik bir tül varmış ve onu kırıştırmak istemiyormuş gibi alttan alta akıyor. Bu tülün üstünde minik adımlarla sektiğiniz izlenimine kapılıyorsunuz köprüden geçerken. Suda seken taş gibi telaş içinde değil ama, usul usul, kayar gibi karşı kıyıya geçiyorsunuz.

Uzun yolculuklardan dönmekte olanlar, belki bir tek Siosepol Köprüsü'nden geçerken 'gitmek ve dönmek' ikileminin içlerinde kaynattığı kızgın yağı soğutabilirler. Bu yağı kaynatan, dönülen yer ve insanlar değil aslında. Dönüyor olmanın bizzat kendisi.

Bir hayat tasavvurunda bütün mesele. Hep uzun yolculuklarda geçecek bir hayatı kurgulamakta. Onun cümlesini kurabilmekte. Hani, doksan dokuzdan sonra gelen, o işaret edilmiş ancak söylenmemiş olan; eski Arap şiirdeki doksan dokuz artı bir, o son öpücük gibi.

ZÂYENDE NEHRİ AKARKEN KÖPRÜALTI ÇAYHANESİ

Köprünün suya ilk adımlarını attığı iki baştaki ayakların dibine iki çayhane kurulmuş vakti zamanında. Ben genellikle öte yakadaki, şehrin yeni kesimine yakın taraftaki köprüaltı çayhanesini tercih ederim. Mütevazıdır, iyi sotalanmıştır, nehir yatağına inmeden fark edilmez. Ocakçıyla tablacı, iki kişi çalışırlar. Nargile isterseniz gelir, ama geç gelir. Olsun, ayaklarınızın dibinden akan suyu seyrederken sabırsızlanıp asabileşmenin anlamı yoktur...

Köprüyü geçip sahile indim. İlk ayağın altına yerleşmiş küçük çay ocağını gördüm. Kıyıya birkaç tabure atılmış, küçük bir masanın üstüne şekerlik konmuştu. Niyetlendim ama oturmadım. Birkaç adım daha yürüyüp, ayakların arasına girdim. Kahvenin özelliği de güzelliği de o zaman ortaya çıktı.

Sular, eğilsem elimi ıslatacak kadar yakından akıyordu. Eğildim ve ellerimi nehre soktum, birkaç damla üstüme sıçradı. Ayakların dibindeki sıralardan birine oturup etrafı izlerken, çayhanenin ne kadar büyük, köprü ayaklarının ne kadar sürprizli olduğunu fark etmem için çaycının yanıma gelip sipariş alması gerekti.

Sipariş işi çok karışık değil, kaç kişilik çay istediğinizi oturduğunuz yerden bağırarak söylüyorsunuz, eğer abguşt yemeyecekseniz tabii. Çaycı, benim çayı getirmek üzere ocaktan hareket etti, köprünün ayaklarına gizlenmiş küçük odacıklara uğraya uğraya yanıma kadar geldi. Çayımı bıraktıktan sonra nehrin ortalarına doğru giren öteki ayakların altındaki uzak müşterilere de servis yaptı. Böylece, girişte birkaç masalık gibi görünen çay ocağının, köprü ayaklarındaki odacıklarla nerelere kadar uzandığını görme fırsatı buldum.

Radyo teyp falan çalmıyor. Suların şırıltısı, kahve sakinlerini yatıştırmış, gölgeli dingin bir ortamda herkes şekerini kıtlamakta, çayını içmekte, kâlyân tokurdatmakta.

Burası öğlen vakitlerinin çayhanesidir. Işık iyi düşer, yansımalar da hoştur. Fotoğrafçılar çalışır... Çaycı, taşlardan sekip, köprü ayaklarına gizlenmiş odacıklarda kaybolur. Arada bir yerlerde belirdikçe çaylar tazelenir. Yanlış anlaşılmasın, burada çay bardak bardak servis yapılmıyor, demlikle getirilip önünüze bırakılıyor.

Siosepol'un çaycısı, porselen demlikleri tepsi üstüne dizip servis yapmak kadar, fotoğraf çekmekte de usta. Köprüaltına gelen müdavimler dışında herkes hatıra fotoğrafı çektiriyor. Çay faslından sonra, sıranın fotoğrafa geldiğini sezen çaycı, oralarda bitiyor. Yan yana dizilip poz verirlerken fotoğraflarını çekecek birini arayanlar, ona başvuruyorlar. O her makineden anlar, nasıl çekeceğini bilir, üstelik stili vardır: Taşların üstünde uygun bir yere çekilir, kadrajını yapar ve deklanşör parmağı yavaş hareketlerle üç kere inip kalkar. Bir tür hipnoz tekniği gibi, herkesin gözü parmağa takılmışken tam üçe geldiğinde deklanşöre basar. Siosepol'un çaycısı işini bilir.

ZÂYENDE NEHRİ KURUYUNCA KÖPRÜALTI ÇAYHANESİ

İsfahan'a son gidişimde bir akşamüstü hiç niyetim yoktu ama yol Zâyende Nehri kıyısına çıktı. Siosepol Köprüsü'ne doğru yürümeye başladım. Aslında taş döşeme nehir boyu günün bu vaktinde kalabalık olurdu ancak şimdi tenha. Galiba kimse, susuz nehrin kordonunda piyasa yapmaktan hoşlanmıyor.

Şehrin eski yakasındaki köprü ayaklarının dibine açılmış büyük çayhanenin yaygarası ayyuka çıkıyor. Köprünün gövdesine mıhlanmış dev hoparlörlerden Ali Rıza Eftehari'nin şarkıları çalsa ya da santurla ince nağmeler yayılsa neyse de, kötü bir pop tıngırtısı boşanıyor. Gürültü dayanılır gibi değil. Hele suları kurumuş Zâyende Nehri kıyısında hiç...

Neyse ki bu çayhanenin nargilesi güzel. Bir de gemi burnunu andıran uzantılarından üç yüz doksan sekiz yaşındaki Siosepol Köprüsü'nü seyretme imkânı veriyor.

Nehir yatağına uzanan taşlıklardan birine oturdum. Diğeri aileye mahsus. Nargile istemedim. Bir sigara yaktım. Çay geldi. Porselen demlik içinde kehribar İran çayının dem almakta olduğunu biliyorum. Kırma şeker de getirdiler çayın yanında. Kocaman konik şeker keseklerinden bronz keserle kırılmış sert şekerlerden. Geri yollayıp pulaki istedim. İsfahan pulakisi...

Bu memlekette çay kıtlama içilir. Bir vakitler, fabrika şekerleri iyice yaygınlaşmadan önce Anadolu'nun doğusunda da sadece kırma şekerle kıtlama çay içilirdi. Koca keseklerden özel makas marifetiyle küçültülen şeker ağızda kolay erimez, bir kıtı bir bardak çaya yeterdi. İran'da kırma şeker yaygın olarak kullanılıyor. Kesere benzeyen, sapı işlentili, zarif aletlerle kırılıp ufaltılıyor. Ama İsfahan'nın çay adabına gelince o başka, bir sikke kadar yuvarlak ve bir pul kadar ince, akide şekerini andıran altın rengi pulakiler çaya eşlik ediyor burada. Erbabı bunu istiyor. Ben de öyle yaptım. Pulaki geldi.

Demir bacaklı mermer masayı, demlik, ince dipli bardak, pulaki kâsesi ve bir paket sigarayla zevkime göre düzenledim. Bu arada hatırlatmalıyım ki vakit akşamdı. Güneşin ha battı ha batacak, ufukta asılı kaldığı o son demleriydi günün...

Siosepol'da yürüyenler henüz birer karaltıya dönüşmemişlerdi. Kemerli geçitlerdeki sütunların arasından bir görünüp bir kaybolarak geçip gidiyorlardı. Köprü üstünde durup aşağıyı seyredenler ise hiç kuşkum yok ki, Zâyende Nehri'nin gümüşlü suları yerine, kocaman, kupkuru, pulları dökülmüş ölü bir balık görüyorlardı.

Ben, alacakaranlık çökene kadar köprüyü, köprüden gelip geçenleri, otuz üç karesi rastgele koparılmış bir film şeridini kare kare izler gibi seyrettim.

Çok sürmedi, Venüs doğdu. Şehir ışıklarından fırsat kalmadı ki lacivert gökyüzünde saltanatını sürdürebilsin. Sokak lambalarıyla beraber çayhanenin neonları da patladı. Tam o sırada, köprüaltındaki kuytulukta nargile külhanı turuncu bir ışıkla aydınlandı. Bir nargile ısmarladım.

Külhandaki ocakçı yoğun faaliyet içindeydi. Köşedeki varile yangın musluğuna benzer bir çeşmeden su boşalıyordu. Yerler sırılsıklamdı. Büyük mangalda meşe kömürleri közlenmeye bırakılmıştı ve köprü altındaki külhana turuncu rengini veren ışık buradan yükseliyordu.

Ocaktaki iri yarı adam, nargileleri boğazından yakalayıp parçalarına ayırdıktan sonra şişesini fıçıya daldırıyor, iki çalkalamanın ardından suyla doldurup kenara diziyordu. Sonra sıra müşterinin isteğine göre tömbekiyi yerleştirmeye, nargileyi kurmaya geliyordu.

Ateş, su ve tütün, ehli keyfin keyfini katmerlemeden önce, muşamba önlüğü, uzun lastik çizmeleri ve çemrilmiş gömlek kollarıyla havyar çıkaran Hazar balıkçılarına fena halde benzeyen adamın tezgâhından geçiyordu. Çayım tazelendi, nargilem geldi, çekmeye başladım...

İsfahan'da köprüaltında keyif çatarken, günlerdir cebimde benimle birlikte gezen kitap geldi aklıma. Sadık Hidayet'ten *Üç Damla Kan*. Gece karanlığına savrulan dumanlar arasında kulağını kıvırdığım sayfayı açtım...

Neden sonra, ne dürttüyse beni, başımı kitaptan kaldırıp suları çekilmiş Zâyende Nehri'nin yatağına daldım... Suları çekilmiş bir nehir, en az suları taşmış bir başka nehir kadar hüzün vericiydi. Mesela, Fırat kadar. Zâyende ilkbaharda yine yükselecek, yatağında usul uysal akmaya devam edecek, İsfahan'ın neşesini geri getirecekti ama, Fırat'a boğdurulan Halfeti'nin artık hiç şansı yoktu.

FIRAT NEHRİ YÜKSELMEDEN HALFETİ ŞEHRİ

Ceviz ağaçlarının sureti henüz suya düşmeden Fırat kıyısına inmiştik. Halfeti, yaslandığı yamaçta güneşi arkasına almış, azıcık geç bir sabahı karşılıyordu. Henüz koyu ve kıvamlı renginden sıyrılmadığı için Fırat, arada bir sadece beyaz köpüklerini göstererek akmaktaydı. Ortalık tenhaydı, zaten Halfeti yıllardır bu tenha sokaklara alıştırmıştı kendini.

Üç beş dükkânlık aşağı çarşının kepenkleri açılırken fırından taze pideler geldi. Yol kıyısındaki kahvenin kürsülerini çekip oturduk. Güneş yükseliyordu. Fırat'ın karşı yakasında, ağaçlar arasına serpilmiş damlara zayıf bir ışık vurmuştu. Damlardaki tahtlarda cibinlikler çoktan toplanmış, yataklar denk edilmiş, indirilmeyi bekliyordu.

Oturduğumuz kahvenin yanındaki nohutçu, tezgâhını kurmuştu. Taze pideleri, eski ama temiz bir bezle sarmış, domatesleri dilimlemiş, kapağı delikli rakı şişesinde limon ekşisini çalkalıyordu. Yörenin geleneksel kahvaltısı nohut dürümüne hazırlanıyorduk biz de. Çarşı içindeki küçük kahvenin önüne kürsüleri atmış, Fırat'ı seyrediyorduk. Sular binlerce yılda açtığı yatağında akıyordu. Günlerdir Halfeti'deydik. Birecik Barajı tamamlandığında suları altında kalacak kenti fotoğraflıyorduk.

İki katlı, avlulu, kesme taş evlerin bir kısmı terk edilmişti. Fırat'a paralel uzanan ana cadde küçük bir meydana açılıyordu. Meydan, restore edilmiş eski caminin bomboş duran kemerli, küçük dükkânlarında bitiyordu. Caminin onarımında kullanılan taşlar henüz sararacak vakit bulamamıştı, evlerin yorgun sarısı yanında genç, diri ve bir hayli parlak duruyorlardı.

Halfeti'nin evleri, yüksek duvarların arkasındaki küçük avluları, konsol nakışları, zarif merdivenleriyle bir zamanların keyifli günlerine tanıklık ediyorlardı; ama çok yorgunlardı, tıpkı Fırat'ın yükselmesini çaresiz bekleyen kentliler gibi.

Pideler ikiye bölündü, avuç içinde çukurlaştırılarak üç kaşık haşlanmış nohut serildi, üstüne birkaç dilim domates, bol limon ekşisi ve kırmızı biberle birlikte özenli bir dürüm yapıldı. Halfetililer için yapılan dürümler gazete kâğıdına sarılırken, bizimkiler, parlak bir derginin sayfaları arasında geldi önümüze. Kahvaltıya başladık. Çok geçmeden kıyıdaki cevizlerin sureti suya düştü. Herkes birer çay daha söyledi. Kürsülerimizi caddenin giderek daralan gölgesine çekerken Fırat'ın suları aydınlandı.

Vadi o kadar yeşildi ki...

Bir gün önce Kazancı Bedih'in Urfa Çarşısı'ndaki küçük dükkânındaydık. Alüminyum çaydanlıklara plastik kulplar takıyordu, biz seyrediyorduk. Fonda müzik yoktu.

Bölgede yıllardır usul usul söylenen ama televizyon ve sinemanın elbirliğiyle Kazancı Bedih'in ağzından memleket sathına yayılan "Şu Fırat'ın suyu akar serindir, söyletmeyin beni anam yarem derindir" türküsü, İstiklal Caddesi'nin barlarına tütsülü efkâr yayarken, Halfetililerin canını yakıyordu. Akşamları damlarda, Fırat kıyısında kurulan sofralarda, düğün alaylarında, bu kentin pırıltıları hâlâ süren yaşantısına "Fırat Türküsü"yle ağıt yakılıyordu. Erken mi söylendiği, geç mi kalındığı belli olmayan bir ağıt.

Baraj bitecek, sular yükselecek, Halfeti boğulacaktı. İhtiyarlar anılarıyla birlikte, kaybolacak mezarlara yanıyorlardı; kadınlar, su tutulmadan hemen önce kesilmesi gereken ağaçlarla bahçelere. O ağaçların gölgesinde salıncaklar kurulmuş, Fırat seyrine dalınmıştı. O bahçelerdeki nadide siyah güller, huzurlu akşamüstlerinde komşularla birlikte sulanmıştı.

Bir yıl sonra bu günlerde Birecik Barajı'nda su tutulacak, Halfeti'nin üstü örtülecek, sonra birkaç günlüğüne sular salınacak ve kent olanca çaresizliğiyle çırılçıplak ortaya çıkacaktı.

'O gün Fırat Vadisi'nde olacağım ama güneşin doğduğu yamaçta mı, battığı yamaçta mı, bilmiyorum,' diye düşünmüştüm, Fırat henüz, güzel ve uysal akarken Halfeti kıyısında...

FIRAT NEHRİ YÜKSELİRKEN HALFETİ İÇİN AĞIT

'O gün Fırat Vadisi'nde olacağım ama güneşin doğduğu yamaçta mı, battığı yamaçta mı, bilmiyorum...'

Halfeti, Fırat kültürünün bu kadim kenti, Birecik Barajı'nın su tutmasıyla beraber boğuldu. Ben de, defalarca gidip geldiğim ve 'life style' dergilerinin aptal yaşam gustosu pompalarının Halfeti'deki günlük hayat yanında ne kadar sönük kıldığını sık sık düşündüğüm kenti, sulara gömülürken son kez o gün seyrettim:

Halfeti'ye yaklaşırken, motorlu testerelerin uğultusu duyuldu. Arabayı durdurmuş, tepeden şehre bakıyorduk. Fırat alabildiğine genişlemiş, yükselen sular şehrin eteklerine gelmiş, ilk bahçeleri yutmaya başlamıştı. Vadinin her zamanki sessizliğini, sinir bozucu hızar sesleri yırtıyordu. Fıstık ağaçları, cevizler, palmiyeler, kayısılar, yani 'yüklü yemiş dalları'yla Halfetililerin kolları kesiliyordu.

Toprağı, tabiatı, lekesiz siyah gül yetiştirecek kadar iyi bilen bu insanlar, kültürleri, tarihleri ve gelecekleriyle boğulmadan önce son hazırlıkları yapıyorlardı. Dedelerinin yaşadığı, işlentili taş evleri alelacele terk edip, Karaotlak Mezrası'ndaki deprem prefabriklerinden hallice beton evlere taşınıyorlardı.

Karaotlak, Fırat'tan uzakta, yazının düzünde bir yerdi. Asker nizamıyla dizilmiş evlerin ortasındaki çıplak meydana, Halfeti'den söküp getirdikleri yetişkin bir palmiyeyi dikmiş, tutsun, kurumasın diye sabah akşam belediye arazözüyle suluyorlardı. Hava sıcaktı, kuruydu, esmiyordu...

Halfeti'ye girdik. İnsanlar mutsuzdu. Öfkeliydi. Afete hazırlıksız yakalanmışlardı. Gerçi biliyorlardı, baraj yapılmaya başlandığından beri, Halfeti'nin bir gün sular altında kalacağı aşikârdı ama umut, bir umut, nereden kaynaklandığı bilinmeyen bir umut, onları bugüne kadar durdurmuştu. Bilmekle kabullenmek aynı şey değil malum. Bilirsiniz de yakıştırmazsınız. Deprem gibi ansızın gelen yıkım hadi neyse de, göz göre göre ninelerinin mezarlarını, bahçeli, avlulu, eyvanlı, balkonlu, işlentili taş evlerini terk edecekleri, sular yükselirken eşyalarını alelacele toplayarak kaçacakları hiç akıllarına gelmemişti.

Çoğu ağaçlarını kesmedi, kesemedi. Fıstıkların öz tutmasına bir ay vardı daha, şekerpareler birkaç haftaya olgunlaşacaktı, cevizler hâlâ süttü. Kesip odun yapmak belki de içlerinden gelmedi, olduğu gibi sulara bıraktılar. Meyveli dallar, günden güne yükselen sulara gömülürken birlikte seyrettik. Barajı özel statüyle yapan şirketin gecikmeden ötürü uğrayacağı zarar mı daha önemliydi, Halfetililerin hiç değilse son kez kaldıracakları üründen olmaları mı, onu bir bilene sormalı.

Halfeti'de kaldığımız birkaç gün içinde iki ihtiyar 'durup dururken' öldü. Evinin çatısındaki keresteyi sökmek isteyen bir gencin tepesine dam çöktü, ezildi. Motorlu testereyle kolunu bacağını doğrayanın haddi hesabı yok. Bu bir afet. Ama afetin arkasında elektrik var, su var, açılacak yeni tarım alanları var, medeniyet var... Peki, Fırat Vadisi'nde, Halfeti'de, Halfeti'nin köylerinde bunların hangisi yoktu ki...

Siz belki Halfeti'yi görmediniz, duymadınız ama Zeugma Antik Kenti'ni işitmişsinizdir. Halfeti'nin az ötesinde, barajın hemen kıyısındadır Zeugma ve yeni de keşfedilmemiştir. Yıllardır bilinir. Sular yükselirken hızlanan kurtarma kazısında açılan küçücük alandaki villadan çıkan mozaiklerin, sikkelerin, mühürlerin, duvar resimlerinin, çanak çömleğin güzelliği ve bolluğu buranın nasıl muhteşem bir ören yeri olduğunu gösterdi. Zaten arkeologlar kıt bir bütçeyle, yetersiz kadroyla kazı yapmaya çalışırlarken, defineciler de gerekli ilgiyi yıllardır esirgememişlerdi Zeugma'dan.

Birecik Barajı, yeni tarım alanları açmak, elektrik üretmek, sulama yapmak, bir de içme suyu sağlamak için kuruldu. Bölgenin en verimli toprakları, sadece verimli değil, işlenen ve önemli bir girdi sağlayan toprakları, sular altında bırakıldı. Halfeti ve köylerinde yaşayan kadim bir kültür, Zeugma'da ve vadideki diğer antik yerleşimlerde de tarih katledildi. Darısı yenilerinin başına.

Şimdi siz, İsfahan'a kadar gelmiş, suları çekilmiş Zâyende Nehri'ni seyrederken, araya Halfeti Şehri'nin boğulma öyküsünü sokuşturmama aldırmayın da, Halfeti sulara gömüldüğü sırada ben neredeydim diye merak ediyorsanız onu söyleyeyim:

Fırat'ın ne batı yamacındaydım, şehrin taş konaklarına inen

akşam ışığını seyrediyordum, ne de doğu yamaçtan Kale Meydanı'nın yüksek ağaçlarına bakıyordum. İkisinin arasında, Fırat'ın sularında, ceviz kabuğu gibi bir sandalın içinde bir o yana bir bu yana sallanıp duruyordum. Halfeti'deki asırlık manolya ağacı çiçeklenmişti, kokusu her yıl olduğu gibi şehri sarıyordu, sular neredeyse gövdesine değecekti...

Güller Şehri İsfahan'da, en az Fırat kadar sevdiğim Zâyende Nehri'nin kuru yatağını seyrederken, siyah güllerin şehri Halfeti'ye yukarıdaki ağıtı yaktım. Elden başka bir şey gelmiyordu.

DÜNYANIN EN BÜYÜK AVLUSU

Sinemaların önü her zamanki gibi kalabalıktı. Hoyrat bir erkek kalabalığı.

İsfahanlı kadınlar da sokaklardaydı. Şık pardösülerinin altında, yüksek topuklu rugan ayakkabıları, başörtülerinden taşan perçemleri ve siyah gözlerini ortaya çıkaran özenli makyajlarıyla salınıyor ya da siyah çadora bürünmüş, etrafı seyrederken ikide bir tökezleyen çocuklarını el örgüsü renkli kazaklarından çekiştirerek vitrinlere bakıyor, alışveriş yapıyorlardı. Kimi nehrin öte yakasından, yeni kentteki apartman dairelerinden gelmişti, kimi eski İsfahan'ın dar sokaklarındaki avlulu evlerden.

İsfahan'da aylak gezip dolaşacak yer çok. En başta İmam Meydanı.

Siosepol Köprüsü'nden birkaç yaş daha genç olan bu meydanın adı günümüzde her ne kadar İmam Humeyni Meydanı ise de, bir vakitler Şah Meydanı imiş. Fakat, herkesin bildiği ve her daim kullandığı asıl isim Meydan'ı Nagş'e Cihan. Yani, 'Cihanın Nakışı'. "Dünyanın en büyük meydanı burasıdır," diye övünür İsfahanlılar. Ancak bana kalırsa, Nagş'e Cihan, meydandan çok bir büyük avludur. Uçsuz bucaksız bir dikdörtgenin üstüne yan yana dizilmiş yüzlerce dükkân, iki cami, bir büyük çarşı kapısı ve ahşap sütunlu zarif bir sarayla çevrelenmiş büyük bir avlu. İsfahan'ın orta yerine 1612'de yapılmış. O tarihten bu yana şehrin nabzını elinde tutan Nagş'e Cihan Meydanı'nın bir kenarı yarım kilometre, diğer kenarı yüz altmış metre.

Yüzyıl önce İsfahan'a gelen Pierre Loti, meydanın durumunu pek iç açıcı bulmamış:

"Daha dikkatli bakılırsa, ilk bakışta hâlâ parlak görünen bu binalar harabe olmaya başlamışlar. Şah Abbas'ın o güzel alımlı sütunları, çökmeye başlayan çatının altında bütün bütün eğilip bükülmüşler. Kış rüzgârının estiği tarafta bütün camilerin minareleri, bütün kubbeler çini mozaiklerinden yarı yarıya soyulmuşlar. Sanki cüzam illeti onları kemirmiş ve bu duruma getirmiş," diye hayıflandıktan sonra, umutsuz cümlelerle şöyle devam etmiş:

"Doğuya özgü bir hoşgörüyle Acemler bu yıkımın tamamlanmasını bekliyor. Zaten bizim zamanımızda bunları tamir etmenin imkânı yok. Gerekli olan zaman ve para olmadığı gibi bu olağanüstü mavi çinilerin imalinin sırrı da çok senelerden beri kaybolmuştur. Üç yüz seneden fazla bir yaşa sahip ve dünyada tek olan bu meydan, şüphe yok ki içinde bulunduğumuz çağın bitişini bile göremeyecektir..." İşte tam burada, 'araştırmacı seyyahlık'ın gereğini yerine getirerek Pierre Loti'nin ruhuna bir selam çakıyor ve 'Hayır' diyoruz. "Nagş'e Cihan Meydanı, son gördüğümüzde, bütün güzelliğiyle ayaktaydı."

Bu alanın ortasındaki sığ havuz ve onu çevreleyen çimenlik, İsfahanlıların en sevdikleri mesire yeri. Hele Zâyende Nehri'nin suları çekildikten sonra, meydanın akşam nüfusu katlanarak artmış. Gecenin geç vakitlerine kadar, çaylar demlenip çörekler yeniyor. Herkes çimenlerin üstünde. Yine de arkalarında tek bir çöp bırakmıyorlar nasıl başarıyorlarsa.

Meydana hakim İmam Camisi'nin, turkuvaz çinili kubbesinde yıllardır süren onarım bitmek üzere. Özellikle akşam ışığında çinilerin oynaşan renkleri görülmeye değer.

İmam Camisi, sadece meydanın ya da İsfahan'ın değil, belki de bütün İran'ın en etkileyici yapılarından biri. İçi ve dışı hiçbir boşluk bırakılmadan, mavi çinilerle kaplanmış. Karşısına geçip bakınca, otuz metre yükseklikte bir cümle kapısı, sivri kemerli bu kapının yer aldığı cephenin iki yanında her biri kırk iki metre yüksekliğinde narin minareler ile arkada elli dört metrelik ana kubbe görülüyor. Şah Abbas zamanında yapılan caminin çinileri akıllara zarar. Renk meraklıları es kaza kendilerini kaptırırlarsa, kubbede ve cephede her an değişen ışık oyunlarıyla renkten renge giren çinileri, ortaya çıkıp kaybolan desenleri seyretmekten başka bir şey yapamazlar. Müptelâsı olup her saat, her dakika 'acep şimdi mavinin hangi tonunda karar kılmıştır çiniler?' diye dert sahibi olurlar.

Safavî üslûbu yapının dışında durum böyle, içini ben anlatmayayım. Eyvanlardan, salonlardan, kubbelerden süzülen ışık ve ışıkla değişen atmosfer herkesin kendisine kalsın, ancak şunu belirteyim ki, öğlen vaktine doğru camiye girenler en güzel ışığı gördüklerini söylerler. Bir de içeri girdikten sonra büyük avlunun ortasındaki havuzu geçip tam karşıdaki kubbenin altına gelince, zeminde farklı döşenmiş siyah bir kare taş görülür. Eğer ortalık tenhaysa, tam o taşın üstüne basın. Başınızın üstünde yıldızlı bir gökyüzü kadar güzel açılan kubbeyi seyrederken, eğer biliyorsanız ve güzel söylüyorsanız Yunus'tan bir deyiş okuyun. Sesiniz çarpıp çoğalarak kubbe altını dolaşır, oradan avluya çıkar ve dış kapıya kadar gider. Camiye giriş yabancılara paralı, namaz saatlerinde de kapalı.

Söz akşam ışığından sürdürülecek olursa, o ışığın asıl sahibi Kadınlar Mescidi'dir bence. Kubbesindeki çiniler, griden pembeye, sarıdan eflatuna, altın parıltısından kızıl ışımalara kadar renkten renge dönüyor akşam ışığında. Bir de hemen girişte, yere mozaikle işlenmiş tavus kuşu bir âlem.

Kubbesi İmam Camisi'nden daha sanatlı görünen ancak minaresiz ön cephesiyle daha mütevazı duran bu mescidin esas adı Şeyh Lütfullah Camisi. Bu yapının Kadınlar Mescidi diye bilinmesinin sebebi, hemen karşısındaki Âli Gapu'da bir vakitler yaşayan saltanat hareminin ibadetine ayrılmış olması. Üstelik, saltanat hareminin kadınları, meydanda gelişigüzel dolaşan halka görünmesinler, aralarına karışıp kaybolmasınlar diye, yeraltından bir tünelle iki yapı birbirine bağlanmış. Kadınlar ibadet edecekleri zaman tünelden geçip mescide gelir, sonra aynı yoldan yuvalarına dönerlermiş. Şimdi bu geçitten geçemesek bile biz lafı kaydırıp Âli Gapu'ya gelelim.

İsfahan, Şah Abbas'ın kenti. Zevkine, keyfine göre kurmuş döşemiş. Kendisi başta olmak üzere, Safavî Hanedanı'nın hepsi,

1721'deki Afgan işgaline kadar ülkeyi buradan idare etmişler. İdare merkezi de, Nagş'e Cihan Meydanı'ndaki Âli Gapu. İsfahan'ın Babı-ı Âli'si. Yüce Kapısı. Devlet kapısı.

Bina altı katlı ancak meydandan bakınca bütün katlar görünmüyor. Çünkü üçüncü katın önüne ahşap sütunlu çok büyük bir balkon-teras yapılmış. Önce bu teras ve terasın çatısını taşıyan işlentili ahşap sütunlar görünüyor. Vakti zamanında devlet ricali meydanı, meydandaki çeşitli gösterileri, oyunları, hiçbir şey yoksa halkın büyük havuzun çevresine yayılıp gezinmesini seyrederlermiş buradan.

Şah Abbas'ın çok meraklı olduğu polo oyunu için, meydanın iki ucuna işlentili taşlarla kaleler yapılmış. Meydanda at koşturarak polo oynanırmış. Taş kaleler yerinde duruyor ancak bugün polo oynayan yok. Gençler akşamüstüne doğru minyatür kale maç kuruyor.

Meydanda dolaşan faytonlar, havuzda serinleyen çoluk çocuk, çimlerde meclis kurmuş delikanlılar, ziyarete gelmiş akrabalarıyla gezinen kalabalık aileler, ortalıkta şaşkın dolaşan üç beş turist, şehirde başka yer yokmuş gibi oraya buraya park etmiş Peykan marka otomobiller, geçecek yer kalmamış gibi meydanın ortasından gelip geçen belediye otobüsleri, en güzel bu terastan seyrediliyor.

Neyse ki meydan çok büyük. Her şey ve herkes Âli Gapu'nun ahşap oymalı sütunlarla desteklenmiş terasından yeterince küçük ve önemsiz görünüyor.

Güneş batar batmaz çimlere gidip sırtüstü yattım. Gökyüzü yıldızlı, uzaktan gelen kıvrak nağmeli müziğe rağmen ortalık sessizdi. Gün boyu el ele dolaşan genç çiftler, okulu kırmış liseliler artık çekilmişti. Top oynayan, havuza dalıp çıkan çocuklar yorulmuş, uykuya geçiyorlardı. Ben gözlerimi kapamış kestirmeye hazırlanırken, başucumda bir hışırtı duydum. Belli belirsiz esen rüzgârla uçuşan kumaş hışırtısı. Siyah çador giymiş iki kadın yanımdan geçiyorlardı. Gözlerimi açtığımı görünce durdular ve konuşmaya başladılar, İngilizce konuşuyorduk ama dört cümleyle. *"Hello!"*, *"how are you?"*, *"thank you"*, hepsi bu kadar. Bu kadar kelimeyi evire çevire, tekrarlaya yenileye sohbet ettik ne kadar edilirse. Yürümeye devam edecekleri sırada, biri döndü, *"You are very beautiful,"* dedi. En vurucu söz en sona saklanmıştı ve bunu asıl hak edenler onlardı.

Bu meydanın gündüzü kadar gecesi de seyirli. Gün kavuşurken gidenler gidiyor, geri kalanlarla yeni gelenler, yaygılarını serip çay demlemeye, sofra kurmaya başlıyorlar. İrili ufaklı grupların arasında, şehir dışından gelmiş, geceyi meydanda geçirdikten sonra işine bakacak olanlar da var. Otel parası vermiyorlar. On ikiden sonra, havuz fıskiyesinin ışıklı oyunu da bitince ortalık iyice sessizleşiyor. Yıldızlara ve çoğu bozuk sokak lambalarına kalıyor gece. Sabahlara kadar, kıpırtılar, mırıltılar, bitmiyor meydanda. Çay eksik olmuyor ve tabii ki bizde. Gündüzler Nakş'e Cihan Meydanı'na yetmez, gece de yaşanmalı.

'Nakş'e Cihan tam tekmildir.' Yani, ne demek? Bu meydanda hiç sıkılmadan günler geçirilebilir demek. Bu yolların yolcuları bilirler, nerede durup, nerede konaklanacağı keyfe bağlıdır. Biraz da, gözünü, kulağını, kalbini açık tutmaya. Hiç tanımasanız bile hali tavrıyla gözünüze kestirdiğiniz bir yolcunun tavsiyesi, hayatınızın o kısacık bölümünde sizin için çok önemli olabilir. Bulunduğunuz yerin, yaşadığınız anın hakkını vermek için kılavuzluk yapar. Demem o ki, siz siz olun, siz beni dinleyin. İsfahan'a giderseniz eğer, Nakş'e Cihan Meydanı'na zaten uğrarsınız da, uğramakla kalmayın, oraya nüfuz etmenin bir yolunu bulun. Pişman olmazsınız.

BASMA USTASI

Nagş'e Cihan Meydanı'na ilk gidişte, o ilk karşılaşmada, büyük bir boşluk içine çekiyor insanı. Avluya girdikten sonra, yüzlerce kemerle meydanı çepeçevre dönen yapıları seyre doyunca, gözüm ve gönlüm yatışınca, Mescidi İmam'ın tam karşısındaki büyük kapı takıldı aklıma.

Gün boyu binlerce insanın girip çıktığı derin, karanlık giriş, büyük bir kapalı çarşıya açılıyor. Peş peşe hanlar, pasajlar, arastalardan geçerken, altın parıltısı, baharat kokusu, halı nakışı, kebap cızırtısı arasında kaybolup gitmek işten değil. Ancak burada eksik olan bir şey vardı, ya da ben denk gelmedim. Pierre Loti'nin bu çarşıda sözünü ettiği meydanlara yığılmış gül demetleri, gül yağı atölyelerine gitmeden önce, sık sık sulanarak kokularıyla bütün meydanı saran gül yaprağı yığınlarından hikâye iz yoktu görünürde.

Çarşı, derinlemesine giderken gün ışığına çıkmadan, meydanın dört yanını dolaşıyordu. Geceleri dükkânlar kapanmasa, hiç dışarı çıkmadan günlerce burada takılmak keyifli olurdu, diye geçti aklımdan.

Loş, serin ve yeterince hareketliydi ortalık. Kalabalıktan sıkılınca sığınacak küçük avlularda çayhaneler, iki laf edecek aylak esnaf, fısıncan pişiren tek İsfahan lokantası, kurutulmuş meyvenin hası, aynı zamanda İsfahan 'gas'ı, vallahi ne ararsan burada. Kaybolmadan gidebilirsem eğer, Azade Çayhanesi'ne açılan kestirme bir yol da var ayrıca.

Önce gas imalathanesine girdim. Pişmaniyeye benzeyen gas, bu şehrin geleneksel tatlısı. Çok çeşidi, çok rengi, bin türlü ambalajı, paketi var. İsfahan'a gelen yabancılar çay için pulaki almıyorsa, konu komşusu için gas alıp gidiyor memleketine. Bana biraz tatlı geldi, atölyede koca bir tabak ikram ettiklerinde iki lokma ancak yiyip kesildim. Üstüne birkaç bardak su, bir büyük bardak muzlu süt iyi gitti. Mevsim yaz, biz yoldayız, suyu, sıvıyı ihmal etmemek gerek.

Ottan kökten, çalı çırpı, tohum ve kabuktan geçilmeyen bir hana girdim. Han dediğim bir avlu etrafına dizilmiş iki katlı yapı; alt katlar genellikle dükkân, üstler depo ya da işlik. Harman gibi yığılmış, demet yapılıp asılmış, çuvallara doldurulup dizilmiş kuru bitkiler, halı iplerinin boyanmasında kullanılıyor. İsfahan halılarının kırmızılı lacivertli, sarı gölgeli, yeşil kontürlü desenleri için iplerin boyandığı atölyeler de bu hanın hemen yakınında. Boyalık kök satanlarla, ip boyayanlar arasında bir hadise var ki o da kök boyaları hazırlayan ustalar, boya hazırladıkları mekânlar.

İki hanın arasına sıkışmış daracık demir kapıdan eğilerek girdim. Aşınmış taş basamaklardan yerin altına doğru indim. Her adımda ortalık daha loş, basamaklar daha kaygan oluyordu. Ortaçağ filmlerinin engizisyon sahneleri burada çekilse hiç yadırganmazdı doğrusu. Ürperdim. Ürktüm. Açıkçası, korktum. Dipten gelen buharlar, tuhaf yapışkan kokular arasında yerin altına, karanlık ve rutubetli bir kuyuya inildiği için, gıcırtılar inlemelerle çalışan ahşap ve demirden yapılmış esrarengiz aletlerin gölgeleri taş duvarlara vurduğu için, azman bir değirmen taşının kulpuna yapışmış yarı çıplak adamın kırmızı toz boyaya bulanmış bedeni ürkütücü göründüğü için korkmadım sadece... Peki ne? Tabii ki bütün bunları görüp kokladığım, çarşının kalabalığından sonra ansızın bir kuyuya düşmüş gibi, başka bir âleme girmiş gibi hissettiğim için ürperdim, ürktüm. Buna benzer bir dünyadan kopuş ve karanlık çukurda kaybolma halini Urfa'da yaşamıştım.

Urfa'da Balıklı Göl'ü arkana alıp Dergâh Camisi'ni geçince, çarşı içine doğru giderken sağda küçük bir hamam vardır. Kubbesi zor görünür kapısı hiç belli olmaz. Tahtadan, alçak, derme çatma bir kapı. Büyük taşlarla örülmüş duvarların arasına sığınmış, tokmağı, kulpu düşmüş, anahtar deliği sokup çıkarmaktan gevşeyip genişlemiş, kimse gelip açmazmış, halini hatırını sormazmış gibi duran bir gariban kapı.

O kapıyı bulmak için dikkat etmek yetmez. Ya bilmek ya da bilen birine sormak gerekir. Daha iyisi, artık Urfa'daki son keçe ustalarını, çarşı içinde bulup, eğer ellerinde iş varsa yün yaymalarını, renkleri desenleri düşürdükten sonra hasıra sarıp denklemelerini izlemektir ki, mesela benim için keyfine doyum olmaz. Bu iş bitince hamama gidilir, eğreti tahta kapı açılır, içerde keçe dövülür.

Ortasında beş on iskemlelik kahvesi olan küçük bir handadır keçe atölyesi. Üst katta, terziler ile ikinci el ithal elbise depolarını geçince en dipteki odada.

Söke'de, Mardin'de makineyle keçe döven, Akhisar'da, işi zanaattan atlatıp tablo işlemeye, üç boyutlu nesne yapmaya döken keçecileri seyretmek de keyiflidir, ancak Urfa'dakiler başka.

Handaki ustaları, dürdükleri ham keçeyi hamama hazırlarken seyretmiştim. Döşemesini tamamlayarak hasıra sardıkları keçe sabah erkenden dövülecekti. Beni de çağırmışlardı. Biraz geç kaldım. Daha doğrusu, bildiğim halde hamamın yerini bulamadığım için dönüp dolaşarak geciktim. Kimsesi yokmuş gibi duran eğreti kapıyı aralayınca, o derin ve karanlık çukur önümde açıldı. Günün ilk ışıkları içerdeki kıvamlı karanlığa işlemiyordu. Girdim. Kapıyı kapadım. Çok uzaktan ve derinden, tekdüze bir ritimle, gırtlaktan değil, karından sırttan boyundan değil, dipsiz bir boşluktan tınlayarak, çarpıp savrularak gelen ses bir insandan çıkamazdı. Bu sesleri çıkaracak kadar eziyetli bir iş yapıyorsa insan, ömründe sadece bir kez yapabilirdi bunu, ikinciye mecali kalmazdı... İşte ben orada, hamamda keçe döven ustaları seyrederken değil de, zifiri karanlık içinde dinlerken, dipsiz bir çukurda kaybolma hissini yaşamıştım İsfahan'daki gibi. Oluyor böyle şeyler. İnsanın bedeni, karanlık dipsiz çukurun ta kendisinden önce de yaşıyor böyle şeyleri.

Asıl anlatacağım İsfahan'ın kök boyacıları ya da Urfa'nın keçecileri değildi. Nagş'e Cihan Meydanı'ndaki çarşının yazmacılar hanında, ahşap kalıpla İsfahan bezine baskı yapan ustayı anlatacaktım. Şimdi buyrun, ustanın işlerinden birkaç örnek gösterelim size: İsfahan basmaları, tavus kuşu motiflerinin, selvi figürlerinin, neşeli arabesk bezemelerin iç içe geçtiği, pastel renkli örtülerdir. Boyları çeşitlidir. Çarşaf, masa örtüsü, sofra bezi olarak kullanılır. Gerçi son zamanlarda artan turizmle birlikte elbise, çanta, cüzdan falan da yapılmaya başlandı ancak bu basmalar esas olarak evlerin oturma odalarını şenlendirir. Siyah, kiremit rengi ve biraz da mavi kullanılır desenler basılırken. Kimyasal boya giderek daha fazla kullanılırken, kök boyayla yapılanlar değerini her zaman olduğu gibi korumuştur. Ustanın atölyesine girelim şimdi:

Sahne açıldığında, Urfa'daki keçeci hanı gibi ufak bir hanın aynen üst katındaki odaya çıkarız. Odaya -ki burası bir atölyedir- beyaz ve aydınlık hakimdir. Avluya bakan küçük pencerenin dibinde kırçıl sakallı, yaşlı bir adam oturmuş, ışık ve beyaz üstüne nakış düşürmektedir küt küt küt.

Ne demek şimdi bu?

İhtiyar usta, pencere kenarında, dükkânın en iyi ışık alan yerine bağdaş kurmuş, beyaz büyük bir çarşafı önündeki küçük tezgâha sermiş, ıhlamur ağacından oyulmuş tahta kalıpları takır takır bir ıstampaya bir beyaz kumaşa vurarak nakışlıyor demek.

Sağ eliyle kalıbı yönetiyor usta, nereye nasıl basacağını ayarlıyor. Yanına dizdiği çeşitli desen kalıplarını bezin bir orasına bir burasına vuruyor. Sol elini, bileğine kadar kalın bez parçalarıyla sarmış. Kumaştaki yerini bulan kalıp, iri bir tokaç gibi çalışan sol yumrukla buluşunca desenini, boyasını bırakıyor. Işıklı büyük beyaz boşluk her an nakışla, renkle bezeniyor. Dükkânın rafları, dolapları da İsfahan'ın bu meşhur nakkaşının elinden çıkmış, her biri imzalı, damgalı, mühürlü örtüler, çarşaflar, yazmalarla dolu.

Yeni işlenen çarşafın ortasındaki madalyon bittikten sonra usta kenar sularına geçerken, nakışların incecik kıvrımlarına doğru zoom yapan kamerayla birlikte, hem kalıp işlemede hem kalıp basmadaki ustalığı görürüz. Bu kadar yeter.

MEYDANDAKİ SOPALI GENÇLER

O akşam Nakş'e Cihan Meydanı'ndan yavaş yavaş çıkıyorduk. Havuz başında toplanmış, günün son ışıklarını Kadınlar Mescidi'nin kubbesinde seyrettikten sonra, Keju Köprüsü'ne gitmek üzere meydanın çıkışına yönelmiştik. Akşam alacasında, birer ikişer yanmaya başlayan ışıkların koyulaştırdığı gölgelerin altında uçsuz bucaksız görünen meydan arkamızda kalırken ansızın kalabalık bir grup karşıdaki yolun başında belirdi. Dakika geçmeden bağırarak park etmiş arabalara, kaldırım taşlarına, vitrin parmaklıklarına tekmeler atarak yaklaşan grup, koşarak üstümüze doğru geliyordu. Ne olup bittiğini anlamadan yanıbaşımızda bitiverdiler. Bizden hayli kalabalıklardı, ellerinde sopalar vardı ve bağırıyorlardı. Son anda açık dükkânlardan birine attık kendimizi. Esnaf ne olup bittiğini biliyordu muhtemelen ya da bekliyordu belki de böyle bir durumu, ki gayet sakin, dalganın geçmesini beklediler. Birkaç kırık cam, ezilmiş bir iki kaporta ve kırık tahta parçalarıyla gelip geçti. O kadar ısrar etmemize rağmen ne olup bittiğini, işin içyüzünü kimse anlatmadı bize. Üstünkörü birkaç şey söyleyip geçiştirdiler. Ertesi gün Nagş-e Cihan esnafı kepenk kapatma eylemine başladı. Dükkânların hiçbiri açılmadı ve esnaf önde gelenlerinden bir grup şehrin yöneticileriyle görüşmek üzere heyet oluşturdu. Görüşmelerin sonucunda öğrendiğime göre, polis şefleri meydanda bu tür olayların tekrarlanmayacağına dair güvence vermişlerdi. Gruba katılanlar tespit edilmişti, kentin yoksul mahallelerinden gelen gençlerdi, hepsi yakalanacaktı. Esnafın kepenk kapatma eylemi öğlene doğru bitti.

Bir süre sonra, bir süre sonra derken aradan geçen birkaç yıldan sonra (bu zaman içinde 11 Eylül yaşanmış, ardından Afganistan işgal edilmişti, Irak saldırısının eli kulağındaydı), bir cuma günü, Meydan'da büyük bir gösteri yapıldı. Sabahın erken saatlerinde, İmam Camisi'nin önünde yüksek bir kürsü kuruldu. Meydanın yarısından itibaren şeritler çekilerek cami tarafı geri kalandan ayrıldı. Öğlen namazı saatine kadar kimse sokulmadı içeriye. Namaz vaktine doğru, otobüslerle kentin yoksul semtlerinden insanlar getirilmeye başlandı, onlarla birlikte otobüsler asker taşıyordu meydana. Motosikletleriyle ve yürüyerek gelenlerle birlikte, çok geçmeden hatırı sayılır bir kalabalık toplandı meydana. Kürsüde konuşmaya başlayan molla hayli güçlü bir hatipti ki cemaat kâh coşkuyla, kâh huşu içinde, kâh öfkeyle dalgalanarak nutku dinliyordu. Her Amerika adı işitildiğinde sloganlarla kesiliyordu konuşma. Gördüğüm en kalabalık namazlardan biriydi meydandaki.

CHEHEL SÜTUN

Charbag Caddesi'nden Zâyende Nehri'ne doğru yürürken, Siosepol Köprüsü'ne gelmeden hemen önce sol tarafta, tam kavşağa yerleşmiş bir benzinci vardır. Arı gibi çalışır. Arabalardan çok motosikletler yanaşır buraya. Çata pata dandik motorlardan, en haslarına kadar İsfahan'da çok kullanılan ulaşım araçlarındandır motosiklet.

Bu benzinciyi gözüme kestirmiştim. Otelden çıkıp İmam Meydanı'na giderken kerterizim burasıydı. Hemen sola dönüp dümdüz yürüyordum, Chehel Sütun'un karşısındaki şerbetçiden taze meyve suyu içip biraz daha yürüyünce meydana varıyordum. Bu kez meyve suyu içtikten sonra, ne zamandır gözüme kestirdiğim Chehel Sütun'a girdim.

Burası, zamanında Şah Abbas'ın saraylarından biriymiş. Şimdi, müze olarak düzenlenerek ziyarete açılmış. Sarayın bahçesi bakımlı, güzel bir park. İsfahan'ın orta yeri zaten, birçok parkın birleşmesiyle meydana gelmiş büyük bir yeşil alan. Şehrin meşhur gülleri bu parklarda saltanat sürüyor. Sıcak yaz günlerinde, ana caddede yürürken park girişlerinden serinlik vuruyor insanın yüzüne. Hele gül mevsimiyse, bütün şehre kokular yayılıyor. Bütün şehir derken yanlış olmasın, gül kokuları İsfahan'ın her tarafını kaplayacak belki ama, ilk egzost dumanına ulaştığı anda, orada kalıyor. Kalabalık caddelerden geçip gitmesi pek mümkün değil.

Chehel Sütun, büyük bir gül bahçesinin içinde.

Chehel, Farsça 'kırk' demek. Sütun da sütun. Kırk Sütun namlı bu saray on yedinci yüzyılda Şah Abbas tarafından konuklar için yaptırılmış. Altmış yedi bin metrekarelik bahçesinde yüz metre uzunluğunda bir havuz var. Sarayın adı da biraz sütunlardan, biraz da bu havuzdan geliyor. Çünkü parayı bastırıp demir kapıdan bahçeye girdikten sonra, sarayın önündeki zarif sütunları sayarsanız yirmi tane olduğunu görüyorsunuz. Öbür yirmisi nerede diye boşa aranmaya gerek yok, havuzun karşısına geçmek gerekiyor. Güneş tepeyi dönmemişse kalan yirmi sütun da sudaki yansımada görünüyor. Gerçek sütunlar ile sudaki suretlerinin toplamı, saraya adını vermiş.

İçeride çiniler, eski paralar, çanak çömlek, en seçmelerinden ve bol miktarda sergileniyor. Yüksek tavanlı salonların üst bölümleri tablolarla dolu. İranlıların dostla düşmanla yaptıkları barış antlaşmalarını gösteren birkaç tablo dışında hemen tümü, şahların zaferiyle biten savaşlardan sahneler. Çaldıran da bu arada unutulmamış tabii ki. Şah Abbas, tavanlara kadar yükselen bu tabloların salonda oluşturduğu havayla, yabancı konuklarına daha ilk karşılamada sıkı bir gözdağı veriyor. Neyse ki dışarıdaki sütunların ahşap işçiliği ve sudaki suretleri, Acem ruhunun inceliğini yeterince yansıtıyor. Hele uçsuz bucaksız gülistan...

GÜLİSTAN'I ŞÜHEDA

1980'de başlayan ve sekiz yıl süren İran-Irak savaşında iki taraftan yüz binlerce genç yaşamını yitirdi. İran'da hâlâ o günlerin acısı gün gibi ortada. Her kentin, kasabanın girişinde, duvarlara çizilmiş, bezlere boyanmış şehit resimleri, heykelleri, büstleri karşılıyor gelenleri. Meydanlarda, bulvarlarda, genç ölülerin büyük boy portreleri asılı. Kasabalardan geçerken mutlaka bir şehitliğe ilişiyor gözümüz. Başında insanların bekleştiği asker mezarlarına. İsfahan'daki Şehitler Mezarlığı, Gülistan'ı Şüheda, şehrin içinde geniş bir alana yayılmış.

Sadece İsfahan'da değil, tüm kentlerde aynı manzara. 1980 ile 1988 arasında süren Irak savaşı, iki taraftan da beş yüz bin insanın ölümüne yol açmıştı. İslam devriminden bir yıl sonra, Saddam'ın Khuzistan'daki petrol yataklarında hak iddia ederek başlattığı savaş, çok geçmeden İran'ın da Kerbela ve Necef'i istemesiyle içinden çıkılmaz hale gelmiş. Batılı güçlerle birlikte Sovyetler Birliği de Irak'ı desteklerken, İran on-on beş yaşlarındaki çocuklardan oluşan Besic taburlarını cepheye sürmüş. Sınırlar kâh İran kâh Irak lehine değişirken 1982'de savaş öncesine geri dönülmüş. Ancak bu arada Humeyni rejiminin tüm muhalifleri sindirilmiş, solcu denebilecek cumhurbaşkanı Beni Sadr da ülkeyi terk etmek zorunda kalmış. Irak'la savaşan onca gencin ölümü, en çok İslam devriminin radikal güçlerine yaramış.

Keju Köprüsü'nde yıllardır süren onarım çalışmalarından arta kalan kalasların, demir direklerin, tuğla parçalarının arasından geçerek güneye doğru yürümeye başladım. Şehrin bir vakitler bağlarla bostanlarla kaplı olan yeni bölümündeydim. Geniş bir bulvardan, iki taraftaki şık vitrinleri seyrederek Sofreh Dağı'na doğru yürüyordum. Uzaktan sivri çıplak tepesiyle İsfahan'ın üstünde bir kule gibi görünen dağ, iki hafta sonra kutlanacak Nevruz'dan itibaren İsfahanlıların en sevdikleri mesire yeri olarak baharı karşılayacaktı bir kez daha.

Dağın etekleri uçsuz bucaksız bir park halinde düzenlenmiş, banklar, patikalar, gül bahçeleriyle piknik mekânları yapılmıştı. Sofreh Dağı, özellikle hafta sonlarında İsfahanlıların akınına uğruyordu. Daha gün doğmadan çoluk çocuk harekete geçiyor, bu parktan başlayan uzun bir yürüyüşten sonra dağın tepesine çıkıyor ve güneşi karşılıyorlardı. Yukarı çıkacak mecali olmayanlar ya da bu zahmete girmek yerine dağın eteklerine oturup, evde sardıkları dolmaları yemeyi tercih edenlerse, güzel bir İsfahan manzarası seçip cuma keyfi yapıyorlardı.

Sofreh Dağı'nı seyrederek yürürken Gülistan'ı Şüheda'nın kapısına geldim. Girişe, ünlü şehitlerin resimleri, savaş sahnelerinden canlandırmalar, Ayetullah Humeyni'nin büyük boy bir portresiyle birlikte asılmıştı. Yeşile boyanmış kalın demir parmaklıkların ardından bakıldığında, peş peşe dizilmiş yüzlerce kabrin başucunda genç askerlerin fotoğrafları görünüyordu.

Ben dışarıda beklerken, bir taksi yanaştı ve belli ki uzaktan gelmiş kalabalık bir aile, ellerinde çiçeklerle, siyah beyaz portrelerin arasında kaybolup gitti. Girişteki büyük türbe, İslam Devrimi'nden hemen önce, Şah'ın gizli polis teşkilatı tarafından öldürülen Ayetullah Şems Abadi'nin kabriydi. İlk ziyaret oraya yapılıyor, sonra herkes yakınının mezarına doğru dağılıyordu.

Şehitliği boydan boya birkaç kez yürüdüm. İran'da kabirlerin başucuna bizdeki gibi mezar taşı dikilmiyor. Yere uzanmış üstü yazılı düz bir mermerle yetiniyorlar. Şehitliklerde ise daha farklı. Genç insanların vesikalık fotoğrafları büyütülüp, her geçenin göreceği gibi mezarların başına dikine koyuluyor. Gülistan'ı Şüheda'da camla kaplanarak demir çerçevelere yerleştirilmiş portreler, bu halleriyle, bir ölüler ordusunun geçit töreni gibi akıyordu önümden. Kimi altın yaldızla süslenmiş, kimi su aldığı için küflenmiş, kimi sararmış, kimi henüz yenilenmiş, hepsi insanın gözlerinin içine bakarak yüreğini acıtan yüzlerce genç insan fotoğrafı. Burası, İran-Irak savaşında yaşamını yitiren İsfahanlı gençlerin 'Şehitler Gülistanı'.

DÖKÜLEN KERPİÇLER, SALLANAN MİNARELER

İsfahan'daki Zerdüşt Tapınağı, Ateşgâh, şehrin içindeki küçük bir tepenin üstünde. Az çok sağlam durumda bir yapı göreceğimizi umarken tam bir yıkıntıyla karşılaştık. Tozlu patikadan tepeye tırmanırken, bir zamanlar tavuskuşlarının gül bahçelerinde dolaştığı Ateş tapmağından dökülmüş kerpiç parçaları ayaklarımızın altında ufalanıp gidiyordu. Tepe, İsfahan'a hakim. Zâyende Nehri'ni neredeyse boydan boya gören, manzaralı bir yer.

Zirvedeki yıkıntılara girmeden önce kısa bir mola vermiştik soluğumuzu düzeltmek için. İsfahan'ın hemen tamamı ile Zâyende Nehri'nin büyük bir kısmı altımızda uzanıyordu. Seyri güzeldi. Hemen yanımızda betondan yapılmış silindirik bir depo vardı. Bizim tepeye çıktığımız yönden görülmüyor, ancak yukarı varıldığında heyula gibi beliriyordu. Aşağıdaki mahallelere su vermek için yapılmıştı. Dünyanın en eski inançlarından birini, ateş kültünü sürdüren Zerdüştlerin kutsal mekânlarının hemen yanı başına su deposu kurulması bir rastlantı, hayatın garip bir cilvesi belki. Ancak, Bombay'de ölülerini terk ettikleri Sessizlik Kuleleri'nin şehre su sağlayan büyük gölün hemen yanında olması bu cilvenin kara talih versiyonu olsa gerek. Neyse ki, Zerdüştler Hindistan'da oldukça kalabalıklar ve ülkenin en güçlü sermaye gruplarından biri, Zerdüşt inancını sürdüren Tata ailesi. Bombay'de Sessizlik Kuleleri'ne terk edilen cansız bedenler kuşlar tarafından parçalanırken, göle düşen parçalar şehrin içme suyunu kirletince, ciddi bir problem başlamış. Ya Sessizlik Kuleleri, bulunduğu yerden kaldırılacak, ya da büyük göl. Çözüm kolayca bulunmuş. Hiçbir şeyin yerini değiştirmeden, Tata ailesi, gölü beton bir kubbeyle örtmüş ve üstünü ağaçlandırıp yeşillendirerek kentin en büyük parklarından birini kurmuş. Para varsa çözüm bulmak güç olmuyor. Ancak İsfahan'da ne doğru dürüst Zerdüşt kalmış artık, ne de kalanlar Tata'lar kadar zengin. Zaten tapınak da kendi kaderine terk edilmiş durumda. Ölüler Sessizlik Kuleleri'ne terk edilmiyor artık.

En tepeye çıktığımızda, yarım yamalak duvar kalıntılarıyla, kapı girişine benzer birkaç aralıktan ve ateş odası olduğunu tahmin ettiğimiz küçük, yuvarlak bir salondan başka bir şey göremedik. Pişmiş topraktan yapılmış Ateşgâh, yine toprakla sıvanmıştı. Doğa koşullarına karşı birkaç yıl daha direnecek mecali ya kalmış ya kalmamıştı. İsfahan'ı kuşbakışı seyreden tepeye Sasaniler zamanında kurulmuş Ateş Tapınağı, belli ki son demlerini yaşıyordu.

Ateşgâh'tan indikten sonra Minar Jomban'a gittik. Burası, on dördüncü yüzyılda yaşamış Ebu Abdullah'ın türbesi. Minar Jomban diye biliniyor. 'Sallanan Minareler'. Küp şeklinde küçük bir yapı. Cephedeki yüksek kemerin altında Ebu Abdullah yatıyor. Binanın iki köşesine sonradan eklendiği söylenen minarelerin yükseldiği terasa, sandukanın hemen yanındaki dar bir merdivenden çıkılıyor. Bina, kemer, türbe, minareler, silme çini kaplı.

Mekânın adı laf olsun diye konulmamış. Minareler gerçekten sallanıyor. Sallantı sadece minareyle sınırlı kalsa iyi, bina da zangır zangır titriyor.

Bizi Ateşgâh'ın kerpiç yıkıntılarından alıp çinili türbenin sallanan minarelerine getiren taksi şoförü, kapıdan girdiğimizden beri, heyecanla peşinden sürüklemeye, marifet sahibi tur rehberi edasıyla bir an önce terasa çıkarmaya çalışıyordu. Bakımlı bahçeden geçerek yüksek kemerin altına gelmiş, daha soluk almaya fırsat bulamadan daracık merdivenlerden yukarı tırmanmıştık şoförün peşinden. Terasa çıktığımızda, hepimizi taş korkuluklara oturttu. "Sıkı tutunun, düşmeyesiniz," dedi. Kendisi, köşedeki alçak minarelerden birine tırmandı, şerefeye gelince durdu, yerimizi alıp almadığımızı kontrol etti ve iki eliyle şerefenin aydınlık boşluğunu kavrayarak sallamaya başladı. Önce hiçbir şey olmadı. Ancak çok geçmeden, şoförün içinde olduğu minarenin kuru bir yaprak gibi sallandığını, ardından karşısındaki ikinci minarenin onunla birlikte gidip geldiğini ve bizim yaslandığımız teras korkuluklarının da zangır zangır titremeye başladığını hissettik. Yapma, etme, dur, yeter bağırtıları arasında muzaffer bir edayla minareden indi taksici. Gösteri bitmişti. Günde kaç kez tekrarlanıyordu Allah bilir. Depremlere dayanıklı olsun, dünya durdukça Ebu Abdullah'ın kabri ayakta kalsın diye, Sasaniler devrinde üstün bir teknolojiyle yapılmış olan bu bina, turistik gösterilerin aracı olarak daha ne kadar sabreder, ne kadar dayanır, bilinmez.

Aşağı iner inmez dönüp binaya baktık, girerken fark etmediğimiz minare altındaki geniş çatlakları bu kez gördük. Turistik mevsimde, her gün yedi şiddetinde beş-on deprem atlatan Minar Jomban'ın mimarı, doğaya karşı gerekli önlemleri alırken insanlardan gelecek darbeleri pek hesaba katmamıştı anlaşılan.

ÇAYHANE

İsfahan'da hayat akşamüstü ikinci faslına başlar. İkindi vakti açılan dükkânlarda hızlı bir alışveriş sürerken, İsfahanlılar İmam Meydanı'nda ya da Zâyende boyunda seyre çıkmıştır.

Biz de Nobahar Restoran'da alkolsüz bira Delester eşliğinde cüce kebap (piliç şiş) yedikten sonra, Zâyende'de kordon sefasına çıktık. Nehir, gündüz aktığından daha parlak ve duru görünüyordu. Sokak lambaları suya vurmuş, makul aralıklarla nehri geçen köprülerin altındaki çayhaneler ışıklarını yakmaya başlamıştı. Su bisikletleri kıyıya çekilmişti. Birkaç kiralık kayık, kürek çeken genç çiftlerle nehirde salınıyordu. Sağımızdaki sık ağaçlıklı parkta piknik düzeni kurmuş kalabalık aileler, akşam keyfine başlamışlardı. Bulvardaki arabaların homurtusu buraya kadar geliyor, şehrin yüksek binalarla uzayıp giden yeni yakası çiğ ışıklarını nehre düşürüyordu, biz yürüyorduk.

Ferdost Köprüsü'nü geçtik. Chubi Köprüsü'ne geldik. Akşam menzilimiz burasıydı zaten. Nakş'e Cihan Meydanı'ndaki dükkânında otururken Hüseyin, "Akşama oraya gidin, biz de erken kapatırsak geliriz," demişti.

Hüseyin, İsfahan'da halıcı. Üç beş dili su gibi konuşan halıcılar takımından. Şehrin fahri turizm müdürü gibi düşünür, müdür gibi düşünmekle kalmaz, daha hayırlısını becerdiğinden şehre gelen yabancılara ev sahipliği yapar. Dükkânı buluşma yeridir. Önündeki çimenlik, en hasından İran halılarının üstüne yayılıp dinlenmek için birebirdir. İçeride semaver devamlı kaynar. Hüseyin İsfahan'ı anlatır, gitmek görmek istediğiniz yerler konusunda yardımcı olur, yol gösterir, her derde derman arar Neriman'la birlikte. Öyle ya, uzun yola çıkmışların ne merakı biter ne ihtiyacı. Hani, öyle büyük şeyler değil, mesela "bir kök boya atölyesi bulsak da görsek" gibi, ya da "kebaptan bıktık, sebzeli ev yemeği nerede yapılır" gibi meraklarla ihtiyaçlar. Hüseyin, hiç yüksünmeden dinler ve anlar. Onun üç beş dil bilen diğer halıcılardan farkı, halı kilim sokuşturmaya, olmadı bir heybe satmaya kalkışmamasıdır. Uzun yolların duraklarında kendinizi emanet edeceğiniz tipler vardır. Çıkarsız, beklentisiz, güvenilir, onlardan biridir Hüseyin. Arkadaşımızdır. İşte... Hüseyin'in, "Gidin, biz de arkanızdan geliriz," dediği çayhaneye doğru gidiyoruz.

Chubi Köprüsü'nün altına indik. Paçalarımızı ıslatmadan demir korkuluklu bir geçitten ortadaki ayağa doğru yürümeye başladık. Bu köprü diğerlerinden biraz daha farklı. Siosepol'dan çok daha kısa, kemerleri daha sık ve tam ortadaki ayağın içine büyükçe bir oda yapılmış. Söylendiğine göre, Şah Abbas zamanında kurulan köprü, bugün yeni kent bloklarının yükseldiği yerdeki saltanat bağlarının sulama ve bakımı için kullanılırmış. Dedik ya, keyfine düşkün Şah. Şarabın hası her ne kadar Şiraz'da diye bilinirse de İsfahan bağlarının da iyi şarap verdiği malum. Orta ayağa yerleşmiş, renkli ışıklar saçan çayhane ise oldum olası keyfine düşkün Acemler için düzenlenmiş.

Girdik. Kalabalıktı. Kalın duvarlarına nehre bakan dört pencere açılmıştı. Kadınlı erkekli ehlikeyfler bu pencerelerin içine kurulmuş, nargile çekiyorlardı. Biz de iki kâlyân istedik. Nargilenin adı kâlyân ya, cümleyi Türkçe kurup nargile yerine kâlyân diyoruz. "Sert mi olsun İsfahani mi?" diye sordular. İsfahani'yi hiç denememiştik, "Öyle olsun" dedik. Zarif, kırmızı bir şişe geldi. Tömbekisi de bildiğimizden küçük ve ince. Kehribar marpucun ucuna rulo bir kâğıt takılmış ki, başkasının ağzı değmiş uçla içmesin kimse. Mangalda köz geldi, tömbeki ateşlendi, karanfilli tütün harikaydı.

Dumanı salarken çayhane daha bir hoş göründü gözüme. Azeri çayhanelerinin içini anlatmak vakit alır, okuyana da yazana da baygınlık verir; onun için en iyisi, üstünüze dumanı üfleyeyim ki efsunlanasınız, gözlerinizi kapatıp ruhunuzu özgür bırakasınız. İsfahan'a gitsin, Siosepol Köprüsü'nün altındaki çayhaneden başlayıp, Chubi Köprüsü'ndekine geçsin, oradan Nakş'e Cihan Meydanı'na, Azâdegân Çayhanesi'ne girsin ve orada kalsın. Orada kalsın. Çayhanelerin şahında...

Bir ev salonundan hallice çayhaneyi çepeçevre kuşatan halı minderli dar divanda oturuyorduk. Siz gelince elimden tuttunuz, biraz önce iki yağız delikanlının boşalttığı pencere boşluğuna geçtik. Ateşçi, nargileyi arkamızdan taşıyıp tam aramıza bıraktı. Yüzünüz salona dönüktü. Önce ortada duran akvaryuma benzer cam fanusu gördünüz. Fanusun içinde taklit taşlarla bezenmiş Acem hançerleri duruyordu. Çevresine fincanlar, rengârenk, irili ufaklı porselen çaydanlıklar dizilmişti. Mavi, sarı ışıklı, küçük ampuller fanusun etrafını kuşatıyor, camdaki yansımalarla hançerlere, cezvelere ve canlı gibi duran kâğıt güllere fazladan ışık veriyordu. Gözleriniz kamaştı ilk bakışta, oysa kahvedeki sayısız köşeden sadece birini görmüştünüz henüz. Alakasız bir sürü nesnenin bir araya gelişindeki anlamı kavrayamadınız. Belki de nargileye alışık değildiniz, zihniniz bulandı.

"Dışarıya bakın," dedim size. Duymadınız. Yüzünüzdeki ifade pek hayra alamet değildi. Ortadaki susuz akvaryumun camına boyanmış manzarayı seyreden gözlerinizdi lakin; çayhanede, insanların kıç koyacağı yerler dışında, duvarların, tavanların, sütunların, pencere pervazlarına kadar her köşenin, hiçbir boşluğa tahammül göstermeden, resimden saza, tespihten sürahiye kadar binlerce nesneyle bezeli olduğunu fark eden ve huzursuzlaşan ruhunuzdu. Başınızı usulca pencereden dışarı çevirdiniz. Zâyende Nehri'nin, siyah üstüne gümüş pullarıyla sakin sessiz akışını görünce yatıştınız. Karşınızda durmadıkları sürece, hatırlayıp adlarını asla sayamayacağınız onca nesnenin, renkleri, şekilleri ve oradaki varlıkları, sizi de onlardan biri kıldı. Çayhanenin içindeki dizilişlerini okumaya başladınız. Eskiden yeniye, metalden ahşaba, sanatlıdan sıradana geçerken, "Neden?" diye sordunuz. Cevap vermedim. Çay oğacının dibindeki sehpaya yerleşmiş iri taneli kristali işaret ettim. Erguvan hareli mor bir ametist kristaliydi. Tek başına, özenle ve diğer eşyalardan olabildiğince uzağa konulmuştu. Onu gördükten sonra, çayhanenin içindekilerin yapıldığı malzemeleri değil, ne için yapıldıklarını düşünmeye koyulduğunuzu, "Niçin?" diye sormanızdan anladım. Size verilecek cevabım yoktu. Başımla nereyi olduğunu bilmeden çayhanenin içinde rastgele bir yeri işaret ettim. Siz galiba buldunuz. Yüzünüz aydınlandı, derin bir nefes çektiniz nargileden, ama bulduğunuz cevabı bana söylemediniz.

Siz öylece dalmış, kâh Zâyende'nin sularını, kâh çayhanenin kalabalığını seyrederken, karşıdaki divanda oturan kadınlardan biri yanımıza geldi ve 'nereden' geldiğimizi, 'niçin' geldiğimizi, 'nereye' gittiğimizi sordu. Bizim oradaki varlığımız, nargile çekip ardı ardına çay yuvarlamamız, Zâyende Nehri'nin akışını seyretmekten daha ilginç gelmişti anlaşılan. Onca nesne arasında, bizim de bütün yabancılığımızla, o nesnelerden pek farklı olmadığımız hissine kapıldım. Tam o sırada Ali Rıza Eftehari bir şarkıya başladı. Cevap verecek fırsatı bulamadım. Benim yerime siz anlattınız.

AZÂDE ÇAYHANESİ'NDEKİ CAMALTI RESİM

Bu şarkıyı, İmam Meydanı'nın arkasındaki dar sokaklarda yürürken, kemerli, yüksek bir geçidin önünde duymuştum. Uzaktan geliyordu. Geçide girdiğimde, duvar diplerine dizilmiş koyu yeşil, lacivert cam damacanalar görmüştüm. Kullanılıp terk edilmiş kazmalar, paslı nacaklar, birkaç büyük fıçı kalıntısı, iki küçük pres, çeşitli boylarda elekler, damacanaların arasına gelişigüzel atılmış gibiydi. Üstlerine biriken tozların, hallice bir toprak tabakası oluşturmaya başlamasından, çoktandır orada durdukları anlaşılıyordu. Damacanalar diğer alet edevattan farklıydı ama, her nedense onlar hiç toz tutmamıştı ya da her gün siliniyormuş gibi pırıl pırıldı.

Loş geçit küçük bir avluya açıldı. Kervansaray yavrusu bir hanın içindeydim. Üst kat odaları, Anadolu'dan başlayarak bütün Asya'da ve kuzey Afrika'da olduğu gibi, atölyelere, depolara kiralanmıştı. Eski hanların ortak kaderi, bu tarihsel kesitte de çok farklı değildi. Dokumacılar, demirciler, keçeciler, kunduracılar, şapkacılar... Artık kısmetine ne denk gelirse, eski üretim teknikleriyle yaşamaya çalışan zanaatlara ev sahipliği yapıyordu hanlar. Yolcular gelip geçmiş, ama hanlar da kendinden geçmişti. Yıkılıp tarumar olmadan önce, tam bir teslimiyet içinde vakit öldürüyorlardı.

Neyse ki bu hanın alt katında, hemen girişin yanında, bir başka dar geçitle ulaşılan çayhane vardı ki, dışarıdayken duyduğum Ali Rıza Eftehari şarkısı buradan geliyordu.

İçeri girer girmez 'burası benim mekân' dedim. Çayhane, hanın en civcivli zamanlarında bile bundan daha canlı, bakımlı ve kalabalık olamazdı. Şimdi çayhanelerin nasıl olduğunu, duvarlarının tavanlarının tıklım tıkış nesnelerle, çizimlerle, resimlerle dolu olduğunu biliyorsunuz. Ama Azâde Çayhanesi bir başkaydı. Bir kez içerisi yorgun esnaflarla, gün boyu orda burda sürtmekten sıkılmış aylaklarla, nargilesi gelmiş tiryakilerle her daim doluydu. Tavanı yayvan kemerli, dar, uzun bir mekândı. Duvar diplerine birer sıra sedir dizilmiş, önlerine yüksek bacaklı mermer sehpalar konulmuştu. Camdan şeker çanakları, tenekeden sigara tablalarıyla birlikte nargileler olanca renkleri, nakışları ve albenileriyle sehpaların üzerinde yerlerini almışlardı, upuzun tek sıra halinde. Her nargilenin yanında bir büyük bardak su, iri bir demlik çay, yemek sonrasıysa 'dokh' dedikleri reyhanlı ayran ve hepsini büyük bir özenle sehpasına dizmiş, ağır hareketlerle duman salan, durmaksızın çayını tazeleyen, iri yudumlarla su içen, genellikle yorgun bakışlı bir İsfahanlı mevcuttu.

Duvar diplerine karşılıklı dizilmiş çayhane ahalisinin arasındaki boşluktan iki yana selam sarkıtarak en dibe kadar yürürken, soluk almadan duvarlara yerleştirilmiş halılar, kilimler, tablolar, fotoğraflar, boynuzlar, ıbrıklar, kirmanlar, çeşmibülbüller, kamalar, kılıçlar, piştovlar, hırkalar, yırtık patikler, nazar otları, boncuklar arasında her biri kendi dünyasına dalmış aheste demlenen insanlar galerisinden geçtim. Yolumu boncuklu bir perde kesti. Zil ve boncuk şıkırtılarıyla perdeyi aralayarak, oldukça sakin bir bölmeye girdim. Sükûnet duvarlarda değil, mekânın kendisindeydi. Çünkü buradaki duvarlar da, çayhanenin diğer bölümünü aratmayacak kadar doluydu. Ancak tam ortadaki küçük havuzun fıskiyesi, bağdaş kurup oturulan halı kaplı geniş divan, özel bir bölüme girildiğini hissettiriyordu. Kadınlara ve ailelere mahsus bölüme.

İlk sefer bu bölümde oturdum nedense. Günde en az iki kere çayhaneye uğruyordum. Sonraki seferlerde aklım her ne kadar içerdeki bölümde kalsa da, hep nargilecilerin arasında bir yere sıkışmayı yeğledim. Oturduktan üç beş dakika sonra varlığıma alışıyorlardı. İsfahani bir kâlyân söyleyip, yanına azman su bardağını, küçük porselen demliği yerleştirip, ağzıma kehribar rengi şekerlerden bir pul atıp dumanları savurmaya başladığımda beni unutuyorlardı, ya da nezaketen kendi âlemlerine dalmış gibi yapıp bir süre daha kaçamak bakışlarla izlemeye devam ediyorlardı ama o da uzun sürmüyordu. Yalnız her nedense aklım içerde, boncuklu bölmede kalmıştı. Düpedüz o bölüm çekiyordu beni. Halbuki hareket, olay, ortam, mevzu burada, kalabalığın olduğu yerdeydi.

Ben de çayı onlar gibi içmeyi denedim önce. Sonra gereksiz bulup vazgeçtim. İran'da çay bardak bardak değil, demlikle servis yapılır, bunu söylemiştim. Ama esas bundan sonra bir çay içme tekniği vardır ki, şimdi de onu açık ediyorum. Bardaklar, bizdeki gibi ince belli değildir ama zariftir. Küçük, ince bir tabandan usulca açılarak ağza gelir. Genellikle düz, kalın camdan yapılmıştır ancak has kehribar rengi İran çayının hem rengini hiç saklamadan gösterir, hem de mis kokusunu alabildiğine salar bu bardaklar.

Çayın içine şeker atılmaz, hele İsfahan'da hiç. Tuhaf karşılanır. İsfahan'da çay şekerleri, tıpkı çayları gibi has kehribar rengi. Şeffaf, kırılgan, tavla pulu büyüklüğünde ve incecik. Bunu da biliyoruz ancak bilmediğimiz şu ki, Azâde Çayhanesi kendi şekerlerini özel yaptırır. Her birinin üstüne kabartma bir kuş ya da çiçek motifi işlenmiştir. Sade akide lezzetindeki bu şekerler İran'ın başka yerlerinde bulunmaz. Adı da zaten İsfahan Pulakisi.

Pulakiyle içilen çayın tadına doyum olmuyor. Çayı kıtlama içmeyi beceririm ve hoşlanırım bundan. Ancak deneyip de vazgeçtiğim İran usulü çay içme tekniği, demlikten bardağa doldurulan çayın, ağza bir parça şeker attıktan sonra, bardaktan çay tabağına dökülerek içilmesiydi. Her seferinde birazcık tabağa dökülüyor ve tabaktan yudumlanıyordu.

İran'da çay bizdeki gibi çok sıcak içilmiyor. Demlik zaten masada beklemektedir, bardağa doldurulurken bir parti soğur, tabağa aktarılırken bir parti daha... Herkes, her yerde çayı böyle içtiğine göre bir bildikleri vardır elbet, biz manasını çıkaramasak da olur. Herkesin kendi bildiği gibi çay içmesine de kimse karışmaz...

Bu çayhanede en çok Ali Rıza Eftehari'nin şarkıları çalar. Payavari'nin santurla icra ettiği besteler de ihmal edilmez. Buraya uyan havalar bunlardır. Ancak beni günde en az iki kere bu çayhaneye çeken Eftehari'nin şarkıları, ortamın telaşsız tantanası, insanların dingin, kederli halleri dışında neydi, sadece bir kez oturduğum ve bir daha girmediğim o boncuklu bölmede neden aklım kalmıştı, çözemedim. Öğle yemeklerini de çayhanede yiyordum. Azeri çayhanelerinin klasik yemeği abguşt burada da baş yemekti. Bol sebzeli, fasulyeli, iri parça etli bir tür çorba, abguşt. Su küpüne benzer küçük güveçlerde hazırlanıp, özel fırınlarda pişiriliyor. Ancak servisi bir âlem. Masaya getirilirken... masaya değil; sehpaya, siniye ya da düpedüz bağdaş kurup oturduğunuz halının üstüne... yanında çukur bir çanak ve bir de havanla servis yapılıyor. Önce suyunu biraz kaşıklar, güzel yufka ekmeğiyle çorba gibi içersiniz. Ondan sonra asıl yemeği oluşturan patates, soğan, sebze, et ne varsa havanın içine aktarır, tokmakla bir güzel döver, ezersiniz. Bulamacı tekrar çanağınızın içine alır, afiyetle yersiniz. Azâde Çayhanesi'nin abguştu biraz ağır oluyordu. Ben genellikle yağda yumurta yiyordum. Çayı, dokh'u, nargilesi de üstüne.

İsfahan'daki son gün, gecenin geç bir vaktiydi. Otelden çıkmış, nehir boyunda biraz yürüdükten sonra Nakş'e Cihan Meydanı'na gelmiştim. Tenhaydı. El ayak çekilmiş, ortadaki çimenliğe yayılan gruplardan son kalanlar da toparlanmak üzereydi. Şehir dışından gelip, meydanda geceleyecek aileler, battaniyelerini, yastıklarını çıkarmışlardı. Kubbeleri aydınlatan ışıklar iyice parlamıştı. Mavi-yeşil çinilerin yarattığı karmaşık motifler, gecenin siyah fonunda olduğundan canlı görünüyordu.

Azâde Çayhanesi'ne doğru gittiğimi fark ettim. Bu saatte kapanmış olması gerekiyordu. Yine de yürüdüm. Girişteki damacanalı dar geçitten geçerken, gündüz görmediğim bir şeyi fark ettim. İki tarafa dizilmiş cam damacanaların hepsi, hem de ağzına kadar doluydu. Demir alet edevat, gariptir ama, sanki henüz kullanılıp yerine asılmış kadar temiz, parlak görünüyordu. İlerleyip eski hanın avlusuna girdim. Küçük bir kervan gelmiş, ben içeri girer girmez yorgun develer gözlerini bana dikmişti. Biri, uzun tüylü iri Ege tülüsü, bütün ihtişamıyla geviş getirmekle meşguldü, etrafla ilgilenmiyor, mağrur edasını hiç bozmuyordu. Tek bir deveci bile yoktu görünürde. Sola dönüp çayhaneye açılan koridora yöneldim. Girişteki kapı aralık duruyordu, içerden ölgün bir ışık ve Eftehari'nin tok sesi geliyordu. Kapıyı iterken gıcırdadı...

Çayhanenin içinde deve tüyüyle insan teri karışımı ağır bir koku vardı. Belli ki küçük kervanın insanları, gündüz İsfahanlı tiryakilerin oturduğu gibi, duvar dibindeki peykelere karşılıklı yerleşmiş, nargile çekiyorlardı. Selam verip girdim, aralarından geçip dibe doğru yürürken gözüm bir yerden ısırıyordu bu kervancıları ama nereden? Selamımı olağandan sıcak alıyor, tanış gözlerle bakıyorlardı bana. Günlerdir, gire çıka çayhane müdavimlerinden olmuştum neredeyse, ama eminim burada görmemiştim bu insanları daha önce. Peki, nerede?...

Uzun çayhane boyunca yürüdüm. Her zamanki gibi duvar dibindeki yerlerden birine oturacakken, ayaklarım beni içeri doğru, içerdeki küçük bölmeye doğru sürükledi. Boncuklu perdeyi açarken, kahvenin içi, Eftehari'nin sesini bastıracak kadar yüksek tonda, birbirine çarpan cam boncukların uzayıp giden şıkırtısıyla doldu. Boncukların yankısı henüz kesilmemişti ki köşede onu gördüm.

O anda, avludaki develer, çayhanede nargile çekenler, her şey ve herkes yerli yerine oturdu. Onları, Miyandeşt Kervansarayı'nı gezerken, ansızın avluya giren küçük kervanda görmüştüm, oradan tanıyordum. Avluda beliriveren tüccar, deveci, kılavuz, deve, at, köpek, cambaz, falcı, köle tüccarı, esansçı kalabalığının içine karışırlarken, elinde kâküllü esmer kadının camaltı resmini taşıyan küçük kız benimle birlikte herkesin de dikkatini çekmişti ve belki bütün bakışlar üstüne toplandığı için, belki de köpekler develeri ürküttüğü için, kız elindeki sureti düşürmüş ve cam, yaldızları, boyalarıyla paramparça olmuştu.

Kırılmadan hemen önce, camaltı resimdeki kadın, içli bakışları, uysal kâküllü, yaşmağının altındaki isyankâr saçlarıyla, hafızama tıpkı fotoğraf çeker gibi yerleşivermişti. O kadın, şimdi o kadın, Azâde Çayhanesi'nin boncuklu bölmesinde, küçük havuzun kıyısında oturuyordu. Oradaydı.

Bütün geceyi orada, boncukların renkli ışıkları havuzun suyunda kırılırken birlikte geçirdik...

Çayhaneden apar topar ne zaman ayrıldım, hatırlamıyorum ama, otelde uyanır uyanmaz çayhaneye geri döndüm. Geçitteki damacanalar her günkü gibi boştu. Avlu ve kahvenin içi bildik havadaydı. Bu kez doğruca, bilerek ve isteyerek boncuklu bölmeye girdim. Hâlâ oradaydı. Tam karşımda, duvardaki Şiraz kiliminin üstüne yerleştirilmiş feslikteki çeşmibülbülün yanında asılıydı, esmer kadının küçük, boyasız ahşap çerçeve içindeki camaltı resmi...

Elimi uzattım, dokunmak istedim, vazgeçtim. Yaklaşırken kırılmakta olduğunu fark etmiştim. Köşesindeki çatlak, giderek uzamaya başlamıştı. Paramparça olmadan tutmaya çalıştım, elimi uzatırken çatlak büyüdü, dallara ayrıldı, bir anda bütün resmi sardı. Asıldığı yerden alırken paramparça olmuştu. Cam parçalarını yerlere saçarak indirdim. Havuzda yüzen, ahşap kuğuyu aldım, cam kırıklarını kuğunun kanatları arasındaki oyuğun içine topladım.

Şimdi masamda, onarılmış haliyle tam yazı makinemin arkasında, ahşap bir çerçevenin içinde duruyor.

ŞİRAZ

PERSEPOLİS'İN USTALARI

Şiraz'a ilk kez gidiyorduk. Zagros Dağları'nı aşarken hava biraz serinlemiş, gökyüzüne eksiksiz yerleşen yıldızların altında güzel bir gece başlamıştı. Hem keyfimizden durup gökyüzünü, vadilere düşen beyaz ışığı seyretmek için, hem de yola çıktığımızdan beri yediğimiz bol kavun karpuz nedeniyle çok sık mola veriyorduk.

İsfahan ile Şiraz arasındaki yol geniş ve düzgündü. Bütün İran yolları gibi, çizgilerle, tabelalarla gerektiği gibi işaretlenmişti.

Şiraz'a, iki tepe arasına açılmış haylı geniş bir geçitten girdik. Dervaze-i Kuran'dan. Metal buğusunda bir sabahtı. Bayır aşağı inerken Şiraz, boylu boyunca, altımıza uzanıverdi. Kimi şehirlerin ilk seferde böyle olanca açıklığıyla görünüvermesi pek iyi bir izlenim bırakmıyor benim üstümde. Yanlış etkiler yaratıyor. Kent sıradanlaşıyor, önceden de var olmuşum, biliyormuşum gibi geliyor buraları. Bu sefer de öyle oldu: 'İşte, Şiraz,' dedim. 'Şiraz bu. Avucumun içinde...' Ya bu nedenle ya da bilmem neden, birden boşluğa düşüverdim. Kendimi geniş bir bulvardan şehre inerken gördüm. 'Ne işim var buralarda' diye geçti içimden. Yeni bir yer. Karışık sokaklar, yorgun insanlar. Bir vakitler hüküm sürmüş birilerinin ışıltılı kalıntıları. Savaşlarda, işgallerde kırılan, sultan, şah, hakan zulmünden telef olan halk. Hep aynı hikâye, aynı manzara, aynı...

Bir saat önce Persepolis'teydik. Tahtı Cemşit'te. I. Darius'un efsanevi yazlık sarayının önünde, Sarı Otobüs'ün sahra mutfağını açıp mükellef bir sabah kahvaltısı yapmıştık. İşeyecek yer olarak da, Şah Rıza döneminde, Pers İmparatorluğu'nun kuruluş yıldönümü için hazırlanan büyük organizasyonla dünyanın ilgisini toplayan, çocukluğumda, *Hayat Mecmuası*'ndaki fotoğraflardan hatırladığım süslü çadırların ve ihtişamlı törenlerin yapıldığı alanı seçmiştik. Bu seçimde bir kasıt yoktu, sabah ihtiyacını giderecek başka bir yer bulamamıştık. Darius'un sarayı henüz açılmamıştı.

Pehlevi Hanedanı'nın dillere destan yaşantısı o dönemde *Hayat*'ın yakın takibindeydi ve tuhaftır, fotoğraflarını gayet net hatırladığım o törenden kalma çadır artıklarının, demir iskeletlerin, beton pistlerin arasında dolaşırken, sanki çocukluğumun *Hayat Mecmua*'lı günlerinde dolaşır gibi oldum.

O tören için dikilen ağaçlar büyümüş, alanı seyrek de olsa bir orman gibi kuşatmıştı. Birinin dibine çöküp rahatlamıştım. Darius'un sarayıyla, Şah Rıza Pehlevi'nin tören alanı arasında...

1971 yılında Pers İmparatorluğu'nun 2500. kuruluş yıldönümünde Şah Rıza'nın düzenlediği ve fütursuzca para harcanan törenler, toplumsal muhalefetin alabildiğine yükseldiği ve Pehlevi hanedanının sallandığı dönemde beklenen etkiyi yaratmaz. Bu anmayı düzenleyerek geçmişe ve ulusal değerlere sahip çıktığını, yabancı güçlerle değil ulusal iradeyle birlikte olduğunu göstermeye çalışan Şah tam tersi tepki alır. Ekonomik krizin ortasında yapılan savurganlık huzursuzluğu artırır.

Birkaç yıl sonra 1974'te Şah rejimi bir kez daha toplumsal taleplere kulak tıkar ve halk yararına önüne gelen fırsatı değerlendiremez. Petrol fiyatlarında aniden meydana gelen artış, yılda 20 milyar dolar kadar bir ek gelir sağlar İran ekonomisine. Ancak Şah, bu parayı yandaşları, ordu ve polis güçleri için harcar. Savunma bütçesi adıyla yapılan masraflar dünya silah tekellerinin kasasını doldurur. Altyapıda gerçekleştirilen göstermelik iyileştirmeler kısa sürede iflas eder. Sosyal reformlar, adil gelir dağılımı ve yeni iş alanları açılması için harcanacak bu büyük servet, İran halkının kaderini değiştirecekken, bir başka kader yazılır. Solcuların, reformcuların, demokratların, İslamcıların ve şeriatçıların örgütlediği muhalefetle birlikte İslam Devrimi süreci iyice hızlanır.

Persepolis'te 2500. yıl törenlerinde dünya sosyetesi için hazırlanan lüks çadırlar ve ziyafet alanlarından arta kalan beton düzlükler hâlâ yerli yerinde. Bu arada, antik kentin girişindeki ihtişamlı tören merdivenlerinin hemen karşısına yapılmakta olan lüks otelin inşaatı da tamamlanmak üzere.

Sabah faslını henüz bitirmiştik ki, Persepolis'in kapıları açılmış, on sekiz metrelik şehir duvarlarının arkasına geçen taş merdivenleri uzun adımlarla çıkmaya başlamıştık. Yüz elli yıl boyunca, Akaların başkenti olan Tahtı Cemşid, M.Ö. 331'de İskender'in hışmına uğramış. Yüzyıllar boyunca doğanın yumuşak elleriyle üstü yavaş yavaş örtülen şehir, 1930'larla başlayan arkeolojik çalışmalarla ortaya çıkarılmış. Bugün yüz yirmi beş bin metrekarelik yerleşimin hemen tamamı temizlenmiş durumda. Yoğun bir restorasyon çalışması sürüyor.

Persepolis'in hikâyesi hayli eskilere uzanır. İran'ın güneyinde M.Ö. 7. yüzyılda bir Pers aşiretinin reisi olan Akhimenes, diğer kabileleri denetimi altına alarak kendi adıyla anılan birleşik bir krallık kurar. Oldukça verimli topraklarda ve stratejik bir konumda olan krallık zaman içinde güçlenir. Büyük torunlardan II. Sirus'un M.Ö. 559'da tahta çıkmasıyla birlikte süreç hızlanır, genç kral yirmi yıllık iktidarından sonra henüz kırklı yaşlarındayken, o gün bilinen dünyanın en büyük imparatorluğunu tarihte bilinen ilk Pers İmparatorluğu'nu kurmuştur. Sirus, Pasargade'ı, yani Batılıların kullandığı adla Persepolis'i başkent yapar. Ancak kentin esas gelişimi I. Darius döneminde M.Ö. 518 yılına rastlar. Daha sonra yaklaşık iki asır boyunca I. ve II. Kserkes ile I.ve II. Artaserkes dönemlerinde kent parlak günlerini yaşar.

III. Darius'un dönemi ise Persepolis'in ve ilk Pers İmparatorluğu'nun sonudur. Büyük İskender tarih sahnesindedir, işgal harekâtına başlamıştır.

Anadolu'yu silip süpürmüş, M.Ö. 333'te başladığı işgali iki yıl içinde Irak üstünden Pers İmparatorluğu'na kadar genişletmiş İskender'in karşısında III. Darius, kaçmaktan başka çare bulamaz. Persepolis'e yerleşen İskender birkaç ay duraklar burada. Hem soluk almak hem de Afganistan ve Pakistan üstünden Hindistan'a ulaşacak seferin son hazırlıklarını yapmak için. Gerçi sadece sekiz yılı kalmıştır ömrünün ve belki de Persepolis'in, bu muhteşem şehrin zenginlikler içindeki gölgeliklerinde yan gelip yatmak da vardır planları arasında ama bir şey olur, şehir yanar. Bu yangın da tarihin en acılı yangınlarından biridir ve sebebi meçhuldür. Bazı tarihçiler, İskender'in, Atina'yı yakıp yıkan Kserkes'ten intikam almak için Persepolis'e kıydığını söylerler. Bazıları da Persepolis bağlarında yetişen üzümlerin şarabıyla herkesin mest olduğu, eğlencenin sınırsız sürdüğü, âlemlerden âlem beğenilen bir gecede, dikkatsiz bir sarhoşun eliyle kentin yandığını söylerler. Günahı boyunlarına. İskender seferine devam eder. Şiraz'ın yamaçları hâlâ kaplayan bağları ve artık üretilmese de şarapları dünyanın dilinde destandır.

Kisra Kapısı'na yaklaşırken iki muhteşem taş blok göründü. Öküz gövdeli, insan başlı, kanatlı kabartmalar, taşların içinden fırlayıp çıkacak kadar güzel işlenmişti. Neden olmasın böyle bir yaratık? Öküz gövdesinde erkek başı gayet hoş duruyor. Tek sorun, kıvırcık sakalları biraz abartılı olmuş.

Uzaklardan göz alan blok taşların yanına gittiğimizde, başta bölgede çalışan arkeologlar olmak üzere, Persepolis'e gelen ve adının bir biçimde tarihe geçmesini arzulayan şahsiyetlerin izleriyle dolu olduğunu gördük. Bu mühim zatların adları, unvanları, taş ustaları tarafından özene bezene kazınmıştı Kisra Kapısı'nın bloklarına. Sıradan vatandaşların değersiz adları ise çakı, çivi, cam parçası, ellerine ne geçerse, taşlara çiziktirilmişti. Acelesi olup da sanatı olmayanlar ise kurşunkalem, ispirtolu kalem, tükenmez filan kullanmışlardı Kisra Kapısı'nda. Gözlerim 'Tosun'u aradı, muhtemelen bir yerlerde olmalıydı, göremedim.

Apadana avlusundan geçip yarım kalmış kapıya gelirken, çift başlı kartal karşılamıştı bizi. Genel olarak Persepolis'te çok fazla yapı ve heykel yoktu. Kaybolmuş, kırılmış, yok olmuşlardı. Ancak ayaktaki sütunların, duvarların ve merdiven desteklerinin üstündeki kabartmalar yeterince baş döndürücüydü. Güzeldi. Otuz iki sütunlu salondan, yüz sütunlu saraya geçtik. Oradan Kisra'nın Sarayı, Darius'un Sarayı derken, restorasyonda çalışan ustalara takıldık bir ara. Güneşin alnında, dört direğe bağladıkları tentenin altında çalışıyorlardı. İnce işti yaptıkları. Pervazlara nakış çekiyor, sütun başlarının akantuslarını işliyorlardı. Çay ikram ettiler, içtik. Ustalardan biri, kıvançla 'şunu ben yaptım; bunu ben yaptım' diye onarılmış duvarları, yenilenmiş kabartmaları gösterdi. Onların çoğunu eski sanmıştım ben. Yeni yapacaklarını kâğıt üstünde ince ince anlatırken, sanki Darius'un zamanında, sarayların inşaatından sorumlu müfettiş edasına bürünmüştüm. Ha şimdi, ha iki bin beş yüz yıl önce, ne fark eder? Usta aynı usta, sanat aynı sanat. Ellerine sağlık, güzel yapıyorlardı işi.

ŞİRAZ'IN ŞARABI

İlmin konağı diye bilinen Şiraz şehrinin tarihteki bu sıfatı günümüzde de sürüyor sanki. Burası hâlâ şairlerin ve üniversitelilerin kenti. Gerçi bir vakitler sadece ilim ve şiirin değil, bülbüllerin, güllerin, aşkın ve şarabın kenti diye anılırmış Şiraz. Ben bir şiirine, bir de Hatemi Gençliği diye bilinen ve kılık kıyafetleri 'hicap' yasalarını neredeyse boşa çıkarmış üniversiteli yeniyetmelere tanığım, aşkı ve şarabı bilmem. Ha bir de, güllerle bülbüllerin hakkını yememeli. Birkaç yıldır aksatılmadan süren ve neredeyse tamamlanmış restorasyon çalışmaları, sadece Şiraz'daki tarihi mekânları değil, park ve bahçeleri de ayağa kaldırdı. Bu parklardan bazıları İrem Bağları gibi tarihe geçmiş mekânlar, bazıları da Narencistan gibi, onarılmış konakların bahçeleri. Hafız'ın kabrinde ise güller hiç eksik değil, sabahın tenha saatlerinde giderseniz öten bülbülü de işitebilirsiniz.

Persepolis'teki ilk yerleşimlere kadar uzanan Şiraz tarihi, Sasaniler döneminin gözde kenti olarak sürmüş. Ancak esaslı gelişme Moğollar ve Timurlular döneminde yaşanmış. 12. yüzyıldan başlayarak iki yüz yıl boyunca Şiraz, İslam âleminin gözde kenti olmuş. Hafız ve Sadi'nin yanı sıra son derece parlak sanatçılar ve çok değerli sanatkârlar Şiraz'ı mesken tutmuş, namını büyütmüşler.

Gel gör ki 1747'de Nadir Şah'ın katledilmesiyle birlikte şehrin bütün tarihi yapıları yerle bir edilmiş, parkları bahçeleri tarumar olmuş. Şehir birdenbire boşalıvermiş. İki yüzyıl önce 200 binden fazla olan nüfus, 30-40 binlere kadar inmiş.

Neyse ki, Zend hanedanı dönemi, alçakgönüllü sultan Kerim Han'ın devri Şiraz'da refah günlerini geri getirmiş. 1750'de Kerim Han Zend, Şiraz'ı başkent yapmış. Hem de öyle bir başkent yapmış ki Abbasilerin efsanevi kenti İsfahan'ın gönlü kalmış. Kerim Han, -ki bu 'han'lık sultanlık anlamında değil, adamın adı böyle- neredeyse bütün İran'a hükmeden bir muktedir olduğu halde, 'Vekil', naib unvanından fazlasını kabul etmemiş. O da bir şey, boşa değil. Bağlar yeniden canlanmış, Şiraz şarabı frenk ülkelerinde aranır olmuş.

Ne var ki bu dönem kısa sürer. İran'ın en önemli ticaret merkezlerinden biri haline geldiği için zarif binalar, köşkler, konaklar, bahçelerle donanan kent Vekil Kerim Han'dan sonra tekrar inişe geçer. Yönetime gelenler, başlayan süreci durdururlar; bu arada Khajar sülalesinin intikam dolu saldırıları başlar ve Şiraz düşer.

İran'da Khajar Hanedanı dönemi başlar, başkent 1789'da Tahran'a taşınır. Ticaret yollarının değişmesiyle birlikte şehir kaderine terk edilir. Ancak, ışıltılı günlerden, özellikle Zend döneminden geriye kalan yapılar da, Pehlevi dönemindeki modernleşme programlarının dehşet verici şehir planlamalarına kurban gider. Tarihin üstünde geniş bulvarlar açılır.

HAFIZ

Geniş bir vadi içindeki geçitten, Dervaze-i Kuran'ı sağımıza alarak Şiraz'a doğru süzülürken, 'Şiraz'da bir şey mi, İsfahan'dan sonra?' şeklindeki kara bulutlar geziniyordu içimde, söylediğim gibi. Gezinmekle de kalmadı, patavatsız bir gök gürültüsü halinde ortaya döküldü. "Belli ki yaramaz bu Şiraz" dedim ortaya durup dururken. "Bir günde bitiririz, akşama bastırıp Yezd'e gideriz..."

Oluyor böyle şeyler. İnsan yerli yersiz, kendini bir bakışta neyin ne olduğunu anlayıveren allame-i cihan sanıyor bazen. Ve bu yüzden, belki de, bir daha hiç göremeyeceğin bir şehri, üstünkörü geçip gidiyorsun. Neyse ki Şiraz gibi kentler, istemesen de gösteriyor kendini, insanı utandırıyor. Yine de kendimi savunmak için şunu belirtmeliyim ki, otele yanaştıktan, hatta, dışarı çıkıp Zand Caddesi'nde uzun bir yürüyüş yaptıktan, hatta hatta, Hafız'ın Kabri'ne gidip bir bardak çay içtikten sonra bile fikrim değişmemişti. Şehir ilk ipuçlarını Dervaze-i Kuran sırtlarındaki mağarada verdi. Akşamüstü de çarşıda...

Hafız'ın Kabri, Gülistan Bulvarı'nın üstünde, büyük bir bahçenin içinde. Merdivenlerle çıkılan ana kapıdan geçip gül bahçesine girdik. Bahçenin ortasında zarif bir şadırvanı andıran kubbenin altında Hafız'ın mermer kabri duruyor. Kitabevi, hediyelik eşya dükkânı ve çayhanenin bulunduğu tek katlı küçük yapıyla birlikte iyi düzenlenmiş bir ziyaretgâh.

Bir gün Hazreti Ali, Dicle kıyısında dolaşırken acele divit kalem istiyor. İstedikleri gelince kâğıtlara bir şeyler yazıp nehre atıyor, "Bunlar marifet ve hakikate ait sözlerdir," diyor yanındakilere, suyla akıp giden kâğıtları göstererek. "Bir müddet sonra Şiraz'dan gelecek bir arifte bu sözler zuhur edecektir."

Müjdesi verilen bu arif, 1389 yılında doğan ve 65 yıl bu dünyada misafirlik eden Hafız'dır. Hafız'a dair hikâyeler muhtelif.

Alimler, Hazreti Ali'yle bağlantılı bu söylentinin her ne kadar uydurma olduğunu belirtseler de, Hafız bir gazelinde Hazreti Ali'yi gördüğünü anlatıyor. Kendisine cennet yemekleri sunduğunu, onları yedikten sonra şair olduğunu belirtiyor.

'Sırlar tercümanı' diye anılan Hafız, yine bir söylentiye göre, İsfahan'ın bir köyünde doğmuş. Küçük yaşlardayken ailesiyle birlikte Şiraz'a göçmüş. Aile, babalarının ölümünden sonra dağılmış. Hafız, annesiyle Şiraz'da kalmış, fırınlarda hamurkârlık yapmaya başlamış. İşten arta kalan zamanlarda yakındaki mektebe devam edermiş. Kuran'ı ezberleyip hafız olmuş. Şiir yazan komşusundan heveslenerek o da yazmaya başlamış, ancak çevredekilere eğlence kaynağı olmaktan ileri gidemiyormuş yazdıkları. Nihayet, rüyasında Hz. Ali'yi gördükten sonra, dili de kalemi de çözülmüş.

Şiraz'ın çalkantılı günlerinde yaşamış Hafız. İşgalleri, kuşatmaları, iktidar değişikliklerini, şarabın yasaklandığı dönemleri de görmüş, zevki sefa içinde de olmuş. Meyhaneler kapanınca kederli, açılınca neşeli şiirler yazmış. Şiraz'ın karanlık günlerine, halkın yaşadıklarına pek ilgi göstermemiş ama, kendi meşrebince mim koymayı da ihmal etmemiş olan bitenlere.

Şarabı ve aşkı yazarken, şarabı ve aşkı yazmış. Bazılarının Hayyam'da aradıkları gibi aşka ve şaraba kırk takla attırarak derin ilahi bağlamlar arayanlar olmuş Hafız'ın şiirlerinde de. Geçen yüzyılın başlarında yaşayan İranlı âlim Molla Nuri'ye bu konudaki fikri sorulduğunda, "İki yıllık şarap iki yıllık şaraptır, on dört yaşındaki dilber de on dört yaşındaki dilberdir,"demiş.

Hafız, has şair Sadi'den farklı olarak, yerinden hiç kıpırdamamış. Şiraz'ın dışına hemen hiç çıkmamış. Bir Yezd'e gittiği söyleniyor, o da neresinden baksan üç günlük yol. Çok davet almış Hindistan'dan, Bağdat'tan, hatta Deken hükümdarı yol parasıyla birlikte harçlık bile göndermiş, gelsin diye. Bu davete uyarak yola çıkmış Hafız. Ancak Hürmüz'de, tam gemiye bineceği sırada patlayan fırtınadan ürkmüş, gitmekten vazgeçip geri dönmüş. Davetin sahibi Mahmud Şah'a da, bir gazel yazıp göndermiş. Gazele karşılık Şah tarafından bin altınla ödüllendirilen Hafız, öyle anlaşılıyor ki bundan sonra her davete bir gazelle icabet etmiş. Sultanlarla, şahlarla böyle bir ilişki kuran Şair, Timur Şiraz'ı fethettiğinde, Cihan İmparatoru'ndan sıkı bir azar işitmiş. Timur, Hafız'a bir beyitini hatırlatarak, "Semarkand'la Buhara iki mamur ve büyük İslam şehridir. Sen nasıl oluyor da onları sevgilinin bir benine bağışlıyorsun?" diye sorduğunda, sefil görünümünü, yırtık pırtık giysilerini işaret eden şair, "İşte bizi bu hale koyan hep o bağışlamalar ya," cevabını vermiş. Abdülbaki Gölpınarlı, *Hafız Divanı* çevirisine yazdığı önsözde, bu cevabın halk arasında şu şekilde söylendiğini belirtiyor: "Ben Semerkand-u Buhara demedim, Se men kand-u du hurmâ-râ/üç batman şekerle iki hurma dedim." Bunlar keyifli, hoş hikâyeler, öte yandan Hafız'ın sadece Doğu şiirinde değil, dünya edebiyatında da önemli yer tuttuğu bir gerçek.

Her neyse, Hafız'ın kabrinin yanı başındaki gül bahçesinde, ortadaki küçük havuzun çevresine oturmuş, çayımızı yudumlarken, divanından birkaç mısraın düz söylenmişini düşelim buraya. Divanın rastgele açtığımız sayfasından ne çıkarsa:

> Sofi, şarabın parıltısı gizli sırları bildi. Herkesin içyüzünü bu lâl ile bilebilirsin.
>
> Gül mecmuasının kadrini bülbül bilir. Her kitap okuyan manasını anlamaz ki.
>
> Ey akıl defterinden aşk ayetini öğrenmeye çalışan! Korkarım bu ince meselenin künhüne eremeyeceksin.
>
> İki alemi de tecrübeli gönüle arz ettim; senin aşkından başka her şeyi fani bildi.

Bu dizeleri okuduktan sonra kalkıp kabrin olduğu avluya geçtiğimde, olağanüstü bir kalabalıkla karşılaştım. Kurban bayramının ilk günüydü. Daha doğrusu kurban bayramı İran'da zaten bir gün kutlanıyordu ama belli ki tatilden istifade, yüzlerce insan şehir içinden, şehir dışından Hafız'ı ziyarete gelmişti. Avlulardan revaklara, geniş bahçenin her köşesine yayılan içli nağmeler kalabalığın arasında dolaşıyor, kadınlar siyah çarşaflarını savurarak, erkekler yakasız gömleklerinin üstüne giydikleri gri ceketlerle, birkaç genç ise sırtında saçma sapan yazılar olan Avrupai anoraklarıyla geziniyorlardı. Çocuklar, geniş merdivenlerin taş tırabzanlarında kaydırak oynamaya başlamışlardı.

Gençlerden küçük bir grup yanımıza gelip oturdu. Belli ki konuşmak istiyorlardı. Az çok İngilizce bilen ya da Türkçe, Kürtçe ortak bir dil konuştuğumuz fark eden gençler hemen yanımıza gelip ahbaplık etmek isterler. Bizi ne görüyorlarsa, nasıl görüyorlarsa, çok heyecanlanırlar konuşurken. Bu çocuklarda öyleydi. Üç kız, biri oğlan Şiraz'da edebiyat son sınıfta okuyorlardı. Oğlanın pop dergilerinden fırlamış halini bir kenara bırakalım, kızlar çok şıktı doğrusu. Hele benim yanımda oturan Neşat ayak bileklerini açıkta bırakan dar bir pantolon giymiş, altına son model tabansız ayakkabılardan çekmişti, bedenini saran beyaz tunik dizlerine kadar iniyordu, başına gayet şık turuncu bir fular atmıştı gelişigüzel. Nesrin ile Şirin'de görünüşleriyle pek farklı değillerdi Neşat'tan. Tahran'da Lolita Okumak kitabından söz ettim, bilmiyorlardı doğal olarak. İlk görüşte, Azer Nefisi'nin islam devriminden sonra evinde edebiyat okumaları yaptığı öğrencilerini hatırlatmışlardı bana. Kitabı anlattım çok heyecanlandılar ve ahşap bir fanusun içindeki hayattan.

Hafız'ın ayakucunda, ak saçları omuzlarına dökülen bir adam, elindeki divandan şiir okuyordu. Karşısındaki delikanlı, elini kalbinin üstüne koymuş, bütün gönlüyle şiiri dinliyordu. Özel bir seanstı bu. Kimse yanlarına gitmiyor, kalabalık içinde şiiri, şairi ve delikanlıyı baş başa bırakmaya özen gösteriyorlardı sanki. Az sonra delikanlı saygıyla selam vererek şairin yanından ayrılır ayrılmaz, bir grup genç kız şairin etrafını sardı. Güle oynaya bir şeyler söylüyor, belli ki bir şiir de kendileri için okumasını istiyorlardı. Adam nazlanmadı. Divanın içinden tezhiplerle bezenmiş bir lavha çekti ve alçak sesle şiiri söyledi. Bu arada hatırı sayılır bir kalabalık başlarına toplanmıştı. Hep birlikte çıt çıkarmadan dinliyorduk.

MAĞARA

Hafız'ın türbesindeki gul bahçesinden çıkıp Dervaze-i Kuran'a doğru yürümeye başladık. Ne göreceğimizi tam bilmiyoruz, görün dediler, gidiyoruz.

Şehre ilk girdiğimiz geniş vadideki geçide geldik. Karşımıza büyük bir tak çıktı. Yolun kıyısına kurulmuş, kendi başına duran büyük bir kapı. Dervaze, 'kapı' demek zaten. Büyük kapı, kent kapısı. Mir Ali'nin kabrinin üstüne Kerim Han, bir oda ekletip, kuran salonu yaptırınca anıtmezarın adı Kuran Kapısı olmuş.

Yukarıdan kent güzel gözüküyormuş ancak giriş kapalıydı, biz de yandaki yamaca vurup, tepedeki çayhaneye doğru çıkmaya başladık. Değer mi değmez mi meçhul, kan ter içinde tırmanıyoruz.

Tepedeki küçük düzlüğe geldik, sıradan bir yer. Olacağı buydu. Demir masalar, plastik oturaklar, bir kenarda Nargile külhanı. Ancak çaycılar, ellerindeki toprak nargileler ve çay tepsileriyle arkadaki mağaraya girip çıkıyorlar. Belki de esas numara orada. Bunca yokuş tırmandıktan sonra dönmek olmaz. Birkaç basamak daha yukarı çıkınca, Mardin'in eyvanlarına benzer yüksek bir kemerin altında mermer taşlı bir kabir gördük. Şairlerin piri, Sadi'nin ve Hafız'ın hoca belledikleri Hacı Kirmani'nin mezarı. Hemen yandaki mağara da şairin eviydi. Kirmani'nin yıllarca yaşadığı, şiirlerini yazıp gazellerini söylediği mağara, manzaralı bir tepenin yamacındaydı. Şimdi çayhane olmuş, misafir ağırlıyordu.

İçeri girerken su sesleriyle birlikte hoş bir serinlik karşıladı bizi. Mağaranın karşı duvarından minik bir çağlayan dökülüyordu. Sular zemindeki kanallardan geçip, boydan boya bir yarık halinde gökyüzüyle yeryüzünü birleştiren diğer duvardaki ışıklı boşluktan dışarı akıyordu. Dünyada Kirmani'den başka kaç şair böyle bir mekânda yaşayıp yazmıştır acaba? Uygun yerlere taş sedirler yapılıp üstlerine minderler atılmıştı. Şirazlı genç bir çift, üç Fransız turist, serinde su sesi dinleyerek oturuyorlardı.

Mağara yarı karanlıktı. Şişesi topraktan, marpucu tahtadan nargile getiriyorlar, emaye demlikten çay servisi yapıyorlardı. Tek bir çiçek, mağaranın içinde saksıya dikilmiş tek bir çiçek, suların aktığı büyük yarıktan giren ışığın önüne konmuştu. Keskin kaya çıkıntılarının arasında, akan suyun karşısında duruyordu. İri yaprakları, parlak ışıktan bir çizgiyle çevrelenmişti. Çiçeğin önüne koydukları uzun bir mum, dışardan gelen esintiyle çırpınarak yanıyordu.

> Hatırımdadır: Bir gece gözüme uyku girmemişti. Pervanenin muma:
>
> "Ben âşığım; yansam da yaraşır; ama sen niçin ağlayıp yanıyorsun sevgilim?" dediğini işittim. Mum cevap verdi:
>
> "Ah zavallı âşığım," dedi. "Benim de tatlı bir sevgilim var: Bal. Ben de ondan ayrıldım. Benden de bir şirin uzak düşünce, Ferhat gibi ateş başıma çıktı."
>
> Mum böyle konuşurken her lahza sarı benzine gamlı göz yaşları akıyordu.
>
> "A canım," diyordu "aşk senin kârın değil ki... Çünkü ne sabrın ne ayakta durmaya kudretin var. Sen bir tek alevin önünden, daha yanmadan kaçıyorsun. Oysa ki ben, tüm varlığımla yanıp tükeninceye kadar ayakta duruyorum. Aşkın ateşi senin kanadını yakıyorsa, bak, benim baştan ayağa her yanımı yakıyor..."
>
> "Sen benim meclisleri aydınlatan parıltıma değil, ateşime, yürekler yakan göz yaşlarıma dikkat et. Ben tıpkı dışı nurlar içindeyken, içine bakınca yanmış gördüğün Sadi gibiyim...."

Şirazlı Sadi'nin ünlü "Pervanenin Mumla Konuşması" hikâyesi, mağaradayken hatırlandı. Hikâyenin sonu, bu yazıyı çatarken Bostan'da bulundu ve buraya girdi:

> "Âşıksan başından bu derdi atma. Sadi gibi garezden el çek. Bir kere serden geçen insan, başına taş ve ok yağmuru yağsa da, dileğinden el çekmez. Sana ben söylüyorum: 'Sakın denize gitme!' diyorum. Ama bir kere gittinse, artık tufanlara teslim olmalısın..."

SADİ

Sadi, "Pervanenin Mumla Konuşması"nın da yer aldığı *Bostan*'ı, 1257 yılının 12 Ekim'inden 20 Aralık'ına kadar iki bayram arasında yazmış. Farsça söyleyişiyle 'Bûsitan', kokulu yer, çiçek bahçesi demek. Sadi'nin bu eseri Şam'da tamamladığı sanılıyor.

Uzun bir ömür sürmüş şair. 1212 ya da 1219 yılında Şiraz'da doğmuş. Yüz yıl kadar yaşamış. Kendi söylediğine göre de, hayatının ilk üçte birini tahsille, ikinci bölümünü seyahatle, son kısmını da ibadetle geçirmiş. Tahsilini Şiraz'ın dışında yapmış çoğunlukla.

O dönem, İslam dünyası iktidar çatışmaları, işgaller, Haçlı Seferleri'yle allak bullak durumdaymış. Bugünkü İran'ın güneybatısına düşen Fars ülkesi, Moğolların egemenliğindeki Salgurlular tarafından yönetiliyormuş. Neyse ki Fars'ın başkenti Şiraz, bu dönemde, bilim ve sanatın merkezi olmuş. Sadi, memlekete döndüğünde, 'Mısır'dan gelenler şeker getirirler, dostlarına bir armağan verirler' diye düşünmüş. Şeker yoksa bile, halkın ağzıyla yediği değil, manadan anlayanların kâğıt üstünde taşıdıkları tatlı sözler varmış elinde.

Şehname vezniyle kaleme alınmış *Bostan*. Bundan bir yıl sonra da *Gülistan* yazılmış. Her iki eser, mistik konulara, ahlâki derslere yer verse de, şairin gezip tozduğu yerlerle, gördükleriyle, yaşadıklarıyla kitapların temel konuları 'hayat' olmuş.

> Bir derviş bir konağa vardı. Buranın sahibi cömert ruhlu bir kimseydi. Fazilet ve belagat sahipleri sohbetine katılıyor, zarif insanların âdeti üzere her biri bir nükte, bir latife söylüyordu. Derviş ise çöllerde yürüyüp kesilmiş ve bir şey yememişti. Meclistekilerden biri latife yoluyla:
>
> "Sen de bir şey söylesene," dedi.
>
> Derviş:
>
> "Benim sizler gibi üstünlüğüm, belagatım yok; bir şey de okumuş değilim. Şu halde benden bir beyitle yetininiz," dedi.
>
> Hep birden:
>
> "Söyle!" diye atıldılar.
>
> Derviş şunu söyledi:
>
> "Yemek sofrasının karşısında aç olan ben, kadınlar hamamının kapısında bekâr gibiyim!"
>
> Hepsi beğendiler. Adamın önüne yiyecek getirdiler. Ziyafet sahibi:
>
> "Dostum biraz bekle," dedi, "hizmetçiler köfte kızartıyorlar."
>
> Derviş başını kaldırıp dedi ki:
>
> "Söyle de benim soframda köfte olmasın. Yolda köfteye dönmüş biri için, kuru ekmek köftedir."

Sadi'nin Hafız'dan en belirgin farkı, edebiyatını, sanatını bir tarafa bırakalım, uzun yolculuklara çıkması. Irak, Suriye,

Hicaz, Anadolu, Orta Asya ve Hindistan'ı gezmiş. Başına gelmedik kalmamış. Frenklere esir düşmüş, Hindistan'daki yolculuğu sırasında Brahmanlarla başı belaya girmiş, zengin bir Haleplinin damadı olmuş. Büyük camilerde vaizlik yapmış, ünlü bilginlerle sohbetler etmiş. Şiraz'a yerleştikten sonra 1292 yılında hayattan ayrılmış.

Sadi'nin Kabri, Hafız'ınki kadar gösterişli olmasa da, küçük bir vadideki pınarın başında. Mermer ve çinilerle süslü, bronz kandillerle aydınlanmış zarif bir yapı. Çevresi yoksul mahalleleriyle çevrilmiş. Bir süre önce başlayan düzenleme çalışmaları sırasında çok sayıda ev istimlak edilmiş, türbenin etrafında oldukça geniş bir alan açılmış. Bahçe tanzim faaliyeti henüz başlamamış ama, su kanalları, tarhlar, yürüme yolları az çok ortaya çıkmış. Şirazlıların övündükleri gül bahçelerinden biri daha kuruluyor Sadi'nin çevresine. Nitekim, çok uzun sürmedi çalışmalar. Birkaç yıl içinde, Hafız'ın kabri kadar bakımlı ve iç açıcı hale geldi Sadi'ninki de.

İnşaatı çeviren tel örgülerin etrafını dolaşırken, sokak aralarına girdim. Şiraz'in merkezindeki hayattan başka bir âlem vardı burada. Sanki yüzlerce yıl öncesine gelmiştim, az çok memleketten de bildiğimiz bu gecekondu mahallesinde. Tebriz'de ve İsfahan'da pek rastlanmayan bir hayat yaşanıyordu burada. Zaten Şiraz'a geldiğimizden beri, daha önce ender karşılaştığımız dilencilerin, ayakkabı boyayan, çiçek, çikolata satan çocukların sayısı bir hayli artmıştı. Anlaşılan Şiraz daha fazla göç alıyordu diğer iki kentten. Bu yoksul mahallelerde yaşayanların, sokaklarda öteberi satmaya çalışan çocukların çoğu, Afganistan göçmeniydi.

Çocuklar yol gösterdi, aradan bir geçit bulup türbeye girdim. Sadi adıyla bilinen Şerafeddin Mosleh İbni Abdullah Şirazî, 1292'de hayattan ayrılmış. Hafız'ın yanına gömülmüş, turkuvaz çinilerle kaplı ve oldukça modern çizgilerle tasarlanan kabri 1952'de tamamlanmış. Daha çok yeni. Şairin ilk mezar taşının bugün Paris'te olduğu biliniyor. Mermerden yeni kabir taşı, şiirlerinden seçilmiş beyitlerle donanmış. Hafız'ın Kabri'nden daha az sayıda ziyaretçi vardı burada.

Bahçede biraz dolaştım. Hep sözü edilen pınarı bulamadım uzun süre. Çay içmek için bir yer aradığımda, avludaki merdivenlerle inilen bir yeri gösterdiler. Merdiven başına geldiğimde, televizyon gürültüsü karşıladı beni. Pembe taşlar yeni yıkanmış, merdiven basamakları, pırıl pırıl silinmişti. Aşağı inerken gürültü iyice arttı. Bir futbol maçı yayınlanıyordu televizyonda anlaşılan. Loş salona girerken, tam ortadaki boşluktan yansıyan bir ışık aldı gözümü. Taş parmaklıklarla çevrili geniş boşluğun başına gittiğimde, aşağıda, pırıl pırıl bir suyun içinde yüzen kırmızı balıkları gördüm. Bu küçük havuz, hemen yanındaki pınardan besleniyordu. Üstü örtülmüş, büyük bir kubbenin altına oturma yerleri yapılmış, tam ortası da suyu ve balıkları seyretmek için boş bırakılmıştı. Güzel bir mekândı doğrusu, bir de televizyondaki maç patırtısı olmasa.

Bir çay söyledim. "Yok," dediler. Kahve vardı sadece, 'Nescafe'. İran'da lüks lokantalar dışında hemen hiçbir yerde Nescafe bulunmaz. İçilmez. Sevilmez de. Sadi'nin yanındaki pınarın başında ise sadece 'o' bulunuyordu, bir de kaymaklı dondurma. Çaresiz oturdum. Oturmadan önce ocakta avaz avaz bağıran televizyona bir göz attım. Futbol maçı bütün heyecanıyla sürüyordu. Mavi formalı İstiklâl ile kırmızı formalı Peruzî arasında bir karşılaşma. Ben İran'da İstiklâl'i tutarım. Bizim takımdır. Sadece futbolla sınırlı kalmayan toplumsal hayata dair anlamları da vardır bu takımı tutmanın burada. İstiklâl taraftarı olarak bir süre maçı izledim, sonra plastik bardakla getirdikleri kahveyi içerken etrafı seyretmeye başladım.

İçerisi boş sayılırdı. Ben girerken, İranlı bir çift, muhtemelen kadının annesi gözetiminde pınar başına oturmuş, konuşuyorlardı. Kadının üç yaşlarında bir kız çocuğu vardı.

Adamın saçları hafif döküktü ama gözlerindeki ışıltı, 'dest-i izdivacınıza talibim hanımefendi' tadındaydı. Küçük kız, rahat durmuyor, ikide bir ya çişi geliyor ya da dondurma, şeker istiyordu. Bu sorunları çözmek annenin işiydi. Muhabbetin en kıvamlı yerinde kalkıp çocuğu oyalamak zorunda kalıyordu... Nemrut suratlı yaşlı kadın yerinden bile kıpırdamıyordu. Neyse ki bir ara dışarı çıktı da çift birkaç dakika için baş başa kalabildiler. Yaşlı kadın çarşafını savurarak çıkarken, küçük kızın eline bir avuç bozuk para verip balıklara atmasını söylediler. O arada birbirlerine dokundular mı, bana mı öyle geldi, bilmiyorum. Çok geçmeden hep birlikte kalkıp gittiler zaten.

Pınarın başındaki çayhanede bir ben kaldım, iki de adam. Adamlardan biri uzun ak sakallı, kurta pijama giymiş, kafasına keçe takke oturtmuş tipik bir Afganlıydı. Daha genç görünen diğerinin de yanıma gelip, muhabbete başladıktan sonra Afganlı olduğunu öğrendim. Türkiyeli olduğumu anladıktan sonra, "İstanbul'a nasıl giderim, oralarda ne iş tutarım?" diye sormaya başladı genç adam. Hani, yersiz yurtsuz olmak iyi bir şey de, insanın yerinden yurdundan kendi isteği dışında ayrılmak zorunda kalması, karnını doyuracak, insanca yaşayacak bir memleket aramak zorunda kalması pek katlanılır gibi değil. Afganistan'daki vahşet, Asya'nın dört yanına bu dertten muzdarip insanlar saldı. Türkiye'yi bildiklerinden mi, yoksa denize düşen yılana sarılır hesabı mı, hepsi muhabbete, "İstanbul'a nasıl giderim?" diye başlıyorlar. Sadi'nin gülistanındaki ak sakallı adamla, yanındaki delikanlı gibi.

KERİM HAN'IN MEKÂNI

İsfahan nasıl ki Şah Abbas'ın şehriyse, Şiraz da Kerim Han'ın mekânı. Akşam ezanı okunurken Mescit'i Vekil'e girdik. Kerim Han'ın 1773 yılında yaptırdığı çarşının kapısına bakan mescit, o güne kadar gördüklerime hiç benzemiyordu.

Görevliler tarafından karşılandık. Bir masanın arkasına oturmuş, arkalarına şehit resimleri, bayraklar, top tüfek çizili pankartlar asmışlardı. Bir anma, taziye, yas töreni, bir şey vardı mutlaka. İran'da bu tür törenlerin ayrılmaz parçası siyah flamalar yanlarındaydı. Cami girişinde pek anlam verememiştim bu seremoniye. Kadın arkadaşlarımızın çarşafa girmesi gerektiğini söylediler. Yanımızda yoktu, çarşı içindeki bir dükkândan ödünç alıp getirdiler, içeri girdik.

Büyük bir avludaydık. Ortadaki havuz, eyvandan besleniyordu. Eyvanın mavi çinileri akşam ışığında müthiş bir atmosfer yaratmıştı. Günün son ışıkları üçgen motiflere, bal peteği kabartmalara çarpıyor, burmalı firizlerden yansıyarak havuza düşüyordu. Çıt çıkmıyordu avluda. Yüksekten geçen bir uçağın sesi belli belirsiz yankılanırken, eyvanının kemerinden bir çift kuş havalandı. Dönüp camiye girdik.

Kırk sekiz mermer sütunun taşıdığı yüksek tavan, duvarlar, minber, silme çiniydi. Lambalar henüz yanmamıştı. Bu loş ışıkta camide dolaşanlar, taş sütunların içinden geçiyormuş gibi kâh görünüp kâh kayboluyorlardı. Camiyi gezen İranlı kadınlardan biri yanımıza geldi, kadın arkadaşlarımızı azarlar gibi, "Kim giydirdi size bu çarşafı, nereden çıkmış camiye girerken çarşaf giyme mecburiyeti? Türbe mi burası? Başınız örtük, üstünüz hicaba uygun. Yeter o kadar," dedikten sonra, talimatını verdi. "Çıkarın onları." Bizimkiler derhal uyguladılar. Mescit'i Vekil'den çıkarken biraz tedirgindik, çarşaflar elimizde gidiyoruz diye, ama iade ederken bir terslikle karşılaşmadık. Belki de İranlı kadın bize attığına benzer bir fırçayla kapıdakileri de hizaya sokmuştu, kim bilir...

Mağaradaki çayhane, Mescit'i Vekil derken, hava kararmadan hemen önce girdiğimiz kapalıçarşı, Şiraz'ı Şiraz yaptı. Daha önce de söylemişimdir; çarşı pazarı, çayhanesi kahvesi, zanaatkârları, atölyeleri yoksa bir şehrin, hani mutlaka vardır da, mesela İsfahan'daki, Urfa'daki gibi, kendine özgü bir kokusu, rengi yoksa bu mekânların, o şehir neye yarar benim gözümde...

Şiraz hakkında, bu sabah şehre girerken düşündüklerim, söylediklerim utandırdı beni. Bu şehir, öyle böyle değil, hakikaten yaşanması, sindirilip rüyalara sokulması gereken bir yer. Bunu biliyorum artık. Çarşıya girdikten, yarısı kapanmış dükkânlar arasında yüz metre yürüyüp, dar geçitleri, bedestenleri, atölyeleri şöyle bir gördükten sonra bu gerçeği itiraf ettim. Utandım desem yalan olur. İnsan ömrü boyunca kaç tane Şiraz bulabilir ki? Sevindim...

İran'da hangi şehir olursa olsun, aylak dolaşarak mekân ararken, anahtar sorumuz şudur: "Kâlyân çayhanesi nerede?"

ya da "Azeri Çayhanesi var mı?" Bunun gibi şeyler işte. Maksat, nerede nargile içiliyorsa orası iyi mekândır bilgisini kılavuz etmek kendimize.

Çarşı içinde, "Saray-ı Müşir ne yana düşer?" diye sora sora ilerliyorduk. "Orada kâlyân çekersiniz, gidin," demişlerdi. Arıyorduk. Pullu kumaşlar, ipek dokumalar arasından geçerken, bir anda çarşının dışında bulduk kendimizi. Hava iyice kararmıştı. Cılız bir sokak lambası, küçük meydana toplanmış erkek kalabalığını yarım yamalak aydınlatıyordu. Duvar dibine sinmiş seyyar çaycıya yanaştık. Dört tekerli pazar arabasının üstünde kuvvetli yanan ocağa azman sarı çaydanlıklardan yerleştirmişti, su kaynatıyordu. Birkaç delikanlıyla birlikte biz de çay söyledik. Bardaklar kaynar suyla özel olarak çalkalandı. Tam karşımızdaki caminin açık kapısından avlusu görünüyordu. Ortaya uzun bir masa konmuş, üstü yine fotoğraflar, çiçekler, flamalarla süslenmişti. Vaaz veriliyordu, ya da benzer bir ses tonuyla uzun bir nutka başlamıştı biri.

Çayları içtikten sonra tekrar çarşıya yöneldik. Kimi dükkânlar kapanmış, kapanmayanlar renkli ışıklarını yakmışlardı. Biz hâlâ Saray-ı Müşir'in peşindeydik. Üç beş sokak geçip, birkaç köşe döndükten sonra bulduk. Ortası havuzlu küçük bir bedestendi. El işi takılar, yarı kıymetli taşlar ve Şiraz halıları satılıyordu. Ne yazık ki aradığımız gibi bir çayhane yoktu buralarda.

İngilizce öğretmeni Rıza ve yamağı Ali'yle orada karşılaştık. Halıcıların yanındaki duvara yaslanmış, bekliyorlardı. Biz de havuzun kıyısına oturmuş, akşam demlerini yaşıyorduk. Yanımıza geldiler. Laflamaya başladık. Rıza, okuldan çıktıktan sonra çarşıya takılıyor, turist grupları denk gelirse, şehri, çarşı pazarı dolaştırarak maaşına takviye yapıyordu. Lise mezunu Ali de onunla birlikte hem dil hem de meslek öğreniyordu. Bir nevi turist rehberliği. Bizim ıvır zıvır dışında alışverişle pek işimiz olmadığını anlayınca, onlar da biz de rahatladık. Halıcıların ayakçıları yanımızdan çekildi, Rıza ve Ali'yle kaldık.

"Gece sizi Hocca-i Şirin Şahı Çeragi'nin türbesine götürelim," dediler.

TÜRBEYE KONUŞLANMIŞ ASKERİ MÜZE

Başka zaman olsa yan çizerdik. Sabahtan beri ayaktaydık. Ama Şiraz'a iki gün yetmeyecekti belli ki. Gece de olsa Çeragi Türbesi'ne gidelim bari, dedik. Çarşının dar sokaklarından, Han Medresesi'nin önünden, meşhur abguşt lokantasının yanından geceye çıktık. Kaldırımlar kalabalıktı. İran'da pek rastlamadığımız türden bir kalabalık. Rıza, "Çantalarınıza dikkat edin," diye uyardı. Bu saatlerde cadde pek tekin değildi anlaşılan. Kalabalık içinde, kafası dumanlı gençler, insanın kolunu bacağını çekiştirerek dilenen evsizler vardı. Aralarından geçtik.

İşten dönen, akşam misafirliğine giden, unutulmuş bir siparişi almak için dükkân aranan ya da aylak aylak vitrinlere bakarak bir günü ailece tamamlayan Şirazlılar, İran sokaklarının genel görünümünü hiç bozmadan, gri, siyah, krem rengi giysileriyle gelip geçiyorlardı. Vitrinlerin ışığı vurdukça, erkeklerin sakallı yüzleri ve kötü dikilmiş takım elbiseleri aydınlanıyor, kadınlar çadorlarının içinde, başörtülerini düzelterek kaçamak bakışlarla bizi süzüyorlardı. Onlara tuhaf geliyorduk belli ki. Kadınlı erkekli, renkli giysili bir grup yabancı. Bizim kadınların derme çatma tesettürleri, sadece temel koşulları, o da yarım yamalak yerine getiren örtünmeleri ilgi sebebiydi.

Şah-ı Çeragi'nin türbesine geldiğimizde ışıklı bir meydana çıkmıştık. Aydınlık, meydan lambalarından çok, İmam Çeragi'nin, aynalarla kaplı türbesindeki yansımalardan geliyordu. Girişte önümüzü kestiler. Kadınların 'hicap' gereği 'çador'a girmeleri gerekiyordu. Yandaki vestiyerde, ziyaretçiler için yeterince çador bulunuyordu. Pardösü giymiş İranlı kadınlarla birlikte bizim arkadaşlar da hicaba uygun örtündüler. Tek sorun, makinelerini çadorun altından çıkarıp fotoğraf çekerken yaptıkları tuhaf hareketlerdi. Örümcek ağına yakalanmış kelebek gibi. Saçlarından topuklarına kadar inen örtüyü kontrol etmekte zorlanıyorlardı.

Şah ı Çeragi Türbesi, İmam Rıza'nın kardeşi Seyid Mir Ahmed'in mezarı. Hemen girişte küçük ayna parçalarıyla bezenmiş kubbenin altında yatıyor Mir Ahmed. 835 yılında ölmüş. Ya da öldürülmüş. Onun bu hayattan ayrılma hikâyesi de abisi İmam Rıza'nınki kadar karışık.

Meşhed'de yatan İmam Rıza'nın türbesi gibi, Şiraz'daki Seyid Ahmet'in türbesi de Şiilerin en önemli ziyaret yeri. Gerçi Meşhed'deki türbe tam bir hac merkezi ama ikisinin de süslemeleri, aynalı bezemeleri aynı elden çıkma. Aydınlık, yansımalarla dolu mekânlar.

Avluya girdiğimizde, bir kışlaya girmiş gibi olduk. Gün boyu camilerde gördüğümüz şehit portreleri, silah resimleri, savaş sancaklarıyla dolu standlar yerine, bu geniş avluya bir taburu donatacak kadar silah ve mühimmat yığılmıştı.

Avlu duvarının dibine çadırlar kurulmuş, top, tüfek, telsiz, tabanca sergileniyordu. Konuyu daha fazla uzatmadan söyleyelim, İran'da bugün 'Şehitler Günü'ydü. İran-Irak savaşında şehit düşenler anılıyordu. Her camide törenler düzenlenirken, imam Çeragi Türbesi'nde silah sergisi açılmıştı.

MASAL KALESİ

O sabah erkenden otelden çıkmış Han Medresesi'ne doğru gidiyorduk. Ali önümüze düşmüştü, İngilizce öğretmeni Rıza'nın çırağı Ali. Doğrusu iyi de olmuştu. Şiraz'a iki gün ne ki? İki hafta ister bu güzel şehir diye hayıflanırken, hiç değilse zamandan kazanıyorduk biraz.

Aslında benim sevdiğim, kendi başına, bir aylak dolaşmadır şehirlerde. Başka türlü olur böylesi. Sen şehri tanırsın, şehir de seni. Birbirinizi karşılıklı tartar, ölçüp biçersiniz. Önüne birinin düşüp, yolları hiç karıştırmadan dosdoğru gideceğin yere götürmesi biraz yavan olur.

Aylak dolaşırken, aradığını bulma umudunu tam yitirdiğin sırada, karşına hiç ummadığın bir yer çıkar ya da bir olayın içine düşüverirsin. Asıl böylesi keyiflidir... Biraz bu nedenle işte, mesela Viyana'dan pek bir şey anlamamıştım doğrusu. Yalnız geziyorduk. Önümüzde kimse yoktu ama, gideceğimiz, aradığımız her yerin tabelası, işareti, gün gibi ortada, belirgin ve hatasızdı. Ne kimseye adres sormaya gerek kalıyordu, ne de yolu şaşırıp beklenmeyen bir durumla karşılaşıyorduk. Metro, tramvay, otobüs, ışıklı tabela, kroki, plan, her şey yerli yerindeydi.

Birinin sigarasından sigaramı yakmaya da gerek yoktu. Her duraktaki büfeler ihtiyacı karşılıyordu. Japonya'da farklıydı ama. Orayı sevdim. Gerçi tabelası krokisi yerli yerindeydi her şehrin. Kaybolmak için bir sebep yoktu. Nereye hangi araçla gideceğini öğrenmek istiyorsan, istasyonlardaki ışıklı güzergâh planları yeterliydi. Yetmezse eğer, kalın şehir rehberlerinden yararlanılabilirdi. Ancak bunun için tek koşul Kanci ve Katagana alfabelerini öğrenip Japonca'yı az çok sökmüş olmaktı. Yazılarda, krokilerde Latin alfabesi kullanılmıyordu. Bense ne Japonca konuşabiliyordum, ne de Kanci ya da Katagana okuyabiliyordum. Hiç biri yoktu. Bu sayede Japon şehirlerinde bolca adres sordum. Kyoto'da kaç defasında önüme düşüp beni gideceğim yerin kapısına kadar bıraktılar. O ünlü ve şahane kibarlıklarıyla...

Nereden geldik Kyoto'ya, tam otelden çıkmış, Zand Caddesi'nden Şiraz Kalesi'ne doğru yürürken... Belki de gezme hali böyle bir şey. insan geri döndükten sonra, dünyanın orasında burasında, hiç alakası olmasa bile gördüğü yaşadığı şeyleri aynı düzleme taşıyor. Zihin, zaman denilen mecburiyetten kurtulduktan sonra, mekân denilen bağlayıcılığı da silip, Viyana'da, Kyoto'da, Şiraz'da aynı anda adres sorabiliyor. En güzeli. En güzeli ama, bu arada Ali'yi ve bizimkileri kaybetmiştim. Kaleye doğru gidiyorduk. Ben Şiraz Merkez Sineması'nın önündeki büyük afişin fotoğrafını çekmek için duraklayınca alıp başlarını gitmişlerdi. Afiş de, sinemanın konumu da, ortamdaki ışık da güzeldi doğrusu. Tam köşede, kavisli bir bina. Büyük cam kapılar caddedeki trafiğin yansımasını alıyor. Kapının üstündeki el boyaması büyük afişte bir kadın portresi endişeyle uzaklara bakıyor. Yanında, silahlı üç adam, geniş adımlarla koşu halindeler. Ya kaçıyorlar, ama daha çok kovalar gibiler. Endişeyle bakan kadını mı? Belki. Sevgilisini? Bir kaçakçılık çetesini? Olabilir. Geçen yıl öldürülen gazetecilerin meçhul faillerini?!... Afişin tam altında yalnız bir kadın bana doğru geliyordu. Deri ceketli üç adam cam kapıdaki sokak yansımalarına doğru gidiyordu... O fotoğrafı çektim. Sinema girişi, afiş, afişteki biri kadın dört kişi ve sokaktakiler... Fotoğraf sevdasına, bizimkilerin izini kaybetmiştim. Karşıya geçtikten sonra meyve suyu satan büfeye girip adres sordum, kaleye nasıl giderim diye. Taze nar suyu sıkıyorlardı. Bir bardak da ben istedim, havuçla karıştırmalarını söyleyerek. Bunu daha önce Diyarbakır'da denemiştim. Ulu Cami'ye giderken her daim açık köftecide. En az onunki kadar güzeldi, Şiraz'da, Merkez Sineması'nın karşısındaki büfenin havuçla karışık nar suyu. Yanıma birini katıp kaleye yolladılar. "Ben giderim, siz istikameti gösterin," demem fayda etmemişti.

Kerim Han Kalesi'nin yüksek duvarları dibinde buluştuk. Ben oyalanırken yolu değiştirip, Mukaddes Şamün'e, Kayır Kilisesi'ne gitmişlerdi. Pencerelerindeki cam boyamalarla birlikte tipik İran yapısıydı St. Simon Kilisesi. İnanışa göre, on iki havariden biri olan St. Simon, St..Taheus ile birlikte İran'da şehit düşmüştü. Anglikan mezhebinin Şiraz'daki bu görkemli kilisesinin büyük haç işlemeli demir kapıları genellikle kapalıydı. İçeriye ancak özel zamanlarda girilebiliniyordu, dışarıdan ne görünüyorsa onunla yetinmişlerdi bizimkiler.

Kerim Han'ın adıyla anılan kale, yüksek tuğla duvarları ve dört köşesindeki silindirik kuleleriyle, tipik bir masal kalesiydi. Şehrin tam ortasında olmasa, dört yanından vızır vızır arabalar gelip geçmese, birkaç yıl önce başlayan restorasyon biter bitmez, alıp çocukluk düşlerimizin en uygun köşesine yerleştirilebilir gibi geldi bana. Zand Hanedanı döneminde Kerim Han'ın planladığı kale, İsfahan'a nispet olsun diye yapılmıştı. Belki de, on sekizinci yüzyılda kısa bir saltanat süren Kerim Han Zand'ın çocukluk düşlerinden çıkagelmişti.

Onun dönemi, çatışmalarla ve başkentin Tahran ile Şiraz arasında gidip gelme mücadelesiyle geçmişti. Kerim Han 1758'de ordularıyla birlikte başkenti Şiraz'dan Tahran'a taşımış ve kendine bir saray yaptırmaya başlamış. Gel gör ki düşmanları aman vermeyince yine Şiraz'a dönmeye mecbur kalmış. Bu dönem, İran'ın daha çok batı kesiminde yaşayan ve 'Lor' diye bilinen etnik grubun, bu ülkedeki başlıca egemenlik dönemi olmuş. Lori konuşan bu halk, aynı zamanda Türkçe'nin bir ağzıyla da anlaşıyorlar. Genellikle göçebe yaşıyorlar, tarım ve hayvancılıkta, ama asıl halı kilim dokumasında üstlerine yok. Kerim Han Zand da bu kökenden gelen ve iyilikseverliğiyle tanınan bir Han.

1789'da Ağa Muhammed Han, Tahran'ı başkent ve kendini de bütün Pers ülkesinin Şah'ı ilan edip, üstüne üstlük bir de Şiraz'ın surlarını yıkınca, şehrin saltanatıyla birlikte Zandların hükümranlığı da sona ermiş. Tahran o günden bu yana İran'ın başkenti, Şiraz ise sursuz. Olsun, ülkenin kültür sanat merkezi burası. Yeter...

HAN MEDRESESİ'NDE MOLLALARLA

Kerim Han Zand'ın kalesinden sonra Han Medresesi'ne geçtik. Bu seferki Han başka Han'dı. 1615'te, yüz öğrenciye eğitim verecek şekilde, İmam Goli Han tarafından yaptırılmıştı. Medrese, bugün Mollalar tarafından kullanılıyor. Çarşıdan dar bir sokağa çıkmıştık. Yanımızda Ali olmasa, zor bulurduk medresenin girişini. Abguşt lokantasının tam karşısındaydı kapısı. Dükkânların arasına gizlenmiş, sade görünüşlü, ahşap bir kapı. Medrese girişinin muhteşem çini işlemeleri, yüksek kemerin silme nakışları, daracık sokak içinde kaybolmuştu neredeyse. Anıtsal giriş, bu kadar yakından bakılınca fark edilmiyordu.

Kapının tek kanadı açıktı, yarım yamalak bir avlu, bakımsız bir bahçe görünüyordu. Kapıyı itip girdik ki onlarca molla, sarıkları, tül pelerinleri, beyaz içlikleriyle volta atıyor, avluyu çeviren taş sekilere oturmuş sohbet ediyor, eyvanın ferah boşluğunda ders dinliyor... Önce bir duraladık. Mollaların nasıl tepki vereceklerini, kadınlı erkekli Medrese'ye giren grubu nasıl karşılayacaklarını kestiremiyorduk. Birkaç dakika, girişteki sarkıtlı kemeri, içten ve dıştan çini işlenmiş kapı boşluğunu seyreder gibi yaptık, baktık ki kızan öfkelenen yok, iki adımda avluya geçtik. Hâlâ dert etmiyordu kimse medresedeki varlığımızı. Bahçe yeni bakıma alınmıştı. Avlunun taş döşemesi yer yer sökülmüş, ortadaki havuzun fıskıyesi paslanmıştı. Tarhlar, oturma yerleri yapılıyor, her şey elden geçiyordu. Yapının orijinalinden pek bir şey kalmamıştı geriye. Büyük deprem çoğunu yıkıp götürmüştü. İran'ın hemen tamamında, tarihi yapıların, anıtların, bahçelerin onarımı ve bakımı için başlayan seferberlik burada da görülüyordu.

İlerdeki eyvanın altında büyük bir grup toplanmış, ak sakallı yaşlı hocanın dersini dinliyordu. Bir köşeye oturup etrafı seyretmeye başladık. Çok geçmeden varlığımız iyice silinmiş olmalı ki, yanımızdan, önümüzden bize hiç aldırmadan gelip geçmeye başladı mollalar. Biz seyrediyorduk. Neden sonra, biri genç, diğeri yaşlı ve âmâ iki molla gelip yanımıza oturdu. Kendi aralarında konuşuyorlardı. Bir punduna getirip iki laf da biz edince, ilgi gösterdiler. Ortak konuştuğumuz bir dil yoktu. Üç beş kelime Türkçe, bir iki kelime Farsça'yla idare ediyorduk. Muhabbet koyulaşmışken, iki molla daha geldi yanımıza, uzaktan geçen birine de el edip çağırdılar. Azeri'ydi yeni gelen. Ortak bir dil bulunmuştu. Neler konuştuk, onlar bize neler sordu, biz ne söyledik, doğrusu pek kayda değmez. Uzun sürüyordu lafın gidip gelmesi. Kendimizden söz ediyorduk. Yolculuktan, memleketten. Laiklik-şeriat mevzuları, arada bir kıyısından dokunulup geçilen yerde duruyordu. Onlar Şiraz'ı, medreseyi anlattılar. Çini işlemelerden söz ettik biraz da. Bu arada fotoğraflar çekildi, adresler verildi yollansın diye, sigaralar ikram edildi. Muhabbetin sonunda, "Akşama bizim eve buyrun, birlikte yiyelim yemeği," diye davet geldi. Bir süre güller içindeki bahçede dolaştıktan sonra veda edip çıkmak üzereyken bir grup Alman turist paldır küldür daldı içeri. Dört yana dağılıp şakır şakır fotoğraflar çektiler. Mollaların yanına geçip poz verdiler. Geldikleri gibi çıkıp gittiler. Bir anda bomboş ve anlamsız göründü Han Medresesi'nin çinili kapısıyla gül bahçesi gözüme.

MEDRESE'NİN KARŞISINDAKİ ABGUŞTÇU

Medrese'den çıktım. Tam kapının karşısına düşen yıkıntının bitişiğinde küçük bir dükkân vardır ki bilenler bilir. Şirazlılara göre memleketin en iyi abguştçusu, beş kişilik tek masasıyla bu lokantadır. Dışarıdan bakıldığında küçük bir kapıyla ondan az büyük bir camekân ve ardında kebap mangalına benzer davlumbazlı bir ocak görülür. Ocağın bir tarafında iki turşu kavanozu, onların önünde de öğle servisine hazırlanmış en fazla iki düzine abguşt çanağı dizilidir. Lokantanın sahibi, aşçısı, garsonu, bulaşıkçısı tek kişidir. Bütün işlevlerini bir yemek süresi içinde icra eder.

Medresedeki turist kalabalığından sersem çıkmış, kapağı abguştçuya atmıştım. Tek masada üç müşteri vardı, ben baş tarafa geçtim. Aşçıya abguşt ısmarladıktan sonra yemeğin yanına âdet olduğu üzre bana sormadan kola türü gazlı içeceklerden açmak isteyen garsonu engellemeyi başararak temiz bir kaşık istedim. Yemeğini henüz bitirmiş yanımdaki sakallının önünden kaşığı alan bulaşıkçı, arkamdaki lavaboda uzun uzun sabunlayarak önüme koydu. Havanda dövdüğüm yemeği afiyetle yedim. Hesap girişteki patrona ödendi.

Lokantadan çıktıktan sonra ne çektiyse beni tekrar Medrese'ye girdim. Bu kez tamamen boştu ortalık. Yüksek ağaçların gölgelediği avlunun ortasındaki havuz hafif bir rüzgârla ürpermişti. Sessizliğin ortasına oturdum. Aradan ne kadar zaman geçti, tam bilmiyorum, belki biraz kestirdim sırtımı dayadığım kemerin serinliğinde. Belki değil, derin dalmışım ki gözlerimi açınca oturmuş, beni seyreden çekik gözlü genç bir adamla burun buruna geldim. Gülümsemesine pişkin bir gülüşle, biraz da mahcup karşılık verdim, mahcubiyet için erkenmiş meğer, "Sana çay yaptım, gel içelim," dedi. Kırık bir Türkçe'yle konuşuyordu, yuvarlak çehresi ve çıkık elmacık kemikleriyle iç Asyalı kavimlerden birindendi belli ki.

"Peki dedim, iyi olur doğrusu, nerede içeceğiz?"

"Yukarıda benim odamda, konuğumuz ol."

Manastır avlusunu çepeçevre kuşatan yapının ikinci katına çıktık. Alt kat eyvanlar ve sınıf olarak kullanılan salonlardan ibaretken, üst katta öğrencilerin barındığı küçücük odalar vardı. Göz alabildiğine uzanan dar koridoru geçerken yarı aralık kapılardan odalara göz attım, üçer dörder kişilik gruplar ders çalışıyor ya da bir konuyu tartışıyorlardı. Bütün odalar dolu ve faaliyet halindeydi gördüğüm kadarıyla. Beni odasına davet eden Muzaffer de medresenin öğrencilerinden biriydi. Afganistan'dan gelmişti, dört yılı tamamlamıştı, mezun olacaktı.

Odaya girdik, boştu. Dışarıda bıraktığım ayakkabılarımı düzeltmek üzere arkada kalan Muzaffer birilerine seslendi. Odanın tavanı kemerliydi. Sadece tam ortasında ayakta durmak mümkündü. Küçük penceresi avluya bakıyordu ve ışık aldığı tek yer de bu alçak pencereydi. Odadaki incecik üç şilteden birinin üstüne bağdaş kurdum. Ben yerleşirken iki kişi daha geldi içeri. Son gelen kapının dışındaki ocakta kaynayan çayı da beraber getirdi. Odada kıpırdanacak yer kalmamıştı. Köşedeki küçük raftan bardakları Mesut indirdi. Raşit bardak yetişmediği için arkasındaki üç çanaktan birini aldı. Babrak, üst üste duran üç kitabın en altındaki albümü çekip bana verdi. Özenle hazırlanmış bir aile albümüydü. Gençlerin üçü de Afganistan'dan gelmişti. Babrak'ın albümü memleketten birkaç fotoğrafla başlıyor, İran'daki üç yılının görüntülerini içeriyordu. Bu yıllar üç arkadaşın ortak yaşantısıydı.

Havanın karardığını pencereye uzanan dallar görünmez olunca anladım. Kalkmaya hazırlanırken son birkaç saattir tartıştığımız konuyu toparladım. Hayır, Türkiye'ye gelmeleri hiç de akıl kârı değildi. Yasal olarak gelmeleri neredeyse imkânsızdı, kaçak gelmelerini ise asla önermiyordum. Durumu çok iyi biliyordum ve gayet iyi anlıyordum onları. Çünkü sadece onları değil, Türkiye'ye gelmeyi bir kurtuluş ya da kurtuluşa giden yolda önemli bir adım olarak hayal eden çok kişiyle tanışmıştım. Bunların bir kısmı Pakistan'ın, Moğolistan'ın, iç Asya'nın yoksul gençleriydi ve daha memleketlerinden ayrılmamışlardı. Bir kısmı ise Türkiye basamağından sıçramış, Atina'da istasyon havalisindeki berbat otellerde yarı mahpus sürünüyorlardı. Yine de şansları vardı, Ege'nin sularında kaybolup gitmemişlerdi ama, onun yerine bilmedikleri bir hayatın başka ve hakikaten yabancı bir kültürün girdaplarında yok olacaklardı, hem bedenleri hem de ruhlarıyla.

Mahmut'a, Raşid'e ve Babrak'a bunları söyledim. Odaya kurtarıcı olabilirim umuduyla davet edildiğimi sözlerimi bitirirken fark ettim. Peki ama, bir fanusun içinde boğulmak daha mı iyi, diye sormuşlardı. Gözlerindeki umut ışığı sönmediyse bile hayli silikleşmişti ama hayalleri -hiç kuşkum yok- yerli yerindeydi. Onlara dokunmayı aklımdan bile geçirmedim. Benim içimde yaşadığım fanusun onlarınkinden pek de farklı olmadığını söylemedim.

Odadan ayrıldıktan sonra Medrese'nin damına çıktım. Bazar-ı Vekil, bu dolambaçlı çarşı buradan başlayarak göz alabildiğine uzanıyordu. Şiraz'ın eski kenti, iki katlı yapılarla dört yanı kuşatmıştı. Uzakta, hayli uzakta, yeni yapılan yüksek yapılar akşam alacasında hayal meyal görünüyordu.

YEZD

BADGİRLER VE ABANBARLAR

"Dünyanın en eski şehri deyip de kimseyi kandırmayalım," dedi, genç arkadaş Süleyman. İfşaatıyla bir büyük yalanı ortadan kaldıracak diye beklerken.

"Burası dünyanın hâlâ yaşayan en eski şehri," diye tamamladı sözü. Gözlerimizin içine bakıyordu tepkimizi ölçmek için. Hiç kimse istifini bozmamıştı, yeni girdiğimiz şehirde daha hiçbir şey görmemiş, etmemişken. Her zaman her yerde gördüğümüz caddelerden meydanlardan geçerek gelmiştik buraya kadar. Yolun üstünde adresi doğrultmak için sorduğumuz Cuma Mescit, saat kulesinin oradan döner dönmez etkili bir görüntüyle şöyle bir sarsmıştı hepimizi ama, kısa sürmüştü etkisi doğrusu. Herhangi bir zamanda görmüş olsak kuşkusuz herkesin aklını başından alacak etkili bir mimari ve çok güzel çinileriyle göz alıcıydı Cuma Camisi, yine de bizim yolculukların kötü bir yanı da bu işte; alışkanlık yapıyor, bağışıklık geliştiriyor, her doz kesmiyor, her vuruşun altın vuruş olması gerekiyor. Böyle. Dünyanın yaşayan en eski şehrine gelip de etrafa süpermarket raflarına bakar gibi bakmak da var hesapta. Neyse ki kuzey çölünden esen sert bir rüzgâr geldi, herkesin suratına, iki yanlı çarpıp kendine getirdi.

Yezd'deyiz. Eski kentin hemen girişindeki eski bir köşkten devşirilmiş otelin avlusunda oturuyoruz. Bu sıradan tanımlamayı şu biçimde değiştirip durumun aslına uygun hale getireyim:

Marco Polo, bundan tam 800 yıl önce Yezd'e geldiğinde tam da benim şu anda bakmakta olduğum şeyi görmüştü. Hayli büyük bir avlunun etrafındaki tek katlı kerpiç binanın damında, eyvanın tam üstünde dörtgen yükselen badgir, bir büyük medeniyetin eseriydi. Bilmem ki, badgir'in ne mene bir şey olduğunu öğrenince, bilgi olarak öğrenmek değil, bedenim tarafından ürpertiler içinde öğrenince benim hissettiklerimi mi hissetti Marco abimiz tahmin edemem ama, bu kadar derin bilginin üstüne bu kadar yalın bir teknikle çölün ortasında serinlik yaratmak, air condition-clima uygarlığını komik duruma düşürmek için yapılmış eski bir icat olsa gerek. Badgirlerin ne olduğunu anlatmayacağım. Çok merak eden gider bakar, orada, Yezd'de. Ne kadar yanlış olduğunu bilsem de; "yaşanılarak edinilmiş bilgidir emsalsiz olan," bence. Hatta bünyeye katıp unutuklarımız. O yüzden meraklısının işini kolaylaştırayım. Gidip bakıverir.

TURİSTİNİZ GELDİ

Yezd'e gidince, eski kente herhangi bir sokağından dalın. Kerpiç duvarlı evler arasında kalan daracık sokaklardan geçerken küçük ama ferah meydanlara çıkarsınız. Evlerin birer köşesine kondurulmuş badgirler, Türkçe söyleyişle rüzgâr kuleleri, bu meydanlardan ayan beyan gözükür.

Evlerden bazılarının içine girilebilir, ki bunlar müze olarak düzenlenmiştir. Öyle her evin kapısını, 'Turistiniz geldi, evinize bakacak açın kapıyı,' diye çalmayın, dünyada artık aklı başında insanlar, turistlerin ne zararlı çekirge sürüleri olduğunu anlamaya başladı, mahçup olmayasınız. En iyisi, ziyaret için hazırlanmış evleri gezin. Mesela, Lari evini. Ama oraya girmeden önce, Merkez Abanbar'a da bir göz atın. 'Ab' malum 'su' demek, 'anbar' da 'depo'. Şehrin su ihtiyacını karşılayan sistem de ibret verici, söz konusu badgirlerden, şehir suyunu serinletmek için abanbarın üstüne de yerleştirildiğini görürsünüz. Bu merkez abanbarı arkanıza alıp yürürseniz, yumuşak köşelerle kıvrılan sokaklar sizi bir zamanlar varlıklı bir tüccar olan Lari ailesinin evine götürür. Devlet tarafından restore edilmekte olan kerpiç evin zarif mimarisi görülmeye değer. Pencerelerindeki vitraylar, yemek salonunun duvar resimleri, yatak odasının camlarından günün her saatinde yansıyan farklı renkler ve tavanında iç gıcıklayıcı tablolar ilginç. Doğu-batı ekseninde ve mevsimler esas alınarak yerleştirilmiş evin yazlık eyvanın köşesindeki badgirin altına girerseniz, serinleme sisteminin nasıl çalıştığını da çözersiniz.

AŞURADA NAHL

Lari Evi'nden çıktıktan sonra dar sokaklarda kaybolun, zaten kaybolursunuz da, çıkıp gelmeyi başarırsanız eğer Amir Çakmak'a gidin. İran'daki hayli farklı yapılardan biri burası. Biraz Hindistan'da Jaipur'daki Hava Mahal'i andırıyor. Zaten ikisi de seyir için yapılmış birer cepheden ibaret sadece. Arkalarında bir bina yok. Hava Mahal'in giriş katında, harem kadınları için dinlenme odaları vardır. Amir Çakmak'ın giriş katı ise arkaya doğru uzanan bir çarşıdır. Muharrem ayında aşura törenlerini izlemek üzere inşa edilmiş yapı, Takiyeh diye adlandırılıyor ve törenler sırasında kentin ileri gelenlerine tahsis ediliyor. Aşura dışında parayı bastırıp bilet alan, en üst kata kadar çıkabilir. Takiyeh'nin, ancak birkaç kişinin sığabileceği nişlerden oluşan görünümü son derece güzel. Yukarıdan kenti seyretmek de öyle.

Muharrem ayı, Kerbelâ'da Hazreti Hüseyin'in ve yoldaşlarının öldürülmesinin matemini tutan Şia'lar için kutsal. Aşura'da bildiğim kadarıyla sadece Yezd'de diğer kenttekilerden farklı törenler düzenleniyor. Nahl denilen ve kalaslardan yapılan çok büyük taklar hazırlanıyor. Koca kalaslardan üç-dört katlı apartman büyüklüğünde alamet bir şey çıkıyor ortaya. Bir heykel, bir katafalk, bir bilmem ki ne. Törenler sırasında Hazreti Hüseyin'in tabutunu temsil eden ve tonlarca ağırlığındaki bu nahl bezler, flamalar, armağanlar, çiçekler, süslerle beziyor ve omuzlara alınarak dolaştırılıyor. Yüzlerce yıllık bir nahl, Amir Çakmak Takiyeh'sinin hemen yanında duruyor ve kullanılmıyor. Ama şehrin değişik yerlerinde en az onun kadar büyük nahllar, bu yılki aşurayı bekliyor.

İYİ DÜŞÜN, İYİ KONUŞ, İYİ YAP

Yezd'e yorgun girdik. Hepimiz sarsılmıştık. Oysa Şiraz'dan daha dün çıkmıştık yola. Kuraklaştıkça tenhalaşan, ağaçsız, otsuz, dümdüz arazinin ortasındaki yol uzayıp giderken, arada bir kuzeyde beliren toz bulutları etrafa gri gölgeler düşürdükçe, uzun yolların melankolisi hepimizi kuşatmıştı. Galiba bizi yoran da topluca girdiğimiz bu ruh haliydi. Arada bir olur. Yolculuğun ilk haftalarında, evinden gittikçe uzaklaşırken çaresizlik, kimsesizlik sarar içini, sessizleşir, içine kapanır insan.

O gün siz de öyleydiniz. Daha doğrusu sizden başlamıştı o sabahki dalga. İyi hissetmiyordunuz kendinizi. 'Yol hiç bitmeyecek mi?' diye düşünmüştünüz, yola çıktığınızdan beri ilk kez. Oysa başlarken, 'tam bana göre' demiştiniz kendi kendinize, 'yollarda olmak...' Şimdi yollardaydık. İran'ın ortalarında bir yerde, biteviye gidiyorduk. Kuzeyimizde Kevir Çölü, güneyimizde Lut Çölü uzanıyordu, önümüzde Taftan Çölü vardı.

Uyanır uyanmaz Sarı Otobüs'ün arka koltuklarından birine çekilip oturmuştunuz. Güneş daha yükselmeden herkes kalkmış, çıt çıkarmadan yatağını, tulumunu toplamış, pencereden uçsuz bucaksız çöle dalmıştı. Göz alabildiğine uzanan boşluk, hızla akan otobüsün penceresinden hiç bitmeyecekmiş gibi görünüyordu. Turuncudan sütlü kahverengiye dönen kum tepeleri, kıvrımlı plakalar halinde kalkıp oturuyormuş, yükselip dik bir duvar olacakken, kırılıp dökülüveriyormuş hissini uyandırıyordu içinizde. Üşüyordunuz, oysa muhtemelen kırk dereceydi dışarıdaki hava. Sımsıkı kapalı pencerelerden giren kumların bir bulut gibi otobüsün içine dolduğunu sandınız bir an. Çölün olanca kumu ağzınızı dolduruyor, boğacak gibi oluyordu sizi. Kesik kesik öksürmeniz ondandı belki de. Aklınıza kediniz geldi. Yola çıkarken ablanıza bıraktığınız kediniz. Heykel eskizleriyle birlikte teslim etmiştiniz, yalnız kalmasınlar diye ikisini de. Kumların dalgalanışında yeni formlar görmeye başladınız. Yumuşak hatlı, dinamik heykeller geçti gözünüzün önünden. Bir anda içinizdeki boşluk dolar gibi, elleriniz ısınır gibi oldu. Kimseye bakmıyordunuz, oysa baksanız, herkesin ellerinin buz gibi olduğunu fark edecektiniz...

Bu yol, Yezd'in dışından geçer. Dışından yol geçen her şehir gibi Yezd de yolculara, soğuk sevimsiz görünür. Bu kez, otobüsü çevirip şehrin biraz içine girdik. Sokaklarda, siyah çarşaflı kadınlar, bakımsız erkekler, misket oynayan soluk giysili oğlan çocukları vardı. Kızlar, topluca okula gidiyor, mahallenin gençleri sokak başında kendilerine bir yer bulmuş, itiş kakış vakit geçiriyorlardı.

Şehrin içinde ağır ağır ilerlerken, dikkatimizi kadınların giysileri çekti. Krem rengi, kenarları nakışlı çarşaflarla, bazıları da kırmızı örtüleriyle dolaşıyorlardı. Çoktandır İran'da alıştığımız kadın giysisinden tamamen farklı görünümleriyle oldukça ayrıksı duruyorlardı. İnce siyah kumaştan dikilmiş çadorlara hiç benzemiyordu üstlerindeki. Tok, kalın bir dokumaydı. Zerdüşti kadınlar olduğunu bilmesek, bir anlam veremeyecektik.

İran'a gelen Türkmen, Özbek kadınlar, kendi yerel giysileri ve geleneksel başörtüleriyle sokakta olabiliyorlardı ve o müthiş renkleriyle İranlıların gözlerini alıyorlardı. Zerdüşti kadınlar ise, iki bin beş yüz yıldır vazgeçmedikleri renklerini ve giysilerini İslam Devrimi'nden sonra da korumayı sürdürüyorlardı.

İslam inancı İran'da yaygınlaşırken, Zerdüştlük doğduğu topraklarda daha fazla barınamayıp, Hindistan'a geçmiş, orada yayılmaya başlamış. Özellikle Bombay'de Parsîler diye anılan önemli bir cemaat oluşmuş. Hindistan'ın otomotiv endüstrisini elinde tutan Tata ailesi de Zerdüşt. Fabrikalarının kurulduğu yerler, kendi adlarıyla anılan kentlere dönüşmüş. Sadece Hindistan yollarında değil, Nepal ve Sri Lanka'da da sokaklardaki binek arabalarından TIR'lara kadar bütün araçlar Tata markasını taşıyor. Son yıllarda Türkiye yollarında da taş gibi sağlam Tata kamyonetler dolaşmaya başladı. İran'daki Zerdüştler ise, yoksul bir dinsel azınlık olarak çoğunlukla Yezd'de yaşıyorlar.

Yezd'de, eski kentin ortasından geçen kervan yolunun üstündeydik. Çok uzakta, Sir Dağı'nın karlı zirvesi görünüyordu. Bu dağdan doğan pınarlar, çölün kıyısındaki topraklara bereket getiriyor, dutlukları suluyor, kadim zamanlardan bu yana kentte süren ipek dokumacılığının çarkını çeviriyordu.

'Dünyanın en eski şehri' diye bilinir Yezd. İpekli ve her tür kaliteli dokumalarıyla yüzyıllardır kervanların ve tüccarların uğrağı olmuş.

Ana caddeden ayrılıp önümüze çıkan dar bir sokağa girdik. Eski kentin tamamı gibi bu sokaktaki evler de kerpiçten yapılmış, sıvanmadan öylece bırakılmıştı. Yüksek avlu duvarları, arkasındaki hayatı yabancı gözlerden saklıyordu. Bizi mahalle içlerine götüren sokak, duvarlar ve neredeyse gökyüzü bile aynı renkti. Kuruyup ufalanmış toprak rengi.

Yürüdüğümüz geçit üstümüzü örtecek kadar daraldı. Bir tünelde olduğumuzu hissettim. Sessizlik içinde, sanki gökyüzüne doğru yükselir gibiydik. Ateşgâh'ı arıyorduk. 470 yılından beri yanan ateşin bulunduğu Zerdüşt Tapınağı'nı.

Köşe başında küçük bir tabela ilişti gözümüze. Paslı tenekenin üstüne çizilip duvara çivilenmiş, kırmızı bir ok. Büyük olasılıkla Ateşgâh'ı işaret ediyordu. O istikamette yürüdük. Çok geçmeden bir ok daha çıktı karşımıza. Sokak boştu. Soracak kimse yoktu. Biraz daha yürüdükten sonra, diğerlerinden farklı görünen bir demir kapının önünde durduk. Kapıdaki işaret, Zerdüştlerin kutsal simgelerini taşıyordu. Üstünde bir yazı vardı: 'İyi düşün, iyi konuş, iyi yap.'

Tapınak, çevredeki evlerden hiç farkı olmayan yüksek avlu duvarlarının arkasındaydı. Gizlenmiş, silinmişti. Demir kapının zilini çalarken, Adıyaman'daki Bogos Pedros Süryani Kilisesi'ni hatırladım. Mara Mahallesi'ndeki 1500 yıllık kilise, tıpkı Yezd'deki Ateşgâh gibi, mahallenin sıradan bahçe duvarları arkasına sığınmıştı. Ancak bilenin bulabileceği gibi. Gerçi Adıyaman'daki birkaç aileden oluşuyordu kilise cemaati. Onlar da özel zamanlarda yapılan ayinlere katılabiliyorlardı. Yıllar önce yurtdışına göçenler, arada bir gelip anılarını yad ediyor, yılda bir kez törenlere katılarak kiliseyi yaşatmaya çalışıyorlardı. Yapı onarılmış, bahçe içindeki misafirhane elden geçirilmişti. Zili çaldıktan epeyce sonra kapı açılmış, içeri davet edilmiştik.

Ateş Tapınağı'nın demir kapısındaki zili çaldık. Ses çıkmadı. Tokmağı vurduk. Giden gelen olmadı. Seslendik. Tık yok. Tapınak kapalı diye umutsuzluğa kapıldık.

Önümüzde uzun bir yol vardı. Gece olmadan Pakistan sınırına varmak istiyorduk, zamanımız azdı, üstelik acıkmıştık. 'Yemek işini aradan çıkaralım bari, tekrar gelip deneriz,' diyerek zili çalmaktan, kapıyı tokmaklamaktan vazgeçtik. Lokantaya gitmek üzere geldiğimiz yöne değil de tam tersine yürüdük. Yüz metre sonra ana caddede buluverdik kendimizi. Gelirken düğüm olduğumuz labirent, sadece yanlış yerden eski kente girip yolunu kaybedenlere mahsustu anlaşılan. Otobüsü önüne çektiğimiz lokanta da az ötemizde duruyordu.

SESSİZLİK KULELERİ

Acele bir şeyler atıştırdık. Acele dediysem on beş kişinin yemek ısmarlaması, kebapların pişmesi, yemeklerin gelmesi, karınların doyması filan derken bir saati geçiyor her mola. Tekrar, ama bu kez kestirmeden Ateş Tapınağı'na gittik. Kapı duvar. Artık daha fazla oyalanmak doğru olmazdı, yola koyulmalıydık. Bizim patırtımıza çıkan komşular 'kimse yok', 'kapalı', 'gidin' gibilerden el kol işaretleri yaptılar. Kös kös otobüse yönelmişken, arkamızdan pıtır pıtır bir mobiletli geldi. Tozu, hızından büyüktü. Tam geçip gidecekken bir de buna soralım bari diye seslendik. Durdu. Sıska, bakımsız, bezgin görünen İranlı adamlardan biriydi. Önce el kol işaretleriyle, sonra Fars Tarzanı diliyle, sonra Türkçe, derdimizi anlatmaya çalıştık. Mobiletli adam, hepsini dinledi ve su gibi bir İngilizce'yle cevap verdi: Tapınak akşamüstü açılacaktı. Kendisi de Zerdüşt cemaatindendi. Adı Mazdan'dı. İşi vardı ama biraz erteleyebilir, bizi tapınak açılana kadar 'Sessizlik Kuleleri'ne götürebilirdi. 'Sessizlik Kuleleri...' hiç hesapta yoktu ve hiç de fena fikir değildi doğrusu. "Tamam," dedik. Plan program, sınıra gecikme hesapları filan o anda bitti. Mazdan arabanın önüne geçti, kendimizi şehir dışındaki Sessizlik Kuleleri'nin yolunda bulduk.

"Ölü bedenleri toprağa gömmek, beslendiğimiz toprağı kirletmektir. Ölü bedenleri yakmak, soluduğumuz havayı kirletmektir. Ölü bedenler, toprağa dokunmadan doğaya, gökyüzünün yırtıcı kuşlarına terk edilmelidir."

İnancın bu çarpıcı kuralları nedeniyle, yüzyıllar önce, şehrin biraz dışındaki iki tepenin üstüne biri büyük, diğeri küçük silindirik kuleler yapılmış. Ölüler, bitmeyen sükûnlu gecelerine sessizlik kulelerinde gözlerden uzakta giriyorlarmış.

Otobüsü, tepelerin eteğine varmadan bir kenara çektik. 'Bir kenara çekmek' lafın gelişi, ortalıkta otobüsü çekecek kenar filan yok. Göz alabildiğine düzlüğün ortasındayız. Durduğumuz yerde bıraktık otobüsü. Yürümeye başladık. Kulelerin yükseldiği tepelere doğru gidiyoruz. Mazdan önde, biz arkasındayız. Az ötemizde düz damlı, kırık dökük birkaç yapı var. En yakın olanına girdiğimiz sırada Mazdan, yirmi, yirmi beş yıl önce son kez yapılan cenaze törenini anlatmaya başladı.

"Genç bir Zerdüşti'nin Sessizlik Kuleleri'ne terk edildiği törendi. Evinden uzakta ölmüştü. Benden birkaç yaş büyüktü. Ailesi soylu ve varlıklıydı. Mevsim kıştı. Cansız bedenini tören için hazırladıktan sonra bu yapıya getirmişlerdi. Şimdi üstünde durduğunuz yere uzattılar."

Mazdan, kemikli ince parmaklarıyla toprak zeminde çukurlaştırılmış bir yeri gösteriyordu. Onun gösterdiği yerde duranlar, irkilip kenara çekildiler. Gün ortasıydı, ama içine girdiğimiz yıkıntı loş ve oldukça serindi. Kırık dökük pencere boşluklarından güç bela dışarının sıcağıyla, az bir ışık sızıyordu; içerideki aydınlanmanın asıl dengesini bozan ve elmacık kemikleri kirli sakalından fırlamış Mazdan'ı iri dişleri, çukurdaki ela gözleriyle ürkütücü gösteren, damdaki çöküntüden bütün sertliğiyle içeri giren güneşti. Mazdan'ın üstüne vuruyordu. Bu ışık, yol boyu gelirken yumuşacık sesi ve dingin tavırlarıyla bize Zerdüştlüğü anlatan, kendisinden, ailesinden söz eden Mazdan'ı sanki, Sessizlik Kuleleri'nde alıcı kuşlara terk edilmiş bedenlere benzetmişti. Peki ama sesi?!. Sesinin bu kadar kuru ve derinden tınlamasının sebebi neydi?!.

"Sabah erkenden bütün cemaatin katılımıyla başlayan tören gün boyu sürdü," diye devam etti sözüne. "Öğlene doğru, şu yanımızdaki odada yemekler hazırlanmaya başlandı. Ailesi, yakınları, arkadaşları, birlikte çalışıyorlardı. Gün kısaydı, yerde kar vardı, sert bir rüzgâr esiyordu. Yemek yendi, ortalık toplandı, sıra ölünün tepeye çıkarılmasına gelmişti. Yaşlılar öne geçtiler. Tahtırevana koydukları cansız beden, ağır adımlarla tepeye doğru taşınırken, eller üstünde değil, arkadan gelen kadınların yaktıkları ağıtın, hançereleri paralayan feryatların ve bu kasvetli havada donup kalmış kar tanelerinin üstünde gidiyordu sanki. Yol, tepenin çevresinde dönerek giriş kapısına ulaşıyordu. İki çeyreğe kalmadan kapıya vardık. Teker teker içeri girildi..."

Mazdan, töreni olanca ayrıntısıyla anlatırken ve belli ki gençlik arkadaşını bir kez daha yad ederken, hep birlikte Sessizlik Kuleleri'ne doğru yürümeye başlamıştık. Kapıya vardık. Ancak, kapı duvardı. Lafın gelişi değil, gerçekten duvardı. Kemerli alçak giriş, rastgele toplanmış taşlarla, sımsıkı örülmüştü.

"Devrimden bir süre sonra," dedi Mazdan, "sessizlik kuleleri kapatıldı. Kapıları örülüp sıvandı. Son tören, arkadaşım için yapıldı. Biz kapıya vardığımızda kar iyice hızlanmıştı. İçeride, küçük bir bedene yetecek kadar kar kürümek, taşların üstüne yatırmak gerekiyordu. Onlar törenin son dualarını okurken, ben avlunun ortasında yere uzandım, bedenimin ısısı ince kar tabakasını eritti, taşları ısıttı. Daha soğumadan ölü tam oraya yatırıldı. Üstü kar tanecikleriyle kaplanırken biz çıktık. Gökyüzünde atmacalar, akbabalar dönüp duruyordu. Birkaç gün sonra gelip kapıyı ördüler ve ölünün kemiklerini, avlunun ortasındaki delikten alt odaya yollamak için, aylar sonra bir gece, tıpkı bir hırsız gibi kuleye tırmanmamız gerekti."

Tırmandıkları yerde yıllar sonra taşları sökerek bir delik açtıklarını anlattı Mazdan. O delikten biz de silindirik kulenin içine girdik. Dışarısı zaten sessizdi. Avluda, yüksek duvarların arasında, sadece çıplak gökyüzüyle güneş varken müthiş yalıtılmış hissettim kendimi. Duymuyordum, ayaklarım yere basmıyordu, gözlerimin önünde giderek koyulaşan bir sis belirdi, hafif bir koku geliyordu. Ölü bedenlerin taşlara sinmiş kokusu.

İri taşlarla döşenmiş yuvarlak avlu, merkezine doğru belli belirsiz bir eğimle iniyordu. Kaygandı, ortadaki çukura gidiyordu ayaklarım. Kendimi tuttum, duvar dibinden uzun bir yürüyüşe başladım; herkes avludan çıkıp yola koyulana kadar sürdü yürüyüşüm.

Avlu boşalınca, sırtüstü taşlara uzandım. Can çekişmem çok uzun sürdü. Bana mı öyle geldi bilmiyorum ama, bir ara gözlerim açıldığında, çok yüksekte uçan siyah bir kuş gördüm. Eğer becerebilseydim, ruhumu yollar, o kuşun asılı durduğu gök katından aşağı bakardım. Eğer becerebilseydim...

Sessizlik Kuleleri'nden indik. Ateşgâh'a vardığımızda kapısı açıktı. Zil çalmaya gerek kalmadan girdik. Küçük bir bahçedeydik. Bakımlı, gösterişsiz, olabildiğince yeşildi. Birkaç bodur ağaç, çeşme dibine yalancı papirüsler, iki yaşlı karabiberin gölgesine kırmızı gül fidanları dikilmiş, kalan boşluklara çim tohumu serpilmişti. Hemen soldaki kapıdan bir salona geçiliyordu ki, Zerdüştilerin binlerce yıllık ateşi burada, cam bölmenin ardında kendi halinde yanıyordu. Bu dünyada yaşayan yüz elli bin Zerdüşti'nin gönlünü yakan bu ateş, biraz da önündeki kalın camın etkisiyle yorgun, çaresiz görünüyordu. Baş rahip gelip Mazdan'la konuştu, sonra hepimizi selamladı. Bir isteğimiz olup olmadığını sordu. Duvarlardaki tasvirlere ve yazılara ilişkin bilgi verdi, sonra geldiği gibi usulca çekildi.

Bugünkü İran topraklarında, tarihin çok eski zamanlarından beri yaşayan halkların inancı olan Zerdüştilik, Tektanrıcılığa giden süreçte önemli bir aşama olarak biliniyor. M.Ö. 550'de, bugünkü Afganistan sınırları içindeki Mezar-ı Şerif'te doğduğu varsayılan Zerdüşt, bir görüşe göre M.Ö. 1000'lerde yaşamış, bir görüşe göre de hiç yaşamamış.

Kutsal Kitap'larının adı Avesta Zend. Ateşin kutsallığına inanıyorlar. Tapınaklardaki kutsal ateş, insan eli ve insan nefesiyle hiç temas etmeden sürekli yanıyor. Ateş Rahipleri diye bilinen din adamları, ateş odalarına eldivenlerle ve ağızlarını kapatarak giriyorlar.

Avesta'nın yüce tanrı Ahura Mazda tarafından vahiyle gönderildiğine ve Zerdüşt'ün de vaaz yoluyla bu dini yaymakla görevlendirildiğine inanıyorlar. Ahura Mazda'nın Ameşas Spentas denilen yarı-tanrı yardımcıları var. İlk Zerdüşt metinlerinde onlardan Mitra ve Anahita diye söz ediliyor. Kutsal metinleri ilk kez M.S. 3. yüzyılda toplanmış ve 4. yüzyılda din kitabı olarak ilan edilmiş.

Avesta'da Zerdüşt'ün Ahura Mazda'ya yakarışı şöyle:

> *Sorarım sana, Tanrım,/Doğrusunu söyle bana,/Kutsal Varlığın Atası/İlk Babası kimdi?/Güneşle yıldızların/Yollarını çizen kim?/Ay kimin gücüyle/Büyür, küçülür?/Bunları anlat bana,/Her şeyi anlat, Tanrım.*
>
> *Sorarım sana, Tanrım,/Doğrusunu söyle bana,/Kim yerleştirdi dünyayı,/Kim tuttu bütün göğü/Yerli yerinde, sağlam?/Kim yarattı bütün/Şu ağaçları, ırmakları?/Kimdir hız veren/Rüzgârlara, bulutlara?/Kimdi ey Mazda,/İyi düşünceleri yaratan?/Sorarım sana, Tanrım,/Doğrusunu söyle bana,/ Kim şefkatle yaratmıştır/Karanlığı, aydınlığı?/Kim en iyi duygularla/Uykuyu, uyanmayı var etti/Kim yarattı sabahı,/Öğleyi, akşamı/Göreve çağırmak için/Akıllı insanları?*

Zerdüşt metinleri, Ahura Mazda'nın özünde iyilik ve kötülüğün aynı anda var olduğunu, hayatın yaratıcısı olan iyilik düşüncesiyle ölümü doğuran şüphenin bir arada bulunduğunu belirtiyor. İyilikle kötülük, madde dünyasıyla ruhlar dünyasını aynı zamanda paylaşıyor ve ellerine geçirmek için savaşıyorlar.

Yüce varlığın kötücü yönü, Angra Mainyu, kendisinden ayrılarak aşağı âlemlerde bir iblis olarak yaşıyor.

Zerdüşt'ün yeryüzüne gelmesinden önce geçen üç bin yıl boyunca Angra Mainyu, dünyaya kışı, dolu afetini, zararlı böcekleri, yırtıcı hayvanları, kıtlığı ve ölümü getirmiş. İnsanların ruhuna inançsızlığı, şüpheyi ve kötülükleri sokmuş. Bu karanlık üç bin yıl içinde, her bin yılda, Zerdüşt'ün tohumu ile bir bâkireden mucizevi bir kurtarıcı doğmuş. Üçüncü bin yılda ise Zerdüşt gelmiş. Gökten düşen bir taş, dağlardaki madenleri eritmiş. Bu erimiş madenler inananlar için süt, inançsızlar içinse azapmış.

Ahura Mazda'ya göre, cansız insan bedeniyle ateşi, suyu ve toprağı kirletmek günahtır. Bu nedenle ölülerini, Sessizlik Kuleleri'nde kuşlara terk ediyorlar.

KADINLAR VAR MI ODADA?

Artık yola çıkmanın zamanıydı. Tam vedalaşmaya başlayacakken Mazdan, "Evde bir şeyler içmeden bırakmam, hanım karpuz kesecek," dedi.

"Aman etme, biz zaten geciktik, hani yolcu yolunda gerek, önümüzde çöl var, sınır var, ondan sonra yine çöl var, Quetta'ya kadar iki gün sürer, en iyisi biz gidelim," şeklindeki mızıldanmalı mazeretlerimiz kabul görmedi. Tapınaktan çıktığımız ana kadar, ağır bir mihmandar tavrıyla bizi gezdiren, neredeyse aksansız İngilizce'yle bilgi veren, öyküler anlatan elektrik mühendisi Mazdan Bakhman gitmiş, yerine tam bir doğulu ev sahibi gelmişti. 'Gelmek sizden, göndermek bizden' kuralı işliyordu artık.

Bir ara, Sessizlik Kuleleri'nden indikten sonra, hemen yakındaki mezarlığa gitmiştik. Kuleler kapatıldığından beri Zerdüştler de ölülerini Müslümanlar gibi toprağa gömmek zorunda kalıyorlardı. Mazdan'ın annesi de burada yatıyordu. Hayatın tek gerçeğini, cansız bedenlerle kutsal toprağı kirletmemek üzere kurgulayan ve ölülerini kuşlara bırakan inanç, en önemli eksenlerinden birini kaybetmişti. Mezarın başında dua ederken, yaşlı mezarlık bekçisi, eşeğini kapıya bağlayıp gelmiş, o da duaya katılmıştı. İçli bir sesle, sert vurgular yaparak okudukları dua kendi dillerindendi ve ahengi, her ilahi gibi insanın içine işliyordu.

Dua bittikten sonra bekçi, hiçbir şey söylemeden yüksek duvarlarla çevrili mezarlığa yeni dikilmiş ağaçları çapalamak üzere işine dönmüştü. İşte o sırada Mazdan, ailesinden, evinden, yaşlı babasından söz etmişti. Üniversiteyi Hindistan'da okumuştu. Bir süre yurt dışında kaldıktan sonra, bölgedeki kapsamlı elektrik projesinde çalışmak üzere memlekete dönmüştü.

Asırlardır Yezd'de yaşayan ailesi, artık küçülmüştü. Bir zamanlar onlarca çocuğun koşturduğu, gelinlerin, görümcelerin büyük avlusunda çamaşır yıkayıp, pirinç kaynattıkları kırk odalı evde, dört kişi yaşıyorlardı. Karısı, kızı ve ihtiyar babasıyla sadece dört kişi.

Mazdan bunları anlatırken, bizi evine davet edeceği ve on beş kişiyi birden ağırlamaya kalkacağı hiç aklıma gelmemişti. Ama şimdi, "Hadi bize gidelim, birer yorgunluk çayı içersiniz, sonra yolcularız sizi," diyordu. Doğrusu, mırın kırın ediyorduk ama bir taraftan da teklif çok cazipti, üstelik reddedersek hiç kuşkusuz kalbi kırılacaktı...

Otobüse binip, eski kentin sokaklarına daldık. Sokağın daha fazla ilerleyemeyecek kadar daraldığı bir yerde bıraktık otobüsü. Ev yakındı. Biraz yürüdükten sonra demir kapıdan kocaman bir avluya girdik. Evin olduğu yer, Zerdüştilerin mahallesiydi. Biz Mazdan'lara giderken, sokak başında gevezelik eden birkaç kadın meraklanıp, "Kim bunlar?" diye sormuş, bahçe kapısından başlarını uzatan birkaç kişi de, "Hoş geldiniz," demişti. Koca mahalle boş gibiydi.

'"Kimse kalmadı," dedi Mazdan. "Gidebilenler gitti. Kalanlar da azalıyor. Bu gidişle tapınağın üç bin yıllık ateşi Hindistan'a taşınacak korkarım."

Anadolu Süryanilerinden bir muhabbet açıldı aramızda. Anadolu'nun bu kadim kavmi erirken, bu köklü kültür unutulmaya yüz tutmuşken, cemaatin dini lideri, 80'lerde atalarının topraklarını terk etmek zorunda kalmışken ve hayat gailesi içinde biz ve bizim gibiler öylece dururken, şimdi, İran'daki Zerdüştilere vahlanmanın pek sahiciliği yoktu ama, "yine de hiç yoktan iyidir"e bağladık lafı. Belki de en kötü yere... Neyse...

Avluya girdik. Bitmek hali, bir evin avlusu tarafından nasıl ifade edilirse, durum öyleydi. Bir vakitler burada yaşayan büyük ailenin tüm izleri neredeyse silinmişti. Ortadaki kuyunun çıkrığında yıllarca kullanılmaktan aşınmış demir halka... avlu duvarı boyunca uzanan çatısı çökmüş sundurmanın nakışlı ahşap sütunu... iki katlı evin alt pencerelerine son kırıklarıyla tutunabilmiş kobalt cam... küflenmiş dokuma tezgâhından sarkan çözgü ipleri... belki bir şeyler söyleyeceklerdi, ama solukları yetmiyordu...

Biz avluya yayılırken evin hanımı kapıya çıktı. Mazdan nasıl yaptıysa önceden haber iletmişti anlaşılan, yoksa bahçesinde dolaşan, olur olmaz yerlerin fotoğrafını çeken bunca insanla burun buruna gelen kadıncağız fücceten giderdi muhakkak. İçeri alındık. Ayakkabılar dışarıda bırakılmıştı, yerdeki makine işi kilimlere basarak biraz daha büyük ikinci salona geçtik. Sadece üç kişiye yetecek kadar eşya vardı içeride. Yerdeki halılar kaba tüylü el dokumasıydı. Kapının üstüne Zerdüşt'ün tasviri asılmıştı. Tam karşıda, aslan ayaklı ceviz bir sehpa, sehpanın üstünde ham ipek bir örtü, örtünün üstünde televizyon, televizyonun üstünde kolalı kırlent, kırlentin üstünde telefon, telefonun üstünde beyaz dantel örtü duruyordu. Odanın en göz alıcı köşesiydi burası. Bir kısmımız avluya bakan pencerenin önündeki divana oturdu, iki kişi tonet taklidi sandalyeleri beğendi, geri kalanlar bağdaş kurarak yere çöktü.

Zaide, kapının önünde hepimizle teker teker tokalaşmış, kısa siyah saçlarını saklamaya gerek duymadan çıkmıştı karşımıza. Kızı gibi iri siyah gözleri vardı. Mazdan'la beş yıl önce evlenmişlerdi. Kadıncağız, hizmet etmek için çırpınıyor, bir taraftan da bize laf yetiştirmeye uğraşıyordu. Ne yazık ki ortak bir dil konuşamıyorduk, Mazdan tercüme ediyordu söylediklerini. Bir kez, çok memnun olmuştu bizleri evinde görmekten. Bu her halinden belliydi. Önce şeker tutmuş, ardından herkese su vermiş, sonra karpuz kesmiş, sonra bir karpuz daha kesmiş, sonra üzüm getirmiş, şimdi de çay koymaya gitmişti. Kadın arkadaşlarımız da mutfağa girip çıkıyor, yardım ediyorlardı. "Yeter, zahmet etmeyin, yorulmayın," diyorduk ama ne fayda, ikramın ardı arkası kesilmiyordu. Üç beş kişi olsak hadi neyse de, on beş kişilik koca bir gruptuk sonuçta. Zahmet bir yana aile bütçesinde ciddi bir delik açma tehlikesi de vardı. Akşam yemeği davetlerini mümkün olan en nazik biçimde reddetmeye çalışırken oldukça zorlandık. Yemek yeseydik hiç kuşkum yok, yatıya da kalacaktık. Olmaz değil olur, bu yolculuklar sırasında birkaç kez oldu da, fakat bu akşam, yolcu yolunda gerekti.

Vedalaşarak dışarı çıktık. Bu arada, her ihtimale karşı yanımızdan eksik etmediğimiz lokum, kaset, cıncık, boncuk gibi ufak tefek hediyeleri vermek de almak da hepimizi hoşnut etti. Bugün hiç beklemediğimiz şeyler olup bitmişti.

Yolculuklardaki bu tür rastlantılar, zamanın geçmiş ve gelecek beklentisi olmadan yaşanması, mekânın ihtiyaçlar kadar paylaşılması, gerçekten yaşadığını hissettiriyor insana. Teke tek, topluca, hep birlikte...

Tam ayrılmak üzereyken, Mazdan, "Babam konuşmaya başlamıştır, gelin onu da görün," dedi. "O kadar yaşlandı ki, hiç uyumuyor. Yattığı yerden kalkacak gücü yok, ışıktan nefret ediyor. Gündüzleri ağzını bıçak açmadan, gözleri tavana dikili öylece yatıyor. Hiç kıpırdamadan, ölü gibi. Ancak geceleri gözkapaklarını kırpıştırıyor ve konuşuyor. Yüz yirmi yaşına geldi. Artık bir bebek oldu. Onun için her şey çok uzakta ve imkânsız. Sizi duyarsa sevinir."

Bir kez daha Mazdan'ın peşine düştük. Yarı yıkık sundurmadan geçip dipteki odaya girdik. Zifiri karanlıktı, gözümüzün alışması biraz zaman aldı. Mazdan, kendi dilinden bir şeyler söylerken, güneşin son ışıkları buluttan sıyrılıp arkamızdan odayı aydınlattı.

Duvar dibinde, yerdeki döşekte kuru bir beden, yarı çıplak yatıyordu. Gözlerinden belliydi ki, oğlunu büyük bir dikkatle dinliyordu. Mazdan bizi anlatıyor, geldiğimiz yollardan, gideceğimiz yerlerden söz ediyordu. Yüz yirmi yıllık bedenin bu 'müthiş haber'i, hayatının müjdesi gibi dinlediğini, kuru dudaklar sert bir lastik gibi gerilince anladım. Gülümsüyordu.

Birer ikişer yanına girdik. Oda küçüktü. Arkamızdan gelen sert ışık nedeniyle, eğer görebiliyorsa, yattığı yerden ancak koyu birer gölge halinde görüyordu bizi. Konuşmaya başladı. Önce Farsça bir şeyler söyledi, biz Türkçe cevap verdik. Unutmuştu galiba Mazdan'ın anlattıklarını. Sonra nasıl olduysa, bizden biri İngilizce karşılık verince, yeni süt dişleri çıkmaya başlamış ağzını güçlükle toparlamaya çalışarak, ama akıcı bir İngilizce'yle konuşmaya başladı.

Hindistan'da uzun yıllar çalışmış, dili orada öğrenmiş, memlekete gelince de öğretmenlik yapmıştı. Çok yorgundu. Ama her nedense sık sık lafın arasına girip, "Kadınlar var mı odada?" diye soruyordu. Kısa süren muhabbetimizin son bölümünde sadece bu soru vardı. Belki de hayatın tek anlamı.

"Kadınlar var mı bu odada?" Arkadaşlarımız teker teker gelip kendilerini gösterdiler. Daha doğrusu, seslerini duyurdular. Konuştular. Sessizliğe gitmeden önce, kadınların sesleriyle avundu ihtiyar. Umarım hâlâ hayattadır ve hâlâ aynı soruyu sormaktadır.

Gecenin içinde tekrar yola koyulduk...

TAMİRCİDE BİR SOYGUN

İki arkadaşımızı, orada duran TIR'a bindirip tuvalete yolladık. Yakında kadınların gidebileceği gibi bir hela yoktu. Tamirci, bir kenarda sessizce çayını içen TIR şoförüyle anlaşmış, bizimkileri tuvalete götürüyorlardı. Koca tanker, Murat taksi edasıyla iki kişiyi almış, kıvrılıp döndükten sonra ana caddeyi tuttturmuş, ne var ki uzaktan ışıkları görünen şehrin tam ters istikametine doğru yönelmişti. Vakit geceydi. Vızır vızır işleyen ana yolun kıyısındaydık. Güneş az önce batmış olmasına rağmen, bir anda karanlık inmişti. Biz, kopan egzozu yaptırma derdine düşmüştük. Çoktandır büyük gürültüyle ve alttan gelen takırtılarla yol alıyorduk. Bıçak kemiğe dayanmıştı.

Tamircilerin hepsi kapalıydı. Küçük bir kasabadan geçerken, açık bir yer bulunca hemen dalmış, derdimize çare arıyorduk. Yanaştığımız atölye egzozcu değildi. Usta da pek anlamıyor gibiydi bu işten, üstelik karanlık bir herife benziyordu. Yanında küçük oğlu ve efendiden gözüken iki arkadaşına rağmen pek güven verici bir tip değildi. Tabii bunları şimdi söylüyorum. Tamirciye ilk girdiğimizde, bize yardım etmek için eli ayağına dolaşan kara yağız mert adam, inceden bir soyguncu çıktıktan sonra...

Egzozu öyle mi tamir edelim, böyle mi onaralım, alttan mı girelim üstüne mi çıkalım derken, aradan epeyce zaman geçmiş, bu arada, tamirhanenin içine kurduğumuz ocakta yemek pişirmeye, çay demlemeye başlamıştık. Tamirci, ikide bir arabanın içine girip çıkıyor, motor kapağından aşağı uzanmaya çalışıyor, alet edevat eksiğini tamamlamak için oraya buraya koşturuyordu. Adam egzozcu değildi ama işi yapacak gibi görünüyordu, üstelik bizim de ondan başka çaremiz yoktu.

Yemeğe oturmaya hazırlanırken, işemeye TIR'la giden iki kadın arkadaşımızı hatırladık. Hâlâ yoklardı ortada. Tamirin sonu yaklaşmış gibi görünüyordu. Bir şeyler atıştırıp yola çıkacaktık. Asfaltın kıyısına dizilip, gelen geçen TIR'ları gözlerken, merakla endişe arasında gidip geliyorduk. Henüz paniğe kapılmamıştık ama az kalmıştı. TIR'la giden, gitti gider. Uzaktan beliren bütün farlar gibi, bütün TIR tankerler de birbirine benziyordu. Yapılabilecek fazla bir şey yoktu. İran'da, adını bilmediğimiz bir kasabada, tesadüfen durduğumuz bir tamirhanedeydik... Bir süre daha bekleyecektik. En azından şimdilik...

Neyse ki çok geçmeden döndüler. Ancak bizim beklediğimiz yönden değil, tam tersinden. Tamirhanenin arkasındaki gecekonduların arasındaki dar sokaktan çıkageldiler. TIR sallana büküle, daracık toprak yoldan sıyrılıp rahat bir nefes aldı, bizimle birlikte. Hela bulma çalışmaları biraz uzun sürmüş. İlk yoklanan yerler kapalı olunca, şehrin içine girip orada kısmet aramaya başlamışlar.

Aradıklarını bulup, hacet giderdikten sonra, kestirmeden dönmek için bir ara yola girmişler ancak çamura saplanıp kalmışlar. Eh koca TIR. Kolay değil söküp almak balçıktan. Neyse birkaç manevra, birkaç kürek kumla kurtulmuş, mahalle aralarından döne kıvrıla tamirhaneyi bulmuşlar.

Geçen zamana korku faktörü de eklenince, TIR'dan iner inmez arkadaşlarımızın yine çişi gelmişti, bu kez arkadaki kapısız tuvaletle yetinmek zorunda kaldılar. Lafın tam burasında, 'değer mi kardeşim bunca heyecana yürek çırpıntısına bir bardak çiş için. Şimdi yaptığın yere daha önce de yapsaydınız ne olurdu?' demeye gerek yok. Hayatınızda kaç kere bir TIR'la tuvalete gittiniz ki?

Neyse, tamirat bitti, beklenenler geldi, karnımızı doyurduk, çayları içtik. Son yudumları alıp yola çıkmak üzereyken, arabadan feryatlar yükseldi. Arkadaşımızın video kamerası çantasında yoktu. "Aman yanlışlık olmasın, orayı arayalım, buraya bakalım," demek kâr etmedi. Kamera yerinde yoktu, çalınmıştı.

Ortada dört kişi vardı. Tamirci, küçük oğlu, arkadaşı, bir de TIR şoförü. TIR şoförünün yüzü simsiyah oldu, diğerleri hiç renk vermedi. Gece iyiden iyiye inmiş, yarım yamalak yanan sokak lambalarının bir kısmı sönüp gitmişti. Şehrin dışında bir tamirhanede, ölgün ışık altında kayıp kamerayı arıyorduk. Oradakiler de bizimle birlikte aramadaydılar.

'Çalındı' dedik sonunda ve çalanlar buradakilerden başkası olamazdı. Kimse gelip gitmemişti. "Kamera bulunana kadar bir yere ayrılmıyoruz," diye resti çektik. Eğer çıkmazsa polise başvurmaktan başka çare yoktu. Ama işin oraya gelmesini istemiyorduk doğrusu. Üstelik bizim için de müthiş bir zaman kaybı olacaktı. Dert anlatma sıkıntısı da cabası.

Güle oynaya geçen saatler, tamir işinin uzamasına rağmen, tamircinin konukseverliği, oğlunun sevimliliği, arkadaşının elinden geldiği kadar yardım etme çabası, TIR şoförünün üşenmeden bizimkileri helaya taşıması, vs. hangisinden şüphelenip, kimi suçlayacaktık. Ama öte yandan da kararlı görünmeli, 'kamerayı bulun'da direnmeliydik. Gece yarısına kadar oralar buralar karıştırıldı, atölyenin içine dışına, yanındaki çöplüğe, arkasındaki odaya bakıldı. Yok. Artık umutlar kesilmek üzereydi ki TIR'cı bir kenara çekip, "Makineyi bunlar çaldı. Sıkıştırın verecekler," dedi. Ne olduysa, aralarında ne konuşuldu, neler geçtiyse, anlamıştı bir şeylerden. Bunun üzerine, "Polise gidiyoruz. Hiçbir yere ayrılmayın," dedik, tam o sırada, atölyenin damından ses geldi.

"Bulundu, bulundu..." Kamera bulundu, biz 'sevindirik olduk'. Tamirci hiçbir şey söylemeyip pişkinliğe vurdu. TIR şoförü, utanç karası yüzünden hiç eksik olmadan herkes adına özür diledi. Biz kendisine minnetlerimizi belirttik. Gerçekten baştan beri onun tutumu, çalınan kameranın bulunmasında çok işe yaramıştı.

Birbirimize geçmiş olsun deyip, tamirciye de öfkeli birkaç söz söyledikten sonra yola çıktık. Asıl iş yola çıktıktan sonra kendini gösterdi. Elimizi nereye atsak, bir şeyler eksikti. Gözlük, saat, kalem, çakı çakmak... neyse ki bu mini soygundaki kaybımız çok fazla değildi. Kamera şokundan sonra hepimiz, başımızın gözümüzün sadakası olsun havasındaydık. Bizim TIR'cıyla uzun süre aynı yönde seyrettik. Bir ara çeşme başında durduğumuzda o da aynı yere girdi. Son durumu anlattık, "Valla geçmiş olsun kardeşim," dedi. Haklıydı.

BEM

BEM'E HAYLİ GEÇ BİR GİDİŞ

2004 yılının Ocak ayında Bem'e gitmek için yola çıktığımızda depremin üstünden üç hafta geçmişti. İstanbul'dan beş kişi, bir minibüsle ayrılmıştık. Türkiye'de birlikte çalıştığımız yardım kuruluşlarına gözlem raporları hazırlamak, yapabileceğimiz bir şey varsa yapmak, en önemlisi de tanık olmak için gidiyorduk. Yolculuk yapacağımız minibüs bedensel engelliler için özel olarak düzenlenmiş bir araçtı, gerekirse Bem'de kullanılabileceğini düşünüyorduk.

Mevsimden biraz endişeliydik ama yola çıkınca unutuldu. İç Karadeniz'de Tosya üstünden geçen dere yolu seyir için gayet uygundu. Ama Sakaltutan'a girerken iklim değişti, karakış afet gibi çöktü, göz gözü görmez oldu. Sakaltutan yaz kış netameli yoldur ama bu ayazda asfaltın değil, pürüzsüz bir buz tabakasının üstünde gidiyorduk. Neyse ki Doğubeyazıt'a vukuatsız vardık.

27 Aralık 2003 günü sabaha karşı 5,30'da yaşanan 6.8 şiddetindeki deprem Bem'de 40 bine yakın insanın ölmesine neden olmuştu. On binlerce yaralı ve yüzde sekseni yıkılmış tarihi kent için İran'ın ve dünyanın dört tarafından yardım gidiyordu. Sınırdan çabucak geçtik. İlk molayı Tebriz'de verdik. İki İranlı arkadaşımızı da oradan alıp ertesi sabah yola devam ettik. İran'a girince iklim yumuşamıştı, güneye, çöle doğru indikçe gündüzler hayli sıcak olmaya başladı. Hiç durmaksızın Bem'e vardık.

Bundan sadece üç ay önce sabaha karşı geçmiştim bu yoldan. Nepal'e doğru gidiyorduk, önümüzde Pakistan ve Hindistan vardı geçilecek. Aslında duracaktık, aramızda da konuşmuştuk arkadaşlarla, Bem'de hiç değilse birkaç saat duraklayalım, o muhteşem kerpiç kaleyi, çevresindeki yerleşimleri, toprak surları görelim, diye ama yol tutmuştu işte, bir kez kaptırınca. Saat pek uygun değildi Bem'e girmek için, girersek en az yarım gün kaybedecektik yoldan, dönüşte geliriz, diye gerekçelendirmiştim kararı aklımca. Böylece ertelenmişti Bem ziyareti. Aradan altı hafta geçmiş, biz Nepal'den dönüşe geçmiştik. İran'a girer girmez önümüzde iki yol vardı Türkiye'ye giden. Yollardan biri, Bem'den geçen Yezd, Tahran üstünden Tebriz'e ulaşan batı yoluydu, diğeri ise kuzeye çıkan Meşhed'den Hazar kıyısını izleyerek Tebriz'e ulaşan yoldu. Gidiş yolundaki kararı ne unuttuk ne de iptal ettik. Sadece, kuzey yolundan gidelim, geçmediğimiz yerlerden geçelim, yüzyıllardır yerinde duruyor nasıl olsa Bem, bir dahaki sefere uzun zaman ayırırız, diye düşünmüştüm. Nitekim, Zahedan'dan batı yoluna girmeyip kuzeye tutmuştuk dümeni.

Böyle olur işte. Doğudan gelip kuzeye döndüğümüz günden beş hafta sonra bugün, batıdan gelerek Bem'e gidiyordum. 96 saat önce İstanbul'dan çıkmıştık.

Bem, Lut çölünün kıyısında eski bir yerleşim. İpek yolu var olduğundan beri Bem de vahada bir konak olarak kervanları ağırlamış. Paye dağlarına sırtını yasladığı için yağmur alan bitek topraklara sahip şehir, hurma ağaçlarıyla bugün de İran'ın, hatta belki de dünyanın en beğenilen hurmalarını üretiyor. Ama sadece bu kadar değil, çölün kıyısındaki şehir, Afganistan sınırına da Pakistan sınırına da yeterince yakın ve gerektiği kadar uzak. Bu nedenle hurma ihracıyla yetinmeyen bölge, dünya uyuşturucu ticaretinin de düğüm noktalarından biri olmuş.

Bem'in on ikinci yüzyıl öncesine tarihlenen toprak kalesi, dünya kültürel mirası arasında. Kerpiç ve kil sıvayla yapılmış kale, gerek yapım tekniği gerekse görünümüyle son derece etkileyici. Şehir, çevre kentlerin, özellikle Kirman'ın sayfiye yeri aslında. Daha doğrusu, bir zamanlar böyleymiş bu söylediklerim, nüfus 120 bin kişiyken, depremden önce.

Şehre vardığımız zaman, aradaki büyük fark şuydu: 2003 yılının son günlerinde erken bir sabah vakti yaşanan felaket Bem'i tarumar etmiş, on binlerce ölü ve yaralıyla harap bir kent ve toprağa karışmış bir Bem Kalesi bırakmıştı arkada.

HER YIKINTININ BAŞINDA BİR ÇADIR

Hüzünlü bir konvoyun peşinden şehre girdik. Uluslararası yardım kuruluşlarının kampını bulduk, çadır kurup yerleştik. Futbol sahasının yanında geniş bir alandaydı. Çok sayıda yardım kuruluşu çalışmalara başlamıştı. Kamp hem bu sivil kuruluşlar hem de resmi makamlar tarafından organize ediliyor, gidip gelenlerin kaydı yapılıyor, denetleniyordu. İyi geldi bize. Marmara depreminde yaşadığımız oırganizasyon bozukluğu ve karmaşadan sonra, herkesin eline birer tanıtım kartı verilmesi ve kriz koordinasyon merkeziyle ilişkilendirilmesi önemliydi.

Şehre çıktık. Aradan yirmi gün geçmişti ama sokakta çöp arabaları çalışıyordu, ilk izlenim bu oldu. Beton binalar dehşetli bir kırılmayla yıkılmış, içindekileri ezip parçalayarak öldürmüştü. Kerpiç binalar bitkin bir iniltiyle çökmüş, içindekileri tozuyla boğarak öldürmüştü. Oysa İran'da hep deprem teknolojisiyle bina yapıldığını görmüştüm ben. Çelik konstrüksiyon arasına hafif tuğla örülmüş yapılardı yeni inşaatların hepsi. Bem'dekiler de böyleydi, doğrusu yıkılan bütün binalar çelik konstrüksiyondu ve bir anlam verememiştim duruma. Ana caddelerden çıkıp sokak aralarına girdiğimizde geleneksel mimarili tek katlı evler başladı; bir kısmı, özellikle bakımlı olanları, sağlam duruyordu ayakta.

Tam birinin önünden geçerken genç bir adam yolumuzu kesti, hal hatır sorduktan sonra sohbete başladık. Adı Muharrem'di, Kerman'da mühendis olarak çalışıyordu, depremden sonra aile büyüklerinin yanına gelmişti. Daha doğrusu, geriye kalan aile büyüklerinin, çünkü her aileden en az dört-beş kişi ölmüştü maalesef. Çelik konstrüksiyon yeni binaların da depreme dayanamadığından söz açılınca şunu anlattı Muharrem; binaların kolon ve kirişleri demirden yapılıyordu tamam ama, son yıllarda gevşeyen denetimler, hele seçim zamanı yerel yönetimlerin göz yummasıyla birlikte kolonların arasına çapraz atılması gereken bağlantılar yapılmıyordu. Maliyet böylece düşüyordu, çünkü Irak savaşından beri demir fiyatları akıl almaz derecede yükselmişti zaten. Çapraz atılması gereken bağlantılar binanın esas salınımını sağlıyordu. Üstelik demirlerin bağlantıları vidayla yapılması gerekirken, işçilikten kazanmak için kaynak kullanılmış, bu da kırılganlığı artırmıştı. Durum gayet açıktı. Hiç bükülmez gibi görülen demir putrellerin nasıl olup da helezonik kıvrımlar yaptığı anlaşılıyordu.

Mahalle aralarına girdikçe bizdeki depremlerden sonra kurulan çadırkentleri görmeyi beklerken her evin önüne birer birer kurulmuş çadırları çıktı karşımıza. Kimse evinin başından ayrılmamıştı, ayrılmak da istemiyorlardı. Bir neden olarak her evin arkasındaki uçsuz bucaksız hurma bahçelerini sahipsiz bırakmak istemedikleri söyleniyordu, diğer taraftan, bahçelerde gömülü, Pakistan ve Afganistan'dan ithal edilmiş daha değerli 'malları' terk etmek istemedikleri anlatılıyordu.

BEHSİSTİ'DEN ÜÇ GENÇ

Afganistan'daki çalkantılar başladığından beri Bem göç alıyordu. Depremden sonra da durmamıştı göç. Çevre yerleşimlerden gelen yoksullar, hem depremzede yardımlarından nasiplenmek amacıyla hem de günahı boyunlarına haramilik için Bem'e göçmüşlerdi. Ben diyenlerin yalancısıyım. Ama ilk gözlemlerden değil, aradan bir hafta geçtikten sonra da aynı şeyi söyleyebilirim ki, Bem'in girip çıkmadığım mahallesi, sokağı kalmadığı halde herhangi bir karmaşaya, paniğe rastlamadım. Çadırlar dağınıktı, birbirinden uzak evlerin önündeydi ama, yardım dağıtımı gayet düzgün işliyordu.

O sabah erkenden Behsisti'nin ana deposuna gitmiştik. Mahallelere yardım dağıtan küçük pikaplardan birinin arkasına görevli gençlerle birlikte yerleştik. Daha doğrusu, tünedik. Çünkü pikap tepeleme giysi, yiyecek kolisi, ekmek çuvalı, su şişesiyle doluydu. Biz yardım görevlisi önlüğü giymiş üç gençle birlikte toplam beş kişiydik. Behzad, Ali ve Hüseyin, Tahran Üniversitesi'nde ekonomi okuyorlardı. Bütün gün onlarla dolaşmıştık. Her sokağa girildiğinde arabanın geldiğini gören depremzedeler, ellerindeki karnelerle birlikte çadırlarının önüne çıkıyorlardı. Koşuşma, yardım kapışma, feryat figan, arabaya hücum falan yoktu hiç. Oysa birkaç gün önce, Türkiye'deki televizyonlar Bem'den yağmalama ve talan haberleri veriyor, yardım dağıtan yabancı kuruluş gönüllülerinin tartaklandığını duyuruyordu. Bu haberleri bir kere vermekle kalmadılar, tekrarladılar. Gelişmeleri izleyip düzeltme yaptıklarını sanmıyorum. Kuşkusuz böylesine sert koşullarda yaşayan insanlar ile yardım dağıtan gruplar arasında kimi zaman tartışma çıkabilir ama bunun yağma ve talana dönüşmediği ortada. Hatta öyle ki, bir duvarı tamamen yıkılmış bakkal dükkânının raflarındaki bisküvi ve konservelerin olduğu gibi durduğunu, aynı durumdaki bir manavda patateslerin filizlenmeye başladığını gördüm.

Behzad, Ali ve Hüseyin'le mahalleleri dolaşırken, çadırların önünde duruyorduk. Behzad orada bir yere çöküyor, kendisine gelen karneleri inceleyerek bir gün önce alınan malzemeden farklı olan ne varsa onu kaydediyordu. Karneyle birlikte Hüseyin'e giden depremzede arabadan ihtiyacını karşılıyordu. Ali ise kimi zaman malzemelerin taşınmasına yardım ediyor, kimi zaman bir sonraki çadıra giderek hazırlık yapıyordu. Oldukça hızlı ve düzenli gidiyordu dağıtım. Her aileye verilen karneyle karmaşanın ve fazla dağıtımın önüne geçilmiş oluyordu. Depremzedelerin acil ihtiyaç malzemelerine yeterince sahip oldukları anlaşılıyordu. Bu tespit sadece tahminle ya da gözlemle değil, bizatihi defalarca yaşanarak yapılmıştır. Yeri gelirse anlatırım.

Mahalle aralarında dolaşırken gençler, ufak tefek ev içi yardım işlerine de el atıyorlardı. Bir çadırın gerilmesi, bir çuvalın taşınması, kurumuş çamaşırların toplanması gibi yardımlar, depremzedelerin kendilerini daha iyi hissetmelerine de katkıda bulunuyordu. Akşama doğru bir mahalleye girerken gençlerde bir hareketlenme oldu. Hınzır bakışlar, sataşmalar, kinayeli sözlerle, Behzad'ın üstüne gitmeye başladılar. Behzad da utangaç karşılıklarla saldırıları savuşturmaya çalışıyordu. Ne olup bittiğini anlamıyordum ama bir şeyler sezmiştim, nitekim az sonra işin aslı anlaşıldı. Araba bir çadırın önünde durdu. Yakındaki birkaç çadırla birlikte bize yaklaşan genç kızlar grubunun içinden bir kız, aynı Behzad'ın hali tavrıyla yaklaşıyordu. Yanındaki arkadaşları da bizim arabadaki hınzırlardan farklı değillerdi doğrusu. Hayat her koşulda devam etmekteydi.

Behzat kızlara "ahşap fanusun gülistanları," diye takılıyordu. Eşya dağıtımından fırsat buldukça yaptığımız konuşmalarda geleeğe dair endişelere söz etmişti. Ne yaşadığı toplumda olan bitenleri görebiliyordu, ne de geleceğini. Ne yapacağını bilmiyordu. İş bulmak gittikçe zorlaşıyordu. İyi bir eğitim almıştı ancak İran'da karşılığı yoktu. Askerden sonra pasaport alır almaz Amerika'daki amcasının yanına gitmeye çalışacaktı.

BEM'DE VE LİCE'DE ÇADIR ZİYAR(F)ETLERİ

Çadırlar arasında kendi başımıza gezindiğimiz, insanlarla selamlaşıp dertleştiğimiz günlerin hepsinde bu kadar da olur mu dedirten insanlıklar yaşadık. Konuştuğumuz, selamlaştığımız ya da göz göze geldiğimiz herkes bizi çadırına davet ediyordu.

"Bî ferma, bî ferma," diyerek.

"Müteşekkirem," "hayli memnun..." şeklindeki cevaplarımız sonunda kabalık haline gelince davete icabet etmek gerekiyordu. Onca girdiğimiz çadırın hepsinin içi tertemiz ve düzenliydi. Kadınlar ve erkekler birlikte oturuyorduk tabii ki ve herkes söyleyeceği ne varsa söylüyordu yaş, sıra ve cinsiyet gözetmeden. Bizi merak ediyorlardı daha çok. Durumlarından söz etmek özellikle kadınların daha çok yaptığı şeydi ama her konuşma "bize yardım etmeye, derdimizi paylaşmaya geldiğiniz için çok teşekkür ederiz..."lerle başlıyordu. Çoğu yoksul insanlardı. Varlıklı olanlar genellikle Kirman'a ve çevredeki diğer büyük şehirlere göçmüşlerdi. Çaresizlikleri nezaketlerinden ve kadirşinaslıklarından hiçbir şey eksiltmemişti. Mutlaka bir şeyler ikram ediliyordu çadırda. Çay, olmazsa meyve, mutlaka hurma ve vaktiyse yemek. Bem'de sabahları kendi çadırımızdan çıkarken gün boyu yemek için çantamıza koyduğumuz bisküvi paketleri her akşam olduğu gibi geri geliyordu. Doğrusu, insanlara yük olmak, zaten bu zor koşullarında bir de yemeklerine ortak çıkmak istemiyorduk ama davetlerini reddetmek de büyük saygısızlık oluyordu. Üstelik, bizi dinlerken biraz olsun karabasanlarından da uzaklaşmış oluyorlardı sanki, ya da bana öyle geldi. Velhasıl, çadırlardaki ikramlar bir yana ayrılırken de cebimize hurma torbaları, kuruyemişler koyuyorlardı. "Siz çalışıyorsunuz yorulmayasız, elleriz agrimasın, hoşamedi, hoşamedi..." diyerek. İnsanlık hali işte.

Ben bu insanlık hallerini daha önce de yaşadım, bilirim. Bilirim de, hayatımda depremlerin nasıl olup da bu kadar çok ve önemli yer tuttuğunu anlayabilmiş değilim. Neyse, konumuz bu değil, bir eski deprem. Lice Depremi. Yıl 1976. Biz Ankara'da kapı kapı dolaşarak makbuz karşılığı topladığımız bir kamyon dolusu giysi ve yiyecekle depremden iki hafta sonra Lice'ye gitmiştik. İlçe merkezinde yaralar hâlâ kanıyordu, üstelik pek de bildiğimiz, inandığımız gibi yardım malzemelerini doğrudan ihtiyaç sahiplerine ulaştırma koşulları yoktu. En iyisi mi biz köylere mezralara ulaşmaya çalışalım, kendimiz gidelim, diyerek ayrılmıştık Lice'den. Gerekli ilişkileri kurup, araç ve kılavuz temin ettikten sonra bir minibüse sığdırabildiğimiz kadar eşyayla yakın bir köye gitmiştik. Orada eşya dağıttıktan sonra hayli uzaktaki bir mezraya gitme kararı verilmiş ve eşyalar katırlara yüklenmişti. Hayli uzun sürdü yürüyüş. Ankara'dan Lice'ye kamyonun kasasında sallana sarsıla sabahın köründe gelmiştik, zaten yorgunduk. Güneş batarken mezraya girdik. Üç ev vardı, üçü de yıkılmıştı, hava müthiş soğuktu. Çadırları kurduk. Tek direkli Kızılay çadırlarından bizim için de bir tane kalmıştı. İçine girdiğimizde hava hayli kararmıştı. Hepimiz ter içindeydik, ayaz çıkmıştı. İşte o sırada yarısı çürük bir soba getirdi yaşlı bir depremzede. Bizim çadıra girdi, sobayı kurdu. Kendisi kapının önüne oturdu, iki yarım boruyu da kapıdan dışarı verdi. Yanında getirdiği tahta parçalarıyla sobayı ateşledi. Az sonra bir gelin kapkara bir tencere getirdi sobanın üstüne. İçinde patatesler ve bir iki küçük tavuk derisi parçası yüzen, hayatımın en mükemmel çorbasıydı. O gece birbirimizin söylediğinden tek kelime bile anlamadığımız halde sohbet ettik. Biz uykunun kollarında erirken yaşlı adam sobayı beslemeye devam ediyordu. Sabaha kadar sanki toprağın derinliklerinden gelen bir sesle Kürtçe masallar anlattı. O gece hiç üşümedik.

GECE YARISI TOPLANTILARI

Bem'deki yardım çalışmalarının mahalle ve sokak esasıyla sürdürülmesi, özellikle afet sonrası yardım ve iyileştirme faaliyetleri konusunda az çok görgü ve bilgi sahibi olduğum için söyleyebilirim ki, en zor ve riskli modeldi. İnsanları çadırkentlere toplayarak ihtiyaçları kategorik hale getirmek, yardım faaliyetlerini hızlandıran, hatta kolaylaştıran bir yöntemdi. Bem depreminde ise şehir 11 bölgeye ayrılmıştı. Tıpkı İran'ın eyalet sistemi gibi. Her eyalet şehrin bir bölgesinin sorumluluğunu almış, Hilal-i Ahmer, Behsisti gibi gönüllüleri de içeren kuruluşları kendi kadrolarıyla bölgenin ihtiyaçlarını giderme çalışmalarına başlamışlardı.

Bize bu modeli, Kriz Merkezi yöneticisi, Kirman Vali Yardımcısı Dr. Alevi anlattı. Kriz merkezi, şehrin ortasındaki konteynerlerde çalışıyordu. Dr. Alavi'nin konteynerine alındık, ayakkabılarımızı çıkararak girdik, yerlere oturduk, Köşede iki telefon, yerde çeşitli dosyalar vardı. Dr. Alavi o kadar işin arasında açıklamalar yaptı, sorularımızı özenle cevapladı, notlar aldı. Bu arada zaman zaman konuşmamız kesiliyor, derdini anlatmaya gelen vatandaşlarla da görüşüyordu. Vakit gece yarısına geliyordu. Daha sonra fark ettik ki, kriz yönetiminin değişik alanlarındaki yetkililer geceleri ziyaretlere, görüşmelere ve brifinglere ayırmışlardı. Psikolojik Destek Ünitesi'nin sorumlusu Dr. Farajpoor da bizi hastane bahçesindeki konteynerde gece yarısından sonra kabul etmişti. Biz son ziyaretçilerdik, bizden sonra da hem ofis hem toplantı salonu olarak kullandığı konteynere yer yatağını serip uyuyacaktı. Sabah erkenden ekibiyle yapacağı toplantıdan sonra alan çalışmaları başlayacaktı.

Ülkenin çeşitli üniversitelerinden gelen gençler, bizdeki SHAÇEK'e benzeyen Behsisti teşkilatı bünyesinde çalışıyorlardı. Bölgelere göre çadırları teker teker geziyorlardı; her çadırda uzun sohbetler ediliyor, dertler dinleniyordu. Bir gün boyunca Erdebil'den gelen Behsisti gönüllüsü iki genç kadınla birlikte dolaştık. Zeynep ve Feyruz, psikoloji son sınıfta okuyorlardı ve bir haftadır kendi bölgelerindeki çadırları gezerek özellikle kadınlarla dertleşiyorlardı. Hepsi bu. Dinlemek, anlamak ve paylaşmaktı yaptıkları. Onlarla birlikte bir ailenin yıkılan evini gezdik. Daha doğrusu, çadırlarında oturmuş çay içerken, bir süre sonra anne, "Gelin, evi göstereyim," dedi. Peşine takıldık. Yandaki okulun yıkıntıları arasından geçip arkadaki mahalledeki toprak yığınlarından birinin üstüne çıktık. Feyruz'a anlatmaya başladı, teker teker odaları, salonu, mutfağı gösteriyor, nasıl döşendiğini tarif ediyordu. En son banyoya girdiğimizde nasıl olduysa ayakta kalmış duvardaki kan izlerini o göstermeden fark ettik. Küçük kızları tam burada ölmüştü.

BEM HÂLÂ YAŞIYOR

Bem'de sokaklar arasında gezinirken, şehrin dış mahallelerine doğru bir evin yıkıntısına kurulmuş çadıra konuk olduk. Çadır, bir zamanlar bahçe kapısı olduğu anlaşılan büyük demir kapının dibine kurulmuştu. Kapı olduğu gibi ayaktaydı ama bu haliyle düzlüğün ortasında gerçeküstü bir figür olarak duruyordu. Yeryüzünden gökyüzüne açılan bir kapı gibi. Evin, kapının, daha doğrusu çadırın sahibi Abdülvahit, İngilizce öğretmeniydi, Beluc kökenliydi. "Seneye hurma yiyemeyeceksiniz," dedi

Abdulvahit. Şimdi ağaçların budanma mevsimiydi ama kimse kalmamıştı budamayı yapacak. Kalanlarda da derman yoktu. Abdülvahit 'hükümetin işler yolunda, her şey kontrol altında, en kısa zamanda şehri ayağa kaldıracağız' şeklindeki, bizim de hiç yabancı olmadığımız sözlerini hiç de inandırıcı bulmuyordu. "Hükümet çadırkentleri kurdu, koşullar daha iyi olmasına rağmen ben çadırkente gitmeyeceğim. Evimin yanından ayrılmayacağım. Bem'de inşaatları kontrol etmeyen belediye her şeyin suçlusudur. Kuran depremin olacağını yazıyordu ama hiçbir yetkili gerekli önlemleri almadı," diyordu.

Bir hafta sonra kum fırtınalarının başlayacağını söyleyen Abdülvahap, ellerindeki çadırların fırtınaya dayanamayacağını anlatıyordu ki aniden patlayan bir rüzgâr boşluğun ortasındaki kapıyı savurup büyük bir gürültüyle kapattı. Bir anda toz duman bürüdü her yanı, neredeyse zor duruyorduk ayakta. Abdülvahap rüzgârı ilk hissettiği an çadıra koşmuş, zorlukla birkaç parça taşla havalanan yerleri bastırabilmişti. Rüzgâr başladığı gibi bitti. Eğer biraz daha sürseydi bırakın çadırı, biz bile zor ayakta kalacaktık.

Bem'den ayrılacağımız gün bir yıkıntının üsüne asılmış şu yazıyı gördük, bir imdat çığlığı, biraz da umutlu bir haykırış gibi: Bem hâlâ yaşıyor.

MEŞHED

HORASAN'DAKİ BÜYÜK TÜRBE

Horasan... Hafızamdaki tonlaması müthiş. Hazar Denizi'nden Kevir Çölü'ne uzanan, doğunun tarihinin yazıldığı topraklar. Kelime anlamıyla 'güneşin doğduğu yer'.

Eski Horasan, bugünkü sınırlar üstünden tarif edilecek olursa, İran, Afganistan, Türkmenistan ve Özbekistan'ın arasındaki ülke. Savaşların, çatışmaların, sanatların, bilimlerin, hurafelerin merkezi olmuş zamanında. Efsanevi Horasan'ın kentleri, yolları, kervansarayları, önce Moğol akınlarında tarumar edilmiş, sonra ardı ardına gelen depremler geri kalan ne varsa silip süpürmüş. Bu dağlık bölge bugün ıssız. Verimli toprakların az bir kısmı işlenebiliyor. Yine de, İran Horasanı'nın başkenti Meşhed'e girince sebze meyve bolluğu, kuruyemiş çeşitliliğinden insanın gözü kamaşıyor.

Bu kent, Şia'ların en önemli hac merkezi. Her yıl özellikle 21 Mart'a gelen yılbaşında ve hac mevsimi sayılan Haziran-Temmuz aylarında milyonlarca İranlı, İmam Rıza Türbesi'ni ziyaret etmek için Meşhed'e geliyor.

Meşhed, bir zamanlar, Sanabad diye anılan küçük bir kasabayken, Muhammed'in sekizinci göbekten torunu İmam Rıza'nın 817'deki ölümünden sonra, hızlı bir gelişim yaşamış. İmam Rıza'nın ölümü hakkında rivayet muhtelif. Çok yakını olan Ma'mün tarafından zehirlendiğine inanılıyor. Bir gün, Horasan'ın kehribar üzümlerinden yerken hakkın rahmetine kavuşmuş. Ancak şu da biliniyor ki, Ma'mün, İmam Rıza'yı Sanabad'da, öz babası Harun Reşid'in yanındaki türbeye defnetmiş. Her neyse, 'Şehidin Mekânı' anlamına gelen Meşhed, ismiyle birlikte bu tarihten sonra büyüyüp gelişmiş. Türbe de, şehir de hâlâ büyümeye devam ediyor. Meşhed, Irak savaşı sırasında, sınıra en uzak kentlerden biri olduğu için çok fazla göç almış.

İslam Devrimi'nden sonra artan hacı akınıyla birlikte, türbe, pek çok eklentiler, yeni yapılar, medreseler, mescitler, kabul salonları, kütüphaneler, işlikler ve hepsini süsleyen ince bezemelerle birlikte büyük bir kompleks halinde, sonu gelmeyecekmiş gibi inşa ediliyor.

Kentin ortasında, bütün yolların kesiştiği yerdeki türbenin etrafını saran yüksek duvarlarla çevrili bu uçsuz bucaksız kompleks, Estan'e Ghods'e Rezavi diye biliniyor. Şimdiki durumda, üç müze, dört cami, on iki avlu, her biri mescit olarak da kullanılan çok sayıda irili ufaklı salon, iki büyük, iki daha küçük ana giriş kapısı, altı medrese, çok sayıda kütüphane, postane, kitabevleri ve konferans salonlarından oluşuyor. Gelecek yıl neler eklenir, bilinmez.

Meşhed'in tarihi, İmam Rıza Türbesi'nin tarihiyle koşut, demiştik. Bugüne kadar, hem şehir hem türbe inişli çıkışlı bir hat izlemiş. İstilalar olmuş, yıkımlar yaşanmış, yeniden kurulmuş, ziyaretçisi azalmış, çoğalmış, bugüne kadar gelmiş. Moğollardan, Afganlardan, Özbeklerden sonra şehrin son yıkımı istila ya da savaş nedeniyle değil, 1997'deki büyük depremde yaşanmış. Türbeye son saldırı ise, 1994 yılında mozolenin yanına yerleştirilen bombayla yapılmış. 27 kişinin öldüğü bu saldırıdan sonra, güvenlik önlemleri iyice artırılmış, giriş çıkış sıkı tutulmaya başlanmış.

Estan'e Ghods'e Rezavi'ye elimizde kolumuzda ne varsa ana kapıdaki vestiyere bıraktıktan sonra girdik. Kadınlar kapıda verilen çadorlara büründüler. Konferans salonuna alındık. Yüksek tavandan dört dev kristal avize sarkıyordu. Halılarla döşeli salonda, yüzden fazla seminer koltuğu, karşıya asılı sinema perdesine, köşede duran büyük ekrana ve külliye planlarına dönük dizilmişti. Önümüzdeki sehpalarda, güllü lokum tabakları ve sürahiler duruyordu. Girişte gösterdiğimiz pasaportlardan anlamış olacaklar ki bizi karşılamaya bir Türkmen öğrenci geldi. Görüntüler eşliğinde uzun bir brifing aldık. Meşhed'in ve İmam Rıza Türbesi'nin tarihini dinledik. Her birimize türbeyi ziyaret ettiğimize dair beratlar verildikten sonra dışarı çıktık. Türkmen rehberimiz eşliğinde koridorlardan, eyvanlardan, salonlardan, avlulardan geçerek, kabrin olduğu yapıya doğru ilerlemeye başladık.

Külliyeyi bir günde gezmek olanaksızdı. Rehber eşliğinde birkaç gün ayırmak gerekiyordu. Yabancıların yalnız dolaşmasına izin verilmiyordu, zaten birbirine benzeyen salonlarda avlularda koridorlarda kaybolmadan gezinmek pek mümkün değildi.

Türbeye yaklaşırken ortalık iyice kalabalıklaştı. Dua edenler, yerlerin tozunu süpürerek alıp götürmek için torbalara dolduranlar, bir cenazeyi son merasim için musalla niyetine taburelerin üstüne yerleştirenler ve her köşede yığılmış yüzlerce secde taşlarını alıp namaza duranlar arasından geçerek ilerliyorduk.

Bu secde taşları, pişmiş küçük kil tabletler. Genellikle yuvarlak ya da altıgen şeklinde yapılıyor. İlk bakışta sabun kalıbını andırıyor. Üstlerinde dua yazılı. Şialar, namaz kılarken, alınlarını seccadeye değil, bu toprak tabletlere koyuyorlar.

Sonunda sandukanın bulunduğu salona geldik. Kadınlar ve erkekler ayrıldı. İlk adımda mahşeri bir kalabalığın içine düştük. Uzakta, sandukayı çevreleyen gümüş parmaklıklar görünüyordu, ancak ilerlemek gerçek bir göğüs göğüse savaş düzeni gerektirmekteydi. Rehberimizin gözetiminde, güç de olsa ilerleyerek maksadımıza ulaştığımızda, önceden tembihlendiğimiz gibi, parmaklıklara dokunarak bir dilek tuttuk. Kimse kimseye söylemedi ne dilediğini. Belki bazılarımızın dili sürçmüş, "Şefaat ya Resulallah" yerine "Seyahat ya Resulallah" demiş olabilir...

Külliyeden çıkarken akşam olmak üzereydi. Önce içerideki vestiyerden ayakkabılarımızı, sonra dış kapıdaki emanete bıraktığımız çantaları aldık. İçeri girmek yerine kapıda bizi beklemeyi tercih eden iki kadın arkadaşımız, kaldırıma oturmuş, gelen geçenle şen şakrak sohbet ederek, fotoğraf çekiyorlardı. Oysa biz beklemekten sıkılacaklarını, yalnız başlarına tedirgin olacaklarını düşünmüştük. Meğerse işler yolunda, keyifler yerindeymiş. Yürümeye başladık. Şiraz'ın meşhur tatlıcıları, akşam müşterilerini ağırlıyordu. Baklavaya benzer üçgen tatlılardan herkese yetecek kadar aldım. Otele doğru yürüyorduk, İmam Rıza Bulvarı kalabalıktı. Belediye otobüsleri ağzına kadar dolu geçiyordu. Hem kadınların olduğu ön bölüm, hem de erkeklerin kullandığı arka bölüm tıklım tıklımdı. Durağa yanaşan otobüsleri, inen binenleri, insanların akşam hallerini seyrederken biri geçti önümüze. Ufak tefek, derviş görünüşlü, kendi halinde sokaklarda dolaşan genç mollalardan biriydi. Cüssesinden umulmayacak boru gibi bir sesle avaz avaz bağırıyordu. Ne olduğunu anlayamamıştık. Bağırtıları önce üstümüze alınmamıştık, sonra kolumuzdan bacağımızdan çekerek bizi bir yere götürmeye çalışınca derdinin bizimle olduğu ortaya çıkmıştı. Önden giden kadın arkadaşlardan birinin, uzun pardösüsü altında çorabı sıyrılmış, ayak bileği iki parmak görünüyordu. Derdi buydu adamın. Etraftakiler müdahale edip, bağırtısını kestiler. Çorap olması gerektiği gibi düzeltildi, biz otele doğru devam ettik yola.

Sabah yerleştiğimiz otele, otel demek doğru olacak mı bilmiyorum, apart otele benzer eve gidip, karnımızı doyurup dinlenmek niyetindeydik. Bu evi bulmak hoş bir rastlantı olmuştu doğrusu. Meşhed'e girdikten sonra elimizdeki listeden baktığımız otellerin hepsi bütçemizin çok üstündeydi. Meşhed otellerinin çoğu, şık, konforlu, yıldızlı otellerdi ve fiyatları bizi aşıyordu. Denemeler sonuçsuz kalmıştı. Uygun bir yer bulamamıştık. Yorgunduk, bir yere sığınmalıydık. Ne halt edeceğimizi bilmeden bulvarda otobüsü sürerken, kaldırım kıyısından birisi el etmiş, "hayırdır?" diye durup almıştık.

"Otel arıyorsanız ben sizi götüreyim. Ablamın evi var, rahat edersiniz, hem de ucuzdur," demişti genç adam. Öğretmendi, iyi birine benziyordu, en azından deneyebilirdik. Körün aradığı bir göz... İki cadde dönüp, paralel bulvara geçmiş, bir pasajın önünde durmuştuk. Kuyumcunun yanındaki kapıyı çalmış, cevap veren çıkmayınca, yandaki pasaja girmişti öğretmen. Az sonra elinde bir demet anahtarla gelmiş, kapıyı açıp buyur etmişti bizi içeri. Üst kata çıktığımızda, dayalı döşeli, beş odalı bir ev bulmuştuk. Buzdolabından televizyonuna, terliğinden sıcak suyuna kadar her şey tam tekmildi. Öğretmen, "Ayakkabıları çıkarıp öyle girin, yatakta da sigara içmeyin, komodinin üstündeki formları doldurun, şu da ablamın telefon," dedikten sonra gitmiş, bir daha da kendisini görememiştik. Sadece onu değil, otelle ilgilenen bir başkası da görünmemişti. Yerleşme işi bittikten sonra anahtarları yanımıza alıp şehre çıkmış, gece neden sonra geri döndüğümüzde genç bir oğlanı, holdeki sandalyede uyuklarken bulmuştuk.

İmam Rıza Türbesi'ni ziyaret etmiş, göreceğimizi görmüştük. "Biz sabaha gideriz," deyip paraları ödedik delikanlıya. Yıkanıp paklandıktan sonra, gece vakti Meşhed turu yapmak için çıkanlar çıktı, yatanlar yattı.

AFŞİN İLE FİRDEVSİ

Hezardestan'ın sahibi Afşin, şair bir arkadaş. İranlıların şiirle ilişkisi artık malum ama Afşin'inki biraz daha ileri. Tipi, hali tavrı tam bir şair de bir kitabı, birtanecik olsun dizesi bile yok. Neden böyle diye sorduğumda, *Şeyhname*'den cevap verdi bana. Firdevsi bu ihtişamlı eserin daha ilk sayfalarında şöyle diyordu:

> "Söylenecek bütün sözler söylenmiş, yeniden söylenmeye değer söz kalmamıştır. Ben de sana bunlardan birisini söyleyeyim.
>
> Fakat ne söyleyeyim? Benim her söylediğim benden önce de söylenmiş, bilgi bahçesinin her yeri gezilmiştir."

Böyle dediği halde Firdevsi, 60 bin beyitlik destanı yazar. Eserin 974-999 yılları arasında tamamlandığı sanılıyor. 920-1020 yılları arasında yaşayan şairin hayli ileri yaşlarda kaleme aldığı eser, İran tarihini bir bütün olarak anlatır. Daha önce varlığı bilinen iki Şeyhname'nin dışında sözlü kültürün ürünü olan ve yüzlerce yıldır dilden dile dolaşan hikâyeler yanı sıra, Avesta ve Hint İran mitolojisi de yazara kaynak olmuştur. İran tarihini ve geleneklerini konu alan ilk eserlerinden, 631-637 tarihlerinde Danişver tarafından yazılan *Hüdayname* de yazarın yararlandığı önemli kaynaklardan biridir.

İçeriğinin yanı sıra, oldukça sade bir üslûpla kaleme alınan ve tek bir vezin kullanılan destanda, benzetmeler ve güçlü imgelerle birlikte etkileyici tasvirler, dünya şiiri içinde önemli bir yer tutmasını sağlar.

Şeyhname'nin ilk Türkçe tercümesi on altıncı yüzyılda Kansu Gavri adıyla Tatar Ali Efendi tarafından yapılmış. Manzum ve eksiksiz bu tercümeyi daha sonra parça parça tercümeler ve manzum olmayan kimi çalışmalar izlemiş.

Tus'lu Ebulkasım, Firdevsi mahlasıyla yazdığı eserini -bir söylentiye göre- Gazneli Mahmut'a ithaf etmiş. Ancak Şair'le Sultan arasında bir tuhaf ilişki yaşanmış, ya biri diğerini anlamamış ya beriki ötekinin tavrını yadırgamış, ya da araya giren münafıklar ilişkiyi zedelemiş, yani ne olmuş tam bilinmez ama, Gazneli Mahmut, eseri tamamlayan Şair'e vaadettiği 60 bin altın yerine 60 bin gümüş dirhem yollamış. Şair bu ya, bunca ileri yaşta, üstelik böyle bir esere biçilen haksız değeri gerektiği gibi cevaplamış. Parayı alıp hamama gitmiş, bir güzel yıkanmış, üstüne de şerbet içmiş. Hamamdan çıkınca altmış bin dirhemi üçe bölmüş. Üçte birini parayı kendisine getiren ve Gazneli Mahmut'un gözdesi olduğu bilinen Ayaz'a, üçte birini hamamcıya, geri kalanı da şerbetçiye verip çekip gitmiş. Önce Herat'a, oradan Bağdat'a, oradan memleketi Tus'a.

Neden sonra kendine gelen sultan hatasını anlamış ve telafi etmek için Şair'in arkasından 60 bin dirhem altını Tus'a yollamış. Ancak hayli geç ulaşmış kervan şehre. Söylendiğine göre, Tus'un bir kapısından altın kervanı girerken, diğer kapısından Firdevsi'nin cenazesi çıkıyormuş.

HEZARDESTAN'IN ÇALGICISI

Afşin de Meşhed'de açtığı mekâna, *Şeyhname*'nin içindeki hikâyelerden esinlenerek Hezardesten-Yüzdestan adını vermiş. Kendi elleriyle de süslemiş, duvarlarını, kemer kavislerini, sütun çevrelerini *Şeyhname*'den dizelerle, tasvirlerle bezemiş. Küçük bir sahne yapmış bir köşeye, ortaya bir süs havuzu kondurmuş, etrafını minderli kerevetler, alçak sehpalarla donatmış, huzur içinde çay içip kâlyân çekerken sazendelerin dinlendiği duvarlardaki *Şeyhname* beyitlerine göz atıp gönül açılan bir yer haline getirmiş. Belli ki Firdevsi, şairlerin şahı onun için. Müzisyenlerin şahı da, ortalıkta dönüp duran, çay getirip kâlyân ateşleyen şu yakışıklı genç olsa gerek. Biraz önce sahnede kopuz çalıp şarkı söyledi, ama öyle bir söyledi ki bütün dinleyenler mest oldu, şimdi o mestlikle oturmaktalar. Bir ara tekrar sahneye çıkmadan ayaküstü konuştuk. İsmi Parvıs'di. Horasan havaları çalmıştı. Kopuzu, halk müziğinin geleneksel sazıydı, az sonra Azeri havalardan bir şeyler okuyacaktı bizim için.

İran müziği bir eski müzik. Arap, Roma, Bizans, Hint, Kafkas müzikleriyle karışıp kaynaşıp bugüne gelmiş. Arada Osmanlı'ya da temas edip doğusuyla batısı, kuzeyiyle güneyi arasında köprü olmuş. Ortadoğu ve Ön Asya müziklerinin tüm özelliklerini barındırdığı söylenir. Makam esaslı klasik İran müziği kentli bir karakter taşır, halk müziği diye tanımlanan grup ise İran'da yaşayan halkların kimliğini yansıtır. Yedi grupta toplanır İran halk müziği: 1-Azeri, 2-Beluci, 3-Lori, Bahtiyari ve Farsi, 4-Kürdistan, 5-Türkmen, 6-Horasan 7-Gilan, Taleşi ve Mazenderan müzikleri.

Klasik müzikte santur, ud, ney ve tanbur kullanılır. Ama bunların dışında telli çalgılardan divan, tombirek, tamboorak, dotar da vardır. Telli-yaylı sazlardan kemancha, rebap, sorood yaygın olarak kullanılır. Vurmalı çalgılardan ise davul, tas, naghâre, def, tombak, seng, İran müziğinin ritim sazlarıdır.

Yaşayan büyük ustalarının tümü İranlı olan santur, Cumhuriyet öncesi Klasik Türk müziğinde de yaygın olarak kullanılan ve sevilen bir sazken, sonradan unutulmuş. Nedense bugün ne santuriler var, ne santurun eşlik ettiği şarkılar bizim dilimizde. Ben gelirken bir santur aldım, akordu bozulana kadar onunla çalıp söylüyorum birkaç şarkıyı. Akordu bozuldu mu işim zor, çünkü kanun gibi yatay gövdeye gerili tellerin sayısı tam 72 adet. Santur, son derece zarif iki çubukla tellere vurarak çalınıyor. Çubukların ucundaki keçeler tellere dokundukça, en bilmeyenin elinden bile müthiş ahenkli sesler çıkıyor. Bu haliyle santur, piyanonun büyük atası olarak biliniyor.

KÂLYÂN İLE CİGARANIN KARŞILAŞTIRMASI

Meşhed'de geceler canlı. Dükkânlar geç vakte kadar açık. Kuruyemişçilerde, tatlıcılarda hareket hiç bitmiyor. Cins cins safran çuvalları her dükkânın en gözde yerine konmuş. Horasan'ın safranı meşhur. Ucuz olmasına ucuz ama bedava da değil hani. Nasıl olsun ki, bin küsur çiçekten, on beş gram safran ancak çıkıyor. Ama bu Horasan safranının minik bir tutamı, koca bir tabakta gelen İran pilavı çellonun piştiği bütün kazanı boyamaya, mis gibi rayiha vermeye yetiyor. Servis yapılırken, tepeleme dolu tabağın üstüne serpilen bir fiske de cabası. Gece vakti aç karnına Meşhed sokakları, kapanmaya hazırlanan kuruyemişçiler, türlü çeşit pestillerle yan yana sergilenen safranlar... İşte o safranlar insana çello kebap hatırlatıyor. Ancak bu saatte nerede?... Bulsak bulsak bir Azeri çayhanesi belki, onda da kalmışsa abguşt...

Uzun uğraşlardan sonra, bin denemenin ardından İran'da bir şehre gidince, 'çayhane' demek, 'Azeri çayhanesi', 'âzâdi çayhanesi' demek yetmiyor. Olmadık yerlere gidip boş dönüyorsunuz. 'Kâlyân, Kâlyân' diyeceksiniz. 'K'yi, 'G ile K' arasında bir vurguyla söyleyerek ve elinizle nargile marpucu kavrar gibi yapıp, dudaklarınızı büzerek duman çekiyormuş gibi püf püf sesleri çıkararak. O zaman, anlıyorlar nereyi aradığınızı. "Kâlyân, Kâlyân" gülüşmeleri arasında gideceğiniz yere götürüyorlar.

Kitabı buraya kadar okuyanlar artık biliyorlar ki nargilenin buralardaki adı 'kâlyân'. Bana gelince, bu ada ilk kez Ercüment Ekrem Talu'nun komik seyahatnamesi *Meşhedî ile Devrialem*'de de rastlamıştım. Ercüment Ekrem, gezi kurgusuyla ve gerçek gezi gözlemleriyle işlediği yazılarında, bir vakitler nam salmış nüktedanlığını konuşturuyor. Bugün pek rastlanmayan, mizahi gezi yazısı dalında ustaca kalem oynatıyor.

Ercüment Ekrem ilk yazdığı *Evliya-yı Cedit* adlı mizahi romanda da Evliya Çelebi'nin üslûbunu taklit ederek 1919-1925 İstanbul'unu işlemiş. Bu kitabın bir yerlerine sığışacak not olarak dursun bu bilgi. 1926 yılında *Akbaba*'da yayınlanan ve zamanında Meşhedi Cafer ve Torik Necmi tiplemeleriyle büyük sükse yapan tefrikası ise *Meşhedi ile Devrialem* adıyla kitap haline geldikten sonra iki baskı yapmış. Bendeki 1974 tarihli üçüncü baskıda R. Çalapala, "Meşhedi Cafer, kısa zamanda halkın sevgilisi haline gelmiştir. Hikmeti az fakat rintliği taşkın bir ikinci Nasreddin Hoca olmuştur," diyor. Kitaptaki Meşhedli Cafer, matrak bir tip.

Ancak onu komik kılan, Ercüment Ekrem'in İran Azerilerine de bulaşmış Acemlerin konuştukları dile hâkimiyeti. Bu müzikli, çıngırdaklı söyleyişin güzelliği kitaba değer katıyor. Ayrıca Meşhedi'nin kâlyânıyla yaşadığı dillere destan aşk da bir âlem. Meşhedli Cafer'in en büyük özelliği, mübalağa sanatının şahikalarını yaratması. Kitabın diğer tipi Torik Necmi de süzme bir külhanbeyi. Ercüment Ekrem, o dönem argosunu Torik Necmi'nin ağzından konuşturuyor.

Kâlyân deyip geçmemek lazım. Sigara tiryakileri bile ateş ve duman üstünden tütünle kurdukları ilişkiyi çoğu kez bir tören havasında yaşıyorlarsa nargileciler ne yapsın. Sarıp sarmalanmış, yaldızlı ambalajlarda cebe girmiş sigara paketini çıkarıp usulünce dudağına yerleştirdikten sonra afili bir edayla yakıp ilk dumanı salmak ve sadece bu kısacık sürenin hazzını tütünün keyfine katmak, tiryakisinin anlayacağı iştir. Bunu anlayanlar, nargilenin şaşaasına hak verir. Bir avuç bereketli toprak gibi sımsıkı duran tömbeki ateşle buluşunca, sudan süzülerek yükselen tütün dumanı alır götürür tiryakisini. Ateş, su ve toprak durumu hani. Sigara ise, nargilenin yanında, fast food kalır ki sofra adabı bilen keyif erbabını ayaküstü bozar. Nargilenin töreni, töresi ayrıdır. Ayakta ve şıpınişi olmaz bu iş. Rahat ister, vakit ister, muhabbet ister. Bedeni tercihen yumuşak bir yere, mümkünse el dokuması halı minder üstüne yerleştirmek gerekir önce. Sırtı dayamak önemlidir. Ne sert ne yumuşak, orta karar bir sırtlık, oturanı lök gibi hareketsiz bırakmayacağı için tercih edilir. Tiryaki, baston yutmuş gibi oturup kalmamalı, zaman zaman sağa sola dönerek oturuşunu değiştirebilmeli, çevresindekilerle, olup bitenlerle, gerektiği gibi ilgilenebilmelidir. İnce bir duman arkasında, rahatsızlık vermeden ve rahatsız edilmeyeceğini bilerek, hiç acele etmeden, kıvamını bekleyerek...

Nargilenin şişesi kadar marpucu da mühim. Has tiryakiler kendi kehribar ağızlığını yanında taşıyor; ağızlık yoksa, temiz kâğıttan bir rulo büküp tukuliye yerleştiriyorlar. Tam burada, dumanın doyurucu gelmesi kadar, sudan geçerken tok bir sesle, tiryakiye güven vermesi de önemli. Nargile ziyafet, sigara fast food ise, pipoya ne düşer, onu da erbabına sormak lazım gelir. Orası beni aşar.

ÇAYHANELERE DAİR BİR SIR

Meşhed'de bulduğumuz Azeri Çayhanesi, İran'da hiç rastlamadığım kadar sade, hatta fakirdi. 'Kâlyân, kâlyân' feryatlarımıza dayanamayıp bizi buraya getiren gençlerle yan yana, duvar dibindeki divanda otururken, cigara mı tüttürsem, nargile mi tokurdatsam diye kararsızlık içinde aklımdan geçen fast food-ziyafet karşılaştırmasını bir tarafa bırakıp etrafı seyre dalınca, kâlyân çayhanelerine astıkları, ortalığı cümbüşe boğan yüzlerce nesnenin sırrını da çözdüm.

Buraya gelene kadar hiç derdim değildi, şimdiye kadar gittiğim çayhaneleri donatan onca nesnenin niye orada bulundukları. Lakin tuhaf biçimde boştu bu çayhane. Bu 'boşluğun' bir nedeni olmalıydı, tıpkı 'doluluğun' bir nedeni olması gerektiği gibi. Boşluktan kastım, bu sayfaya kadar size İran'dan bol bol çayhane tasvirleri çizdim ya, hani onlara pek benzemiyordu burası. Sadeydi, birkaç yağlıboya tablo, birkaç fotoğraf ve röprodüksiyon resim ile mesirede çengi oynatan kadınlar sahnesi dokunmuş tüysüz duvar halısı dışında hiçbir şey asılmamıştı duvarlara. Bir de, sarkacı durmuş, ahşap kasası, mineli porselen kadranıyla hâlâ çok iddialı görünen rokoko duvar saati. Ortasında ne bir havuzu, ne boncuklu perdeyle ayrılmış bir bölmesi vardı çayhanenin; en kalabalık görünen köşesi, çay ocağının yoksul raflarıydı.

İsterseniz, baştan alalım burayı. Nargile çayhanesi ararken önümüze düşen gençlerle bir merdiven başına gelmiştik. Merdivenler bizi caddenin kalabalığından alıp, bodruma indirmişti. En alt basamağa vardığımızda görünen vitrinli buzdolabının içi bomboştu. Camları yağ ve toz karışımı bir buğuyla kaplıydı. Buzdolabının baktığı salon da dolabın içi kadar ihmal edilmişti.

Duvar diplerine beton sekiler yapılmış, bağdaş kurularak oturulsun diye geniş tutulmuş ve üstleri halıyla kaplanmıştı. Birkaç kat halı. İsfahan, Şiraz, Tebriz halıları. Ortadaki boşluğa bir sıra tahtadan oturma yeri konulmuştu. Orası satıcıların yeriydi. Akşam namazından sonra çantasını yüklenip heybesini sırtlayan satıcılar ortadaki sıranın bir boşluğuna yerleşip tezgâhlarını açıyorlardı. Tezgâhlar kurulur kurulmaz, duvar dibindeki sekiye yerleşmiş nargile çeken çayhane ahalisi, hafif kıpırtılarla yerinden doğrulup, tezgâhlarda sergilenen boncuklara, tespihlere, kilimlere, saatlere, yastıklara şöyle bir baktıktan sonra nargilesine dönüyordu....

İşte, Meşhed'deki bu çayhane, ki muhteşem adıyla adresi şöyle yazıldı defterime: "Felekeab Zileşergiye Bazaar Rıza Kahvehane Sunnetiye Ustad Şehriyar, sahibi Nasır Esenpur'dur." Nasır Esenpur, bütün ağırbaşlılığıyla girişteki kafesli tahtında oturup hesapları toplar. İşte orada, on beş basamakla inilen bodrumdaki bu sade çayhanede, 'ne işi var bunca öteberinin İran çayhanelerinde?' sorusuna cevap buldum.

İçimi haklı bir kıvançla dolduran bu buluşumu kutlamak için iki çay söyledim Nasır'ın yeğenine. Yine o müzikli Türkçe'siyle cevap verdi, "Ağa can şîrîni istersin?.." Soru cümlelerinde 'mi', 'mı' gibi lüzumsuz ekleri kullanmadan konuştukları bu dilin melodisi, 'dilini yiyim senin' kıvamında cevap verdiriyor insana. Hani, çayın yanında tatlı bir şey ister miyim, diye soruyor yeğen. Şirin'le bir alıp veremediğimiz yok, her Ferhat'ınki kendine aslında. Anlamazlıktan gelip, "Cânıım," diye sordum. Biri adınızı seslenince ya da size bir şey sorunca, "ha?", "ne var?", "söyle?"... şeklinde cevap verilmez burada. Ayıptır. İnceden bir "cânıım" çekilir ki yürekler ısınsın. Ben de öyle yaptım, tam da Hüseyin'den öğrendiğim gibi. Her adını anışımızda böyle cevaplardı bizi. Ben de yeğene çiçekçi Hüseyin'inkini aratmayacak bir 'cânıım' çekmiş olmalıyım ki çaylar yandan çarklı geldi.

Çaylardan birini, karşımdaki divanda oturan, küçük tahta bavulun kapağına sıra sıra astığı bir dolu kehribar tespihi durmaksızın silip parlatan satıcıya ikram ettim. Fark ettiyseniz eğer, çayhanelerin sırrına dair yukarıdaki sorumun cevabını 'faş etmeden' lafı dönüp dolaştırırken, küçük ipuçlarını ortalığa saçmayı da ihmal etmiyorum. Çayhaneleri tıklım tıkış, birbirinden alakasız nesnelerle doldurmalarının, hadi süs olarak iyi ama durup dururken ne münasebet yani, diye insanı düşündüren bu dekorasyon anlayışının maddi sebeplerine vakıf olmak için el cevap kehribar tespihçideydi ve gayet yalındı. İşte buyurun:

Bu çayhanelerin her biri aynı zamanda mini birer pazardı. Ancak burada satılan nesneler, günlük tüketim malzemeleri, temel ihtiyaç maddeleri değil, tamamen zevke, süslemeye, hayatı ayrıntılarla zenginleştirmeye yarayan nesnelerdi. Soluk aldırmadan asılmış, üst üste konulmuş eşyalar çayhanelerde kalıcı değildi. Alınıyor, satılıyor, yerine yenisi geliyor, ama hiçbiri bir öncekinin aynısı, tekrarı olmuyordu. Hani, mağazada satılıp biten bir malın yerine yenisi konur gibi değil. Tamamen rastlantıya, farklı zevklerin seçimine göre bir pazar oluşuyordu çayhanelerde. Malların hepsi bir kişiye ait değildi. Üstelik burada kimse kimseye bir şey satmaya çalışmıyor, asılı duran nesneler çaycıya emanet ediliyor, çoğu zaman sahibi de müşterilerle birlikte oturup nargilesini çayını içiyordu. Bir an önce satıp kurtulmak gibi bir kaygısı yoktu kimsenin.

Zaten dikkatli bir seçimle, zevke ve meraka uygun diye alınmış, getirilip çayhaneye asılmış eşyalar hemen elden çıkarmaktan çok, hakkını verecek olana, değerini bilene satılmak için bekletiliyordu.

Karşımda oturan tespihçiden uyandım duruma. Sunnetiye Ustad Şehriyar Çayhanesi yeni açılmıştı. Duvarları, tavanı boştu. Satıcılar yavaş yavaş geliyor, müdavimler yeni yeni oluşuyordu. Çayhane belki birkaç yıl içinde tam kıvamını bulduğunda onun da duvarları, Tebriz'de, Tahran'daki çayhaneler gibi dolacak, bir kenara oturup keyfedenler, nesnelerin şekline, duruşuna, hatırlattıklarına dalıp, onca kalabalık içinde daha önce görmediklerini görerek oyalanacaklardı. Olur a, beğendikleri, almak istedikleri bir şey çıkarsa, uzun uzun üstünde konuşmak, pazarlık etmek için muhatap ve zaman bulacaklardı.

Meşhed'deki çayhane ahalisi, şimdilik kehribar tespihçi, halı yastıklarını divanlara sermiş kilimci, İstanbul'da ve Mersin'de kuru gıda işiyle uğraştıktan sonra emekli olup bir saat tezgâhı kurmuş vakit öldüren saatçiyle oyalanıyorlardı.

NİŞABUR

ARAMGÂH-I ÖMER HAYYAM

Horasan'ı, Hazar Denizi'nin güneyinden geçerken ipek yoluna girdik. Meşhed'den sonra Nişabur'a düştü yolumuz. Kente varmadan, sol tarafı gösteren bir ok konulmuştu yol kıyısına, üstünde Aramgâh-ı Ömer Hayyam yazıyordu. Nişaburlu Hayyam'ın kabri, uçsuz bucaksız bir boşluk içinde dümdüz uzanan bu yolun sorundaydı:

Diyorlar ki dünyada perhiz yaşayan insan,
Ölmüş sayılır artık, yarın nasıl dirilir?
Biz hep sevgililerle, meyle yaşarız her an
Ola ki mahşerde de iş böyledir, kim bilir?

Birkaç basamak inerek geniş bir bahçeye girdik. Fazlaca düzenlenmişti. Yürüme yolları, banklar, her şey yerli yerindeydi. Çakırkeyif bir savrukluk, kalender bir derbederlik yoktu görünürde. Neyse ki Hayyam'a yakışan güller her yanı sarmıştı ve henüz budanmamışlardı.

Bir gece baskınında başını kaptırmadan,
Gül renkli bade gelsin, emret sevgili canan
Sen altın değilsin ki topraklara gömsünler,
Sonra tekrar çıkarıp halka etsinler ihsan...

Güllerin arasından geçip Hayyam'ın Aramgâhı'na girdik.

Bir elde yakut kadeh, bir elde yar kâkülü,
Oturup bir çimende sade aşkı anayım;
İçeyim yudum yudum boş vereyim feleğe
Şu hayat badesinden tam mest olup kanayım...

Üstümüzde, gökle yeri birleştiren ince uzun dörtgenlerin taşıdığı bir kubbe vardı. Hem bu dörtgenleri hem de kubbeyi, içten ve dıştan mavili beyazlı, dallı çiçekli çinilerle döşemişler, aralarına gökyüzü girsin diye geniş boşluklar bırakmışlardı. Kapı yoktu. Çinili uzun dörtgenlerin sivri uçları yere hafifçe dokunuyor, aralarındaki boşluklar yeryüzüne açılıyordu. Çok yukarılarda duran kubbenin tam altında, köşeli boz bir taşın altında, Hayyam yatıyordu...

Bir ara düştü yolum pazarda çömlekçiye,
Bir çamur tepiyordu tamam özleşsin diye;
Vurdukça tekme tekme dile gelmişti çamur;
Ben de senin gibiydim diyordu, ah yavaş vur.

Dört kadın geldi. Siyah çarşaflarının etekleri Hayyam'ın taşına değene kadar ilerleyip durdular. Usulca eğilerek taşa dokunduklarında:

Şu sürahi ne garip ben gibi bir aşk delisi,
Bir ipek saçlı kızın zülfüne vurgun sanki
Gerdanında dolanan kulpuna baktıkça derim,
Dolamış boynuna güya kolunu sevgili...

Biz uzaklaştık. Bahçenin bir kenarında küçük bir çayhane vardı. Gidip sekiye oturduk, çay söyledik, getirdiler. Pirinç tepsinin içinde küçük bir demlik, demliğin yanı başında geniş ağızlı çizgili bardak, şeker niyetine altın renkli birkaç parça İsfahan pulakisi ve minik, minnacık bir cam vazoya konmuş gonca bir gül. Çayı mı içersiniz, gülü mü seyredersiniz, orada mı oturursunuz, buraya mı gelirsiniz; zaten buraya kadar geldiyseniz, bu yazının başlığı şarapla atılıp, kubbesi şarapla dikildiği için, 'ne yazıyorum' derdinden çok, rubaileri karıştırırken, 'Hayyam amma söylemiş' derdine düştüğümü anlamışsınızdır. O nedenle de en uzun sürede yazılan yazı olmuş ve böyle olmuştur.

Tam sözü bitirirken, meyin hikmetinden midir, sesin sahibinden midir nedir, Aramgâh'ı Hayyam'ın kıyısındaki çayhanede otururken, usul usul okunan dizeler bir kez daha duyulmuştur:

Onlar ki fazl u adabın denizleri gibi engindiler.
Marifet ve irfan yolunda meclis ve mahfilleri aydınlattılar.
Ama bu karanlık gecenin içinden bir yol bulup çıkamadılar, peki ne yaptılar?
Ne yapacaklar, birkaç masal söyleyip uykuya daldılar...

HAYYAM'IN GÜL BAHÇESİ

Hayyam'ın 1025 ile 1050 tarihleri arasındaki bir zamanda doğduğu, 1121 ile 1126 yılları arasında da, doğduğu şehir olan Nişabur'da öldüğü söyleniyor. Künyesi tam olarak şöyle: Ebül Feth Ömer İbn-i İbrahim el Hayyami Giyaseddin. Çadır ticareti ya da imalatıyla uğraşan aileden geldiği için, çadırcı anlamında Hayyam adını kullanmış. Gök bilimlerine, matematik ve felsefeye düşkün olduğu biliniyor. Asıl uğraştıkları da bunlar.

Hayyam, devrinin tanınmış bilim insanları arasında anılıyor. Hatta İbn-i Sina'dan sonra Doğu'nun yetiştirdiği en parlak yıldız olarak kabul ediliyor. Horasan Selçukluları'ndan Celaleddin Melikşah döneminde, efsanevi vezir Nizamülmülk tarafından kurulan bilim heyetinin başına getirilmiş. Celali takvimini hazırlamakla uğraşırlarmış. Hayyam'ın, derin matematik hesaplarından başı daraldıkça, rubailerine döndüğü, onları yazarken hayatı, iki âlemi, aşkı ve şarabı söylediği biliniyor.

Hayyam, gökyüzü araştırmalarından ve matematik çalışmalarından geriye derli toplu bilimsel yapıtlar bırakmamış. Rubailerin bilinen en eski nüshası da 1460 yılına tarihleniyor. Hayyam öldükten üç yüz elli yıl sonrasına yani. Bugün binlerce rubai Hayyam'a yakıştırılıyor. Ona ait olanlar tartışmalı. Seksen taneden fazla çıkmaz diyenler de var, binlerden söz edenler de. Hayyam, rubailerini derlediği bir kitap bırakmamış. İnandığı, bildiği gibi yaşamış. İddiasız, ihtirassız, kalender bir ömür...

Amin Maalouf'un *Semerkant* romanıyla yaygınlaşan hikâyeyi bilirsiniz. Nizamülmülk, Hayyam ve Hasan Sabbah'ın hikâyesini. Gençlik çağlarında Şeyh Muvaffakuddin'in Nişabur'daki derslerine devam eden bu üç arkadaş, yaşamları boyunca birbirlerini koruyup kollayacaklarına dair yemin ederler. Tuslu Nizamülmülk vezir olduktan, Hayyam ilme, felsefeye, sanata verdikten sonra kendini, Hasan Sabbah Haşhaşinler teşkilatını kurarak yeri göğü titretmeye başlamış. *Siyasetname*'nin yazarı, uzun ömürlü ve her daim vezir Nizamülmülk'ün ölümü Hasan Sabbah'ın adamlarının eliyle olmuş. Nizamülmülk ile Hayyam'ın çağdaş olduğu biliniyor, ancak Hasan Sabbah'la üçünün aynı dönemde yaşamadığı neredeyse kesin.

Hayyam'ın eserlerini Edward Fitzgerald İngilizce'ye çevirmiş. Bu önemli, çünkü Hayyam'ı dünyaya tanıtan süreç böyle başlamış. Rubailer dönemin ünlü dergilerinden *Fraser's Magazin*'e verilmiş. Sessiz geçen iki yılın sonunda çevirilerin beğenilmediği yanıtı gelmiş. Bunun üzerine Fitzgerald kendi parasıyla iki yüz elli nüsha bastırmış. Eski kitapların satıldığı Quatrich'in dukkânına koymuş ilk Hayyam baskılarını. Sonradan dünyanın en eski ve nadir kitaplarının toplandığı bir merkez haline gelen bu küçük dükkânda aylarca tek bir nüsha bile satılmamış. Beş şilin olan fiyatı bir şiline düşürmüşler. O günlerde tesadüfen rubaileri okuyan ve beğenen bir avukat, dönemin ünlü şairlerinden Rosetti'ye söz etmiş Hayyam'dan, o da Swinburne'e, derken bütün memlekette Fitzgerald ve Hayyam'ın rubaileri konuşulmaya başlamış. Yeni baskılar birbirini izlemiş. Avrupa'dan esen bu rüzgârla Hayyam'ın Türkçe'ye ilk çevirisini Feyzi Efendi, Farsça'dan yirmi beş rubai çevirerek yapmış. Yıl Hicri 1303. Hemen sonrasında Abdullah Cevdet, dört yüz rubaiyi Fransızca'dan Türkçe'ye aktarmış. Yakın geçmişte Yahya Kemal, Sabahaddin Eyüboğlu, Rüştü Şardağ, Abdülbaki Gölpınarlı, Hayyam'la uğraşmışlar.

HAZAR YOLU

DOLUNAYDA CHALUS YOLU

Bir şehri terk etmek, hele bu şehir yalnızlıkların adını almışsa, bir gece karanlığının peşine takılarak kaybolup gitmek istediğini söylemişti. Tam da kenar mahallelerinden terk etmek üzereydik bir şehri.

"Arkamızda bıraktığımız ne var ki?" diye sordu. Doğrusunu söylemek gerekirse, soruya değil ama bu soruş tarzına verilecek cevabım yoktu.

"Hiç dedim, arkada bırakabileceğimiz ne vardı ki?"

Otobüsün camından renkli ışıklar geçmeye başladı. Herkesle birlikte pek de alışkın olmadığı bir maviye bıraktı gözlerini. Güneş henüz batmıştı, akşamın yapışkan laciverti yerine kirli mavi bir gök yerleşmişti gözlerine. Uzun süre seyretti. Asıl seyrettiği galiba, camda gittikçe belirginleşen kendi suretiydi. Arkada bıraktığı her şey, camdaki suretinin içinden gelip geçiyordu, belki de o yüzden bu kadar dalgındı.

Neden sonra tekrar sordu.

"Terk ettiğimiz şehirle birlikte yaşadıklarımızın tamamı da orada kalır. Sadece sırlar mıdır yanımıza aldıklarımız?"

"Ben her şeyi bırakırım," dedim. "Kendim bile değilimdir yolları giden." Biraz abartmıştım doğrusu. O fark etmedi, ya da nezaket gösterdi yüzüme vurmayarak.

Tekrar dışarıya baktı. Zifiri karanlıktı gökyüzü ama gözbebeklerindeki kirli mavi hâlâ silinmemişti. Yanımızda gökyüzüne kadar yükselen yamaç ıssızdı. Yaşlı çam ağaçları kendi yalnızlıklarıyla kederli, arada bir hışırdayarak salınıyorlardı. Sesleri otobüsün içinde patlıyordu sanki. Sarı otobüs keskin virajı döndüğü anda gürültüyle üstümüze yuvarlanacak dev bir gülle gibi bakır rengi bir ay doğdu.

"Gece tekinsiz," dedi, aklımdan geçeni okumuş gibi,

"Neden bu kadar endişelisin," dedim; maksadım yatıştırmaktı onu, ama öyle bir tonla çıkmıştı ki sesim, kendime sormuştum sanki soruyu?

"Neden bu kadar endişeliyim?..."

Ay yükselirken gömleğini değiştirdi. Yamaca sürtünerek yükseliyor, göğe ulaşmış çam ağaçlarının arasından kıvrılıp bükülerek yol açıyordu kendine. Turuncuya takıldı.

Sarı otobüs âdeta sesini kesmiş, karanlığın içine gittikçe daha fazla dalıyordu. Üstelik dolunay bir parça olsun ortalığı aydınlatmamış, dağ yolunun kasvetini bir nebze bile dağıtmamıştı. Yolun ortasında upuzun bir yılan, karnına düşen ışıkla aydınlandı. Durduk. Durduğumuz anda ay çamların arasından kıvrılarak önümüze çıktı, gömleğini yine değiştirmişti böyle mevsimsiz yere, eski gümüş rengini beğenmişti.

"Eskimiş gümüşlerin renkleri hep birbirinden farklıdır, dikkat ettin mi?" diye sordum. Aya takılmıştı gözleri.

"Sana bir hikâye anlatayım," dedi. "Dolunaya âşık olan yılanların hikâyesini."

Otobüs duruyordu. Biz inmiştik, yandaki çakıllı dere yatağında yürüyorduk. Uzaktan bir çağlayanın sesi geliyordu ama bazıları aydan dökülen ışıkların çağıltısı bu, diye iddia etti.

"Issız gecelerde kurumuş dere yataklarına düşen ayışığı çakılların üstünde bu sesi çıkarır," dediler.

"Yürümeyin," diye fısıldadım. Herkes durdu. Ayak seslerimizdi belki de çağlayana benzeyen ses, ama biz durur durmaz bu kez çakılların üstünde beliren ayak sesleri dört yanımızdan yaklaşmaya başladı.

Bana öyle geliyor, diye yatıştırmaya çalıştım kendimi ama, herkes duymuştu sesleri; işin tuhafı, hiç kimse dönüp arkasına bakmayı akıl edemiyor, ya da buna cesaret edemiyordu. Hep birlikte birbirimizin yüzüne dönmüş, öylece duruyorduk. Gözlerimiz gözlerimizdeydi. Ayışığının kurşuni parıltısı her gözbebeğinin içindeydi. Kımıldamadan duruyorduk ama her an içimizden birileri, belki de her birimiz yerinden fırlayıp otobüsün önünde yatan yılana bakmamak için kendini zor tutuyormuş gibi geldi bana.

Bütün bunlar neden bir araya gelmişti? Gözbebeklerindeki kirli mavi, çam dalları arasında kıvranırken üç kez gömlek değiştiren ay, yola uzanmış yatan yılan ve anlatılması vadedilen yılanlara dair bir hikâye... Peki sesler, gittikçe yaklaşan tehditkâr ayak sesleri...

Dolunayda Chalus yolunda gidiyorduk, Hazar'ın kıyısına doğru.

İKİ TEKERLEK ÜSTÜNDE GİTMEK

Elbruz Dağları'na doğru giderken sabahın erken vakti dik bir yokuşa sardık. İnce bir derenin suladığı ova, küçük küçük tepeciklerle dalgalanarak göz alabildiğine uzanıyordu. Yeni sürülmüş topraklar, ot bürümüş tarlalar, terk edilmiş saman balyalarıyla yamalı büyük bir örtüye benziyordu yeryüzü, biz yükseldikçe...

Hava sıcaktı, yol uzundu. İlk virajı dönerken, kan ter içinde pedal basan iki bisikletçi gördük. Sollayıp geçtik onları. Yokuş biter gibi olunca, ilk boşluğa çekip, bize yetişmelerini bekledik. Neden sonra kan ter içinde göründüler. İranlı iki öğrenciydi. Tatilden istifade, bisikletlerine atlamış Tahran'dan, Meşhed'e gidiyorlardı. İki haftadır yoldalardı. Önlerinde Elbruz Dağları bütün çekiciliğiyle yükseliyordu. Hem onlar biraz soluk aldı, hem de biz ovayı seyrederken birer bardak çay içtik. Şekerleri bitmek üzereydi, takviye yaptık. Yollardan, bisikletle yollarda olmaktan konuştuk biraz, ne kadar konuşabildiysek.

Daha önce de bisikletçilerle karşılaşmıştım. Yürüyerek gezinirmiş gibi gidiyorlardı. Bizim gibi motorlu araç kullananlardan farklı bir gezi tarzları, zaman algıları, yaşam biçimleri vardı. Bir kez yola düşmeyi başardıktan sonra alabildiğine özgür, bağımsız, başına buyruklardı. Hele tek başlarına gidiyorlarsa...

Motorlu araçlarla gezenler, ister uçak olsun, ister araba, isterse motosiklet, araca bindiklerinde ister istemez zamana rakip olurlar. İnsanın bedeni ve kat edeceği mesafe arasına güçlü bir alet girmiştir artık. Motor, sadece mesafeleri aşmaya değil, zamanı hızlandırarak yaşamaya da yarar çünkü. Süreç yerine sonuç önemlidir artık. 'Yolculuk yapmak' değil, 'varmak' hedef haline gelir.

Farkındaysa mesele yok ama, farkında değilse eğer, gezgini bozan bir durumdur bu. Aslolan, insan hızına en yakın hızla, insan boyuna en yakın yükseklikten etrafa bakarak ve dış dünyayla arana hiçbir engel koymadan olanca savunmasızlığınla gitmektir; çünkü, aslolan yürümektir.

Yürürken yaşadıklarıyla diğer zamanlarda yaşadıklarını karşılaştıran gezginler bunu iyi bilir.

Horst'la birkaç yıl önce Tebriz'de karşılaşmıştım. Almanya'dan bisikletiyle yola çıkmış, Türkiye, Kuzey Afrika, Ortadoğu, Suudi Arabistan, İran, Orta Asya, Pakistan, Hindistan, Nepal, Tibet, Çin üstünden Avustralya'ya doğru pedal basıyordu. Konuşurken laf dönüp dolaşmış, 'geriye nasıl döneceksin'e gelmişti. Bir buçuk yıldır yoldaydı, önünde birkaç yıl daha vardı.

Sydney'e ulaştıktan sonra memlekete dönmeye niyetlenirse eğer, uçağa atlayıp ertesi gün evde olabilirdi.

"Buna dayanamam," demişti. "Yıllarca kat ettiğim onca yolu, birkaç saat içinde geçip geri dönmenin ağırlığını kaldıramam."

Ya orada kalacaktı, ya pedal basmaya devam edecekti, ya da yürüyerek dönecekti. Bunca yıldan ve yoldan sonra 'dönmek' diye bir fikir, bir istek hâlâ kalmışsa içinde, başka çaresi yoktu besbelli.

İnsan böyle bir yolculuktaysa eğer, çaresizliğini de çoğaltıyor. Asıl korkusu, dönmekten çok varmak oluyor bir süre sonra.

Hindistan'da, Khajuraho'da karşılaştığım Hollandalı iki bisikletçi de aynı hisleri yaşıyordu. 'Varmak' her ne kadar hoş bir his olsa da, uzun yolculuklardaki yeri 'dönmek'le çok yakın düşüyor. Zaten bu yüzden varmaktan çok yollarda olmak çekiyor uzun yolların yolcularını.

Olivye'ye bu konuda ne düşündüğünü hiç sormadım. İzmit'te Bekirpaşa Belediyesi'nin Eski Cephanelik Çadır Kenti'nde Dayanışma Gönüllüleriyle üç ay birlikte çalışmıştık depremden sonra.

Bisikletle Fransa'dan yola çıkmış giderken, Türkiye'de pedal bastığı ilk ayın sonlarında depreme çatmış, bölgeye gelmiş, çadır kentte Fransız yardım kuruluşu EMDH ile çalışıyordu. Aslında Olivye bisikletiyle hâlâ yoldaydı. Yolculuğu hiç kesilmemişti, hâlâ gidiyordu. Depremzede çocuklarla haşır neşir olurken, onun yolları bıraktığını kim söyleyebilirdi ki. Küçük bir mola verdiğini söylemek bile güç. O yolunu tutturmuş, gidiyordu.

Aylar sonra bir gün Olivye, artık bisikletiyle birlikte yollara düşmenin vakti geldiğine karar verdiğinde çocuklarla birlikte hazırlığa girişti. Günlerce bisikletini temizledi, zincirini vitesini söküp yağladı. Eşyaları yüklemeye sıra geldiğinde biraz sıkıntı yaşadı doğrusu. Olağanüstü koşullardaki deprem bölgesinde bile bir sürü ıvır zıvır birikmişti yatağının başucunda. Fazladan bir iki gömlek, iki kalın pantolon, lastik çizme, birkaç kitap, dosyalar, notlar, hatta küçük bir tencereyle bir çaydanlık... Hepsini attı. Dağıtma zahmetine bile katlanmadı, olduğu gibi bıraktı. Son gece çocuklar beyaz bir 'Dayanışma Gönüllüsü' fanilasının üstüne teker teker adlarını yazdılar, komik resimler çizdiler. Ertesi gün Olivye yola çıkarken üstüne o fanilayı giydi.

Bisikletli bir yazı Hülya Koç'suz olmaz. Bigamekibasuyake'yi okumamışsanız o da olmaz. Kitabın rasgele açtığım bir sayfasında diyor ki:

> ...Kötü yolda hoplaya zıplaya ilerlerken aniden hızlanınca duramayacakmış gibi paniğe kapıldım. Hava iyice karardı. Dağların eteklerini terk etmiş ışıklardan geriye kalan kırıntılar zirvelerde can çekişmekte iken çölün sarı toprağını alevlendirip yakıcı turuncuya boyuyordu. Yolun yarısı tamamen çakıl olunca hızımı daha da düşürdüm. Kamyonlar zaten çığlık atarak geliyordu. Bu gece yine yolda uyuyacakmışım gibi bir his vardı içimde. Korkularıma engel olmaya çalışarak on kilometre pedal bastım. Tümülüs gibi yükselen tepelerin yamacından süzüldüm. Hava gittikçe karardı. Haritamda görülen köye yakın olmalıydım...

Bisikletli yolculukta barınak, yemek, sıcak ve insan demek olan bu küçük köyden, uçakla yolculuk yapanların haberi bile olmaz; arabayla gidenler ise belki göz ucuyla görürler orayı...

Çağımızda, gidilmemiş coğrafyalar, keşfedilmemiş kültürler, yaşanmamış yollar yok artık. Ama başka bir şey var. Nasıl gidileceği, nasıl keşfedileceği, nasıl yaşanacağına dair 'bir tarz tutturma' şansı var. Bu tarz tutturma meselesi de çok fazla isteğe bağlı değil, artık kime nasip olursa. Daha fazlasını isteyenler, mesafe ile zaman arasındaki ilişkiyi nasıl kurgulayacaklarına dair bir problemi önlerine koyup düşünüyorlar.

Yollar olduğu sürece uzun yolların yolcuları, gezginler de olacak. Yollar uzun değilse onlar uzatacak ve her biri kendi meşrebince gidecek.

HAZAR'IN KORKUTAN GELECEĞİ

Hazar'ın tam güneydoğu köşesindeki Bandera Türkmen'den başlayarak, doğuya uzanan Türkmenistan sınırı boyunca yüz atmış kilometrelik bir duvar olması gerekiyordu: Seddi İskender. Altıncı yüzyılda kuzeyden gelen akınlara karşı yapılmış bu duvarı arıyorduk. Duvarı bulabilmek için Gorgan'daki ve Bandera Türkmen'deki girişimlerimiz fayda etmemişti. Kimse yerini yurdunu bilmiyordu, ya da biz ne aradığımızı doğru dürüst anlatamıyorduk. Birileri, ötede bir yerlerde duvar temellerinden söz etti, bu dar vakitte aramayı göze alamadık. Bandera Türkmen'e kırdık dümeni. Hazar Denizi'nin kıyılarına.

Hazar Denizi, dünyanın en büyük gölü. Öyle ki, sayısız nehirle, akarsuyla beslenen Hazar'ın, dünyadaki bütün göllerin toplamından iki kat fazla suyu var. Ancak bu su her yıl on beş yirmi santim alçalıyor. Aral Gölü'yle benzer bir kaderi paylaşma yolunda Hazar.

Adını anmışken biraz söz edecek olursak, bugün dünyanın en büyük ve içler acısı çevre felaketlerinden birini yaşayan Aral kurumuş durumda. Orta Asya'yı geçen Amuderya (Ceyhun) ve Siriderya (Seyhun) nehirleri, pamuk tarlalarına çekilen su nedeniyle Aral Gölü'nü besleyemiyor çoktandır. Ekolojik zincir kırılmış. Balıkçılıkla ve göl taşımacılığıyla geçinen halk geçim kaynağını kaybetmiş. Sorun bu kadarla kalsa iyi. Doğal dengenin bozulmasıyla başlayan sorunlara bir de Aral'ın ortasındaki Vozrojdenie Adası'nda Soğuk Savaş döneminde kurulan biyolojik silah laboratuarının atıkları eklenince, bölgedeki canlılar ölümcül hastalıklarla boğuşmaya başlamışlar. Aral'ın, Aral çevresindeki canlıların, Aral insanlarının durumu feci.

Hazar bir büyük deniz. Çapı Aral'la karşılaştırılmaz. Çok daha büyük. Ancak sularındaki nedeni bilinmeyen azalma, er ya da geç alarm çanlarını vurduğu gün, Hazar'da yaşayan ve havyar üretilen mersin balıkları, nesli azalmış kuşlar, kaplumbağalar, nadide sedefli deniz kabukluları ve denizin çevresindeki İranlı, Türkmenistanlı, Kazakistanlı, Rusyalı ve Azerbay canlılar kırılmaya başlayacak. Yoğun gemi taşımacılığı, sayısı gittikçe artan limanlar, petrol ve gaz arama çalışmaları, tankerlerden ve borulardan sızan milyonlarca ton ham petrol, endüstriyel atıklar, nehirlerin taşıdığı pestisidler, şimdiden bilinen çıban başları. Hazar'ın bu derdine, Hazar, Aral'ın kaderini paylaşmadan, yeni bir çevre felaketi yaşanmadan, bir çare bulunmalı.

Bandera Türkmen, yani Türkmen Limanı, İran'ın Hazar Denizi'ne kıyısı olan ülkelere açılan en önemli kapılarından biri. Trans-İran demiryolu yapıldıktan sonra limanın önemi iyice artmış. İstasyon binası şehrin merkezinde.

Biz girdiğimizde ortalık tenhaydı. Limana inerken havyar teknelerini, balıkçı barınaklarını, suyun güzelliklerinden nasibini almış bir kıyı kentinin sahil şeridini göreceğimizi umuyorduk. Soğuk yüzlü bir sanayi limanı çıktı karşımıza.

Bizi buraya yollayan Türkmen bakkal pek umut vermemişti gerçi. Onun bir kabahati yoktu. Hatta, bisküvi, gazoz aldıktan sonra limana nasıl ineceğimizi sorarken, ne yapacaksınız ki orada gibilerden bakmıştı yüzümüze. Memleketinden çok, İstanbul'dan, İstanbul'da çalıştığı günlerden söz etmişti, haber sormuştu. Limanda aradığımızı bulamayacağımızı biliyordu belli ki, "Aşuradeh'e gidin," demişti.

Kıyıya indiğimizde birkaç gariban fiber kayık, denize uzanmış kayaların üstünde aylak gezinen gençler ve kıyıda oturmuş vakit öldüren bıçkın balıkçılar gördük. Yanda büyük bir havyar tesisi vardı. Etrafı tel örgülerle çevrilmiş, direklere 'yasak', 'girilmez', 'uzak dur' gibilerden levhalar asılmıştı. İskeledeki üç kişi, azman bir mersin balığını çekiştirerek içeri taşımaya uğraşıyorlardı...

İran'ın Hazar kıyısında havyar üretimi yapılan onlarca limandan en önemlisi Bandera Türkmen'de plansız avlanma, çevre kirliliği ve tahmin edeceğiniz benzer nedenlerle üretim her yıl geriliyor. Havyar, devlete bağlı Şilat Şirketi'nin tekelinde. Üretim süreci ve teknolojisi, devlet sırrı gibi saklanıyor. Tesislere ziyaretçi girmesi yasak. Nasıl oluyor bu iş bir bakalım diye yetkililere yalvar yakar olduk ancak, sadece bahçedeki tuvaletleri kullanmak için izin alabildik. Biz de karşıdaki adaya, Aşuradeh'e gideriz o zaman diye fiber bir tekne kiraladık. Zaten havyarın mevsimi değildi. Tekneler çekekte bakımdaydı. Balıkçılar keyif için avlanmaya çıkıyorlardı.

Bindiğimiz fiber tekne hızlıydı. Kıyıdan biraz açılınca dalga çıktı. Küt küt vurarak gidiyoruz. Teknenin altı karton gibi esneyip geriliyor. Bu soğuk havada Hazar'ın tuzlu sularıyla kucaklaşmak hiç iyi gelmez, farkındayım... Aşuradeh'e vardık. Burası, Şah döneminde gözde bir sayfiye yeriymiş. Yazlık evlerin, plaj kabinlerinin izleri duruyor.

Çürümeye terk edilmiş, otlar bürümüş. Havyar tesisleri oldukça büyük. Tel örgüler boyunca yürüyerek en uca kadar gittik. Buruna vardığımızda büyük bir lokanta çıktı karşımıza. Yapacak başka bir şey yoktu, balık, sarımsak turşusu ve yoğurt yedik Zemzem Kola eşliğinde. Dönüş yolculuğu, Hazar'da hoplaya zıplaya geçti.

ELBRUZ İLE HAZAR ARASINDA YILLANMIŞ SARIMSAK TURŞULARI

Hazar'ın güney kıyısındaki Astara ile Bandera Türkmen arasında yapacağımız bu yolculukta, hep sözü edilen 'başka İran'ı görecektik. Ülkenin iklimiyle, doğası ve insanlarıyla pek diğer taraflara benzemeyen yüzünü. Ancak, yağmurlu kış günlerinde ne kadarı görülebilirse o kadarıyla yetinmek zorunda kaldık.

Güneyde Elbruz Dağları bütün güzelliğiyle yükseliyordu. Ancak yağmur bulutları, sis dalgaları, karla kaplı dağları bize pek göstermiyordu. Bu dağların arka yamaçlarından geçmiştim daha önce, oradan biliyordum nasıl sarp ve yemyeşil ormanlarla kaplı olduklarını; bir çanağın dik kenarları gibi deniz kıyısını kuşattıklarını.

Elbruz'lar beş yerden geçit veriyordu içerilere. Babol, Amol, Noşehr ve Reşt ve Astara'dan. Tahran'a giden en kısa yol, Demavend Dağı'nın doğusundan, Babol'u Tahran'a bağlayan yoldu. Biz bu oto yol yerine, sahili izleyerek, Bandera Türkmen'den, yani neredeyse doğudaki Türkmenistan sınırından başlayarak Mazandaran bölgesini geçecek, Gilan bölgesinde yolumuza devam ederek batıdaki Azerbaycan sınırında Astara'ya kadar çıktıktan sonra yönümüzü Tebriz'e çevirecektik.

Kuzeyimizdeki denizle pek ilişkimiz olmadı yol boyunca. Hani, biz Karadeniz kıyılarını geçer gibi yaşayacağız sanmıştık Hazar'ı. Yükselip alçalarak, döne kıvrıla denizi seyrederek geçeceğimizi düşünmüştük. Hiç de öyle olmadı. Yol deniz kıyısını izleyerek ama oldukça içerden geçiyordu.

Her şehirde, kasabada, kıyıya inen bir yol aramaktan usandık bir süre sonra. Bulduğumuz yollar, o bildiğimiz enginlere açılan uçsuz bucaksız mavi yerine, bulanık görünen, yorgun dalgalı, ılık bir suya götürüyordu bizi.

Gün boyu Hazar kıyısına biteviye dizilmiş köylerden, kasabalardan geçtik. Şimdi sorsanız hangisi nasıldı, birbirinden ayırt edemem. Yapıların görüntüsü yavaş yavaş değişmişti. Toprak damlı kerpiç evler yerini bizim Ege-Akdeniz kıyılarındaki yazlıklara bırakmıştı. İki katlı, birbirinin tekrarı kooperatif evlerinin daha seyrek dağılmışına.

Evlerin arasından sıyrılınca çarşıya giriyorduk; oradan, büyükçe ve mutlaka adı İmam Humeyni olan bir meydana çıkıyorduk. Sonra yine çarşı, yine evler ve yine meydan... Böylece gidiyorduk.

Hazar kıyısında adım başı karşımıza çıkan, balık yediğimiz her yerde mutlaka önümüze konan, şehir içlerinde özel dükkânlarda, yol kıyılarında tezgâhlarda satılan sarımsak turşusunun sırrını da oralarda bir yerde çözdük. Turşu iyi de, her yerleşimde, sadece sarımsak turşusu yapıp satan onlarca dükkân neyin nesi? Nedir bu sarımsak turşusu merakı? Turşuların renkleri gibi fiyatları da değişiyordu. Kahverengiye dönmüş, hatta siyaha çalan sarımsak kavanozları en pahalılarıydı. "Sarımsağın cinsinden mi? Nedir bu fiyat farklılığı?" diye sorduğumuzda, turşuyla şarap arasındaki ilişki, gün gibi aşikâr oldu. Sarımsak turşuları, yıllandıkça değer kazanıyordu. Altmış yıllık turşular vardı ki paha biçilemiyordu.

DEMAVEND'İN HAYALİ

Namukabrud'a giderken, beş yıldızlı Hazar İnkılâp Oteli'nin yanından geçtik. Şah zamanında saltanat ailesinin ve zengin İranlıların malikâneleri buralardaymış. Yabancılar tatil için buraya gelir, at biner, polo, golf oynarlarmış. Namukabrud'a, tele kabinle Medovin Dağı'na çıkmak için gidiyorduk.

Lüks villalardan hemen sonra, dağların eteklerine kadar inen ormanlar başladı. Hava bulutluydu. Dağların yükseklerini göremiyorduk; sadece yukardan sert inen rüzgârla varlıklarını hissediyorduk.

Yol kıyısındaki teleferik işaretini görünce sola saptık. Geniş bir parka girmiş, dağlara doğru ilerliyorduk. Yol kıyısına iki taraflı dizilmiş tuhaf ağaçlar başladı. Tuhaflıkları, şekillerindeydi. Her biri, budama sanatının usta heykeltıraşlarının marifetiydi. Hangi cins ağaçsa, insan boyuna gelmeden budayarak şekilden şekile sokmuşlardı. Kimi devekuşu, kimi at, leylek, deve, koşan adam, oturan kadın, birkaç da dans eden balerin... Hemen parkın girişinden başlayarak yol boyuna, bu dallar ve yapraklardan oluşan ağaç heykellerden dizilmişti.

Yolun sonunda Medovin Dağı'nın 1050 metrelik zirvesine çıkan teleferik vardı. Zirvede, eğer hava açıksa Hazar Denizi'nin enginleri ile uzaktan uzağa Tahran Şehri görünüyordu söylendiğine göre. Ancak, ne hava açıktı denizi dağları seyretmek için, ne de teleferik çalışıyordu bu geç mevsimde bizi yukarı çıkaracak. Çıkabilseydik belki Hasankeyf'i görebilecektik dağın öte tarafında. Yanlış anlaşılmasın, Dicle kıyısındaki Hasankeyf değil, bu İran'ın Hasankeyf'i. Hem teleferik çalışsaydı, hem de hava açık olsaydı, Demavend Dağı'nın 5671 bir metrelik zirvesini, Alamut Dağı'nın 4850 metrelik zirvesini de görecektik. Hasan Sabbah'ın Alamut'unu... Lakin, budanmış ağaçlardan heykel görmek varmış kısmette. Ağaç heykeller ve tuzlu balık yumurtasıyla yetindik Hazar kıyısında. Ne dağların mevsimiydi ne de taze havyarın.

Gilan bölgesindeydik. Has İran çayının yetiştiği Lahijun'a doğru gidiyorduk. Dağların yamaçlarındaki çay bahçelerinde geçen mevsimden arta kalan sararmış saplar duruyordu. İran'daki çay üretiminin yüzde doksanı bu bölgeden karşılanıyor. Ancak yıllık yüz bin tona yakın üretim, İranlıların çay ihtiyacını karşılamakta yetersiz kalıyor, neredeyse bir o kadar da ithal ediliyor. Biz de çaya düşkünüzdür ama, İranlıların bir oturuşta bir demlikten az içtiklerinde kendilerini çay içmiş saymadıklarını hesaba katarsak, demek bizden düşkünü de var bu âlemde.

İran'da on yedinci yüzyıla kadar pek bilinmezmiş bu bitki. Daha sonra yeni yeni tanınmaya başlarken saraylarda, köşklerde soyluların, sultanların içeceği olmuş. Vatandaşın oturup demlendiği, sohbet edip dertleştiği, hayata, politikaya dair laf çevirdiği çayhaneler yokmuş o vakte kadar, yerine ne yaparlarmış, doğrusu bilmiyorum. Çaysız, çayhanesiz nasıl bir sosyal yaşam kurmuşlar, sormak gerek. 1900'lerin hemen başında Hindistan'daki İran konsolosu, çay işlemenin sırlarıyla birlikte fideleri de beraberinde getirerek memleketine dönmüş ve iklimi en uygun bölgede, Hazar kıyısındaki Gilan'da üretime başlanmış. Bu muhterem zatın türbesi Lahijun yakınlarında önemli bir ziyaret yeri.

CENNET FIRSATI

Novşehr'e girerken oteller, restoranlar başladı. Birkaç hamburgerci göründü. İran'da, Batı tipi ayaküstü köfteciler büyük şehirlerde bolca bulunuyor. Daha çok haşlanmış sosis, patates salatası, mayonez ve ketçap esaslı, kuvvetli sandviçler hazırlıyorlar. Yol kıyısına bunlardan dizilmişti. Sahil, yaz aylarında plaj olarak kullanılıyordu. Kadınların ve erkeklerin bölümleri ayrı ayrı tabii. Novşehr ve hemen yakınındaki Chalus, yerli turizmin yeni gözdesiydi İran'da.

Balıkçılar, Hazar'ın bereketini satıyorlardı. Birinin önünde durup havyar sorduk. İşlenmiş havyar devletin kontrolündeydi. Buralarda satışı yasaktı. Belki birkaç kutu bulunabilirdi, kilosu üç yüz dolardan. Biz, ayıklanmadan bol tuzla terbiye edilmiş kırmızı havyar aldık az bir paraya. Hani, dünyanın havyar merkezine geldik, nasiplenmeden geçmeyelim diye. Bakkaldan tereyağı bulduk, ekmeğe katık edip şap gibi tuzlu balık yumurtası yedik bolca. Bir şampanya eksikti.

Bandera Anzali'ye güneş batarken vardık. 1800'lerde Rus ve Avrupalı tüccarların cirit attığı liman şehriydi burası. Eski taş yapılar İmam Meydanı'nı çevreliyordu. Anadolu'daki eski istasyon binalarının estetiğiyle yapılmış, sevimli binalardı.

Anzali Lagünü'nün denize açıldığı yerdeydi şehir. En büyük havyar fabrikası da buradaydı. Lagün ile denizi birleştiren boğazın üstündeki köprüden geçerken hareketli bir balık pazarı gördük aşağıda. Durduk. Köprünün ayakları dibindeki kaynaşma bizi de içine çekti.

Şahbeh Pazarı'na indiğimizde günün ışıkları iyice yumuşamıştı. Yerlerde irili ufaklı, türlü çeşitli Hazar balıkları yatıyordu. Tatlı su balıklarının, hele yayın ve sazanların saatler süren can çekişmeleri kesilmemişti hâlâ. Pazarda çok kalmadık.

Kıyıda, lagüne sefer yapan motorlar müşteri bekliyordu. Lagün, son kelaynak kuşlarının mekânıydı Birecik'le birlikte. Sularda açan nilüferler, kıyılardaki bin bir çeşit çiçekler ve minelerle vaat edilmiş bir mekândı, motorcuların ağzına bakılırsa. Düpedüz bir cennetti Anzali Lagünü. Gel gör ki, biz motorcularla pazarlıkta anlaşamadığımız için bu cenneti de başkalarına bıraktık.

KARGILARIN LABİRENTİ

Hiçbir anlaşmazlık sonsuza kadar sürmez. Bir dahaki gidişte motorcularla da anlaştık. Yanımızda Huşeng vardı. Ağa Huşeng, Guliseng otelin sahibiydi. Bu otel, Anzali'nin merkezindeydi, en güzel binalarından biriydi. Gerçi eski, bakımsız ve hayli yıpranmış durumdaydı ama bir ara üstünkörü yapılmış boya bile saltanatlı günlerini hatırlatıyordu. Dört katlı ahşap yapının yüksek tavanları, eski sandık kokulu atmosferi ve Huşeng'in hayat dolu kahkahaları, her geçişte Anzali'de konaklamamız için yeterli sebepti. Lagün'deki kuş cenneti de bahanesi. Ağa Huşeng, tıpkı oteli gibi saltanatlı günlerin izlerini taşıyor, fazladan bir de bıçkın edasını eksik etmiyordu. Ne de olsa eski futbolcuydu, hem de meşhur bir milli takım oyuncusu. Otelin altındaki lokantanın duvarlarında o günlerden kalma birkaç fotoğraf ve gazete kupürü asılıydı hepsi o kadar. Ama kapının önünde duran arabanın hikâyesi derindi. İddialı bir milli maçı kazandıktan sonra yurda döner dönmez daha havaalanında art arda dizilmiş on iki Cadillac karşılamıştı onları, Şah Rıza Pehlevi'nin selamlarıyla birlikte. Şimdi Anzali'de meydana çekilmiş duruyordu Cadillac.

Huşeng'le birlikte gidince motorcular hatırı sayılır bir indirim yaptılar bize. Dörder kişi bindik. Daha limandan çıkmadan burnunu havaya dikti motorlar, ipek biçer gibi gidiyoruz. Balıkçıların kulübelerini geçtik. Kıyıda limana çekilmiş tekneler gibi yan yana dizilmişlerdi. Kazıklar üstüne kurulmuş her kulübenin önünde metrelerce uzulukta ağlar kurumaya bırakılmıştı. Av mevsimi değildi. Tıpkı kuşların mevsimi olmadığı gibi. Lagün'de kuş göremeyecektik ama güzel bir gezinti yapacaktık sazların labirentinde.

Lagün'e girmeden önce, kıyıdaki kulübelerden birine çektik motorları. Lokanta, çayhane olarak işletiliyordu ziyaretçiler için. Birer çay içtik iskelesinde. Zavallı bir pelikanla birkaç balıkçıl ve flamingo esir edilmiş, gelenler seyretsin diye denizden tel örgülerle ayrılmış havuzun içine bırakılmışlardı.

Tekneler tekrar burunlarını havaya diktikten az sonra kargılar arasındaki labirente girdik ve yavaşladık. Mevsim kuşların mevsimi olmadığı gibi nilüferlerin de mevsimi değildi. Yoksa daracık su yollarında giderken iki yanımız nilüfer dizileri, sık sık çıktığımız açıklıklar nilüfer bahçeleri olacaktı. Olmadı. Mevsimi değildi. Uzun bir gezinti yaptık, lagünde gönlümüzü şenlendirip döndük.

Tipik bir liman şehriydi burası. İran'ın diğer yerlerinden hayli farklıydı. Her liman şehri gibi varlıklıydı ve her türlü dolap dönüyordu kuytuda köşede.

ALACAKARANLIK KASABASI

Bu kasabayı anlata anlata bitiremiyorlardı. Memleketin bütün turistik yayınlarında resmi vardı. Güzel görünüyordu, bir yamaca, kat kat sıralanmış, birbirini kesmeden, engellemeden vadiyi seyreden evler. Zaman da uygundu, bir gidip bakalım dedik.

Bander'e Anzali'den çıktıktan sonra iki üç saat yolumuz vardı, geçtiğimiz yerler Elbruz dağlarının üstünde hayli seyirliydi. Fümen'e girdiğimizde, önceki geçişlerin birinde tattığımız kurabiyeler geldi aklımıza, Fümen'in meşhur çörekleri. Tam da vaktiydi. Yol boyunca sıralanmış küçük fırınlardan taze çıkmış tarçınlı kıtır çöreklerden herkese yetecek kadar, hatta açgözlülükle biraz fazlasını aldık, daha şehirden çıkmadan çoğu bitti. Bir kriz başlayabilirdi, neyse ki, şehir meydanına dikilmiş renkli heykeller herkesin dikkatini çöreklerden alıp kendi üstlerine çekti. Tabii ki canı çörek çekenler de vardı ama onlar da kısa bir süre için nefislerine hâkim olup sadece fotoğraf çektiler. Ortalığı saran tarçın kokularından burnunu çeke çeke geri gelenler, önlerine çıkan ilk fırından çörek ikmalini tamamladılar. Fümen'den böylece çıktık.

Masuleh'e girerken hava kapalıydı. Zaten güneşi hayli kısa süre görebilen bu kasaba, akşamı erken karşılar, sabah da geç uyanırdı. Alacakaranlığın en uzun yaşandığı yer hiç kuşkum yok Masuleh'dir bu âlemde. Öyle dik bir vadinin kuzey yamacına kurulmuştur ki, güneş güçlükle uzanıp parmakuçlarıyla en alttaki evlere ulaştığı sırada öğleni çoktan geçmiş olur vakit. Zaten çok geçmeden de eteklerini toplayıp gider, kimsenin haberi bile olmaz. Masulehliler o sırada hep alışık oldukları yumuşak akşam ışıklarıyla mutlu, usul usul evlerinin önünü süpürüp sulamaya başlarlar.

Evlerinin önü, aslında komşunun damıdır. Her evin damı bir üstteki evin sokağı, avlusu olur. Kasabanın en büyük meydanı da okulun damıdır ki, akşamları ihtiyarlar çayhanede dinlenirlerken, orta yaşların zevkini çıkaranlar, meydanda volta atarlar, çünkü Masuleh'de uzun bir yürüyüş yapabilmek mümkün değildir. Belki de bu nedenle hiç genç yoktur bu kasabada.

Sadece Mehdi'yi biliyorum ben, başka kimseyi görmedim tatil için gelenler dışında. Mehdi, iki kolunuzu açsanız karşılıklı iki dükkânın vitrinlerine dokunacağınız genişlikteki çarşıda bakkal dükkânı işletiyor. İlk tanıdığımda okula gidiyordu, son gördüğümde askerliği yeni bitmişti. Masuleh'de değişen pek bir şey yoktu ama. Sadece, dükkânına girer girmez beni kolumdan tutmuş, dışarıya çıkarmış, birkaç adımda ulaşılan alt evin damındaki küçük kamerayı göstermişti. Az ileride bir tane daha vardı, yukarıda bir tane daha, bir tane de en aşağıda, nehrin aktığı hizada. Anlamadım, nedir bu, büyük abi biraz abartmış işi Masuleh'de diye içimden geçerken, aslı anlaşıldı. Zamane işleri. Masuleh Belediye Başkanı, Avrupalardan bulduğu fonla hayırlı bir iş becermişti. Kasaba adına kurulan web sitesinde herkes istediği zaman Masuleh'de neler olup bittiğini izleyebilecekti canlı canlı. Sadece Masuleh halkı için değil, insanlık adına da büyük bir hizmetti doğrusu Masuleh'ten kesintisiz yayın. Ayrıca, sivri zekâlı Avrupa foncularını da kutlamak gerekirdi. Her yıl yapılan gerçekten nitelikli müzik festivali bir yana, turizm turizm diye Masuleh'i de maymun edeceklerdi âleme. Giden gelen trafiği biraz artıverince, kasaba girişine yapılan azman beton otele birkaç tane daha eklenmesine kim engel olabilirdi ki. Mesela, İstanbul'un gökkafesine sultanların fermanı, cumhuriyetin kanunları bile engel olamamışken.

MAHSUS EKMEKLER

Masuleh'de hâlâ herkes kendi ekmeğini yaptırıyor. Yapıyor değil, yaptırıyor. Fırınlar ilk alacakaranlıkta, yani henüz akşam olmadan açılıyor, elindeki torbaya baharatını otunu doldurup gelenler, kaç kişilik istiyorlarsa ekmeklerini sipariş ediyorlar. Her fırının önünden geçerken farklı kokular alınca hepsinden almak istiyordu insanın canı, fakat:

"Mahsus," diyordu fırıncılar. İlk seferinde pek anlam verememiştim.

"Mahsus olsun daha iyi ya neyse fiyatı veririz, özel ekmekten yeriz biz de," şeklindeki girişimlerim sonuçsuz kalıyordu, vermiyorlardı. Ekmeklerin özel sipariş olduğunu neden sonra anladım. Oralarda yalanırken ekmeklerin sahibi gelirse eğer, birer parça koparıp hepimize dağıtıyordu sevabına. Masuleh, böyle kendi halinde yaşıyordu. Turistik denilen çarşısında en fazla beş altı dükkân vardı ki, onların da her biri küçük bir sofadan daha büyük değildi. Böyle yuvarlanıp gidiyordu Masuleh kendi halinde ve yukarıdaki çayhanede Türkçe konuşuluyordu.

Burada nüfusun çoğunluğu Taleş. Konuştukları dil de Taleşi Tati, ama kasabada Türkler ve Kürtler de yaşıyor. Mirza Küçükhan, herkesin ortak kahramanı. İkinci Dünya Savaşı sırasında Ruslara karşı şehri savunmuş. Hatta yukarılardaki yaşlı bir ağacın dibinde anlatılan hikâyeye göre, bu ağacın içine saklanan Mirza, geceleri çıkıp Rus birliklerine ağır zayiatlar verdirirmiş. Çayhanede otururken, kasabanın yaşlılarıyla çay içer, Türkçe konuşurken yakın geçmişten söz ediyorlardı. Masuleh, ki aslında Maasalar ve Khortab diye de biliniyordu. Bu şehir bir zamanlar dağları aşabilen cesur insanların kuzeydeki Azerilerle alışveriş yaptıkları, güneye mal götürüp getirdikleri önemli bir geçitmiş. Bu yüzden herkes az çok Türkçe'yi de konuşabiliyormuş. Masuleh'nin bugünkü şöhreti de, evlerin güzelliği, insanların zenginliği de o günlerden kalmış. Ancak yollar açılıp Masuleh dağlarından geçiş nafile olunca, şehirden el ayak çekilmeye başlamış. Gençler iş bulabilecekleri kentlere göçerlerken, yaşlılar bir başlarına kasabayı ayakta tutmaya çalışmışlar ama dermanları ancak kendilerine yetiyormuş.

Masuleh'in genç nüfusu yok ama, Tahran'dan, Tebriz'den, Reşt'ten gençler hafta sonlarında Masuleh'e geliyor. Yamaçlar yürüyüşe çıkmak için, çok meraklı oldukları kamp kurmak, ya da zaman kısaysa piknik yapmak için uygun, dağcılara rota başlangıcı olarak son derece elverişli. Ayrıca güney yamacında, şelalenin çevresinde tenhalıklar da mevcut. Mimarlık ya da güzel sanatlar okuyan gençler de öğretmenleriyle geliyor, damlardan birine yerleşip gün boyu oranın buranın resmini çiziyor, krokisini çıkarıyorlar. Bu sayede Masuleh'e her gidişte memleketin çeşitli yerlerinden gelmiş çok sayıda gençle tanışma fırsatı buluyorum. Son dönemde Amerika'nın, Suriye'den sonra İran'a saldırı tehditleri sıklaşmış, Irak'ta da bıçak kemiğe dayanmışken, sohbet konuları dönüp dolaşıp buralara geliyordu.

İran'a son gidişimde, Kürt gençler açıkça Irak direnişinin beyhudeliğinden söz ediyor, kaosun büyümesine, direnenlerin sebep olduğunu savunan bir dil tutturuyorlardı. Azerilerle Kürtlerin arası pek iyi değildi, biliyorum. Amerika'nın kurtarıcı rolüyle sürdürdüğü propaganda karşılık bulabilirdi, belki de buluyordu. İç politika konusunda ve yaklaşan seçimlerde reform yanlılarının eğilimi genellikle bıkkınlık ve umutsuzluk doluydu. Seçimlerde reform yanlılarının vetolar nedeniyle hiç şansı kalmadığını, sonuçların bugünden belli olduğunu, sandığa gitmeyeceklerini söylüyorlardı. Tanıdığım genç ailelerden bazıları memleketten göçmüştü. Karşılaşamıyorduk ama ortak dostlardan selam alıp bırakıyorduk birbirimize. İyi eğitimlilerdi, paraları ve dünyanın her yerinde geçerli meslekleri vardı. Çocuklarının geleceğini düşünmek zorundaydılar.

Masuleh tenha bir kasabaydı. Devran dönmüş, gözden düşmüştü. Değişen zamana, kameralı internetle ayak uydurmaya çalışıyordu.

SİSANGAN ORMANINDA YAPRAKLAR DÖKÜLÜYORDU

Gecenin bu vaktinde Novşehr'e gitmek yerine ormanda kamp kurmak daha iyi olacaktı. Şehri bilmiyorduk. Otel aramak, Sarı Otobüs'e emniyetli bir park yeri bulmak zaman kaybettirecekti. Hazır iki gündür otobüste yatıp kalkarak duruma alışmış, havaya girmişken, bu gece de şöyle ormanda bir yere çekip güzelce uyuduktan sonra sabaha Allah kerim...

Hazar Denizi'nin güneyinden geçen yolun ortalarında bir yerdeydik. Novşehr'e otuz kilometre kala, Milli Park girişinden ormana sapacaktık. Ya karanlıkta biz kaçırdık, ya belirgin bir işaret yoktu, Novşehr'in ilk evleri başlarken fark ettik koca ormanı ıskaladığımızı.

İlk gördüğümüz ışıkların önüne çektik adres sormak için. Bir restorandı. Hazar kıyısında balık yapan restoranlardan biri. Otobüsü görünce sevindiler, akşam akşam bir otobüs müşteri geldi diye. Derdimizi anlatınca, yanımıza iki genç verip geri yolladılar bizi Sisangan Ormanı'na doğru.

Birkaç kilometre sonra Milli Park'ın kapısına geldik. Ne var ki bekçi, otobüsü içeri almak istemiyordu. Nereden çıktı şimdi gecenin dar vakti bu insanlar diye düşünüyordu besbelli. Yanımızdaki gençler muhitin çocuklarıydı neyse ki. Allem edip kallem edip kapının yanındaki ağaçların dibinde yatmamız için izin kopardılar. Birinin babası yol kıyısındaki lokantanın sahibiydi zaten.

Sarı Otobüs'ü ulu ağaçların altına çektikten sonra karnımızı doyurmaya çıktık. Yaşlı çamların yola uzanan dalları altında lokantaya kadar dalgaların sesini dinleyerek yürüdük. Hazar kıyısında yemek deyince balık, yoğurt ve sarımsak turşusu malum. Patlıcanlı mirza kasımi ya da ekşili tarşu toreh bulunca bayram ediyoruz. Burada da menü aynıydı. Dışarı bir masa attık. Önümüzden geçip giden Hazar yolu, onun arkasında deniz, havada inanılmaz bir ıhlamur kokusu...

Yemekten sonra ormana dönerken yağmur çiseliyordu. Yahya bizi kapıda karşıladı. Bekçi Yahya, kulübesinde sobayı yakmış, çayı demlemişti. Zararsız yolcular olduğumuza inanmış olacak ki, ilk geldiğimizde karşılaştığımız aksi surattan eser yoktu. Alt tarafı bir sonbahar gecesini ormanda geçirmeye niyetlenmiş garip yabancılardık. Hava soğuktu, soba hepimize iyi geldi. Çayı okkalı demlenmişti doğrusu. Neredeyse kafa yapacaktı... İyice ısındık. Bir de ne dediğini daha kolay anlasaydık birbirimizin, jimnastik hareketlerini aratmayan beden dilini daha az kullanacak, dolayısıyla daha az yorulacaktık. Birer ikişer Sarı Otobüs'teki yataklarına çekilmeye başladı herkes.

Gecenin bir vakti kulübeden çıktım. Ormana doğru yürüdüm. Yahya, domuzlara dikkat edin, demişti. Kapı kadar iri domuzlara... Bizi korkutmak için mi söylemişti, yoksa gerçekten var mıydı bilmiyorum. Orman büyüktü. O kadar büyüktü ki, bir süre sonra tamamen karanlığa gömüldüm.

Yol bitmiş, belli belirsiz bir patika başlamıştı. Ağaçlar gökyüzünü ya tümüyle kapamıştı ya da yıldızsız, kapkaranlık gök kubbe hemen başımın üstüne kadar inmişti. Daracık, kasvetli bir geçitte yürüyordum. Arada bir yağmur taneleri düşüyordu. Denizin sesi mi, rüzgârın yapraklardaki hışırtısı mı, tam anlayamadığım bir uzak inilti duyuluyordu.

Bu sık ormanda karanlığın içine yürürken, ne bir ağaca çarpıyordum, ne ayaklarım çalılara takılıyordu. Hiçbir engel yoktu sanki önümde. Sanki bedenim geride, kulübedeki sobanın başında kalmış, ruhum Sisangan cangılına açılmıştı.

Kayar gibi ormana, her an biraz daha derine giriyordum. Dökülmüş yapraklara önce yumuşacık basarken, çok geçmeden gömülmeye başladım. Botlarımın konçlarına kadar yapraklar çıkıyordu.

Az ötemde bir kıvılcım çakar gibi oldu. Çok geçmeden ayak bileklerimi aşan, neredeyse dizlerime kadar yükselen yapraklara battığım halde yürüyüşüm hiç aksamamıştı. Sisangan beni içine çekiyordu. Belki de ormanın perisi bu diye düşündüm. Kalbime girmiş, alıp götürüyordu. Giderken daha önce hiç duymadığım bir şarkı fısıldıyordu kulağıma. Gönlümü avutmak için. Batıyordum. Durmak, durup geri dönmek, ormandan kaçıp kurtulmak aklıma geldi mi, hatırlamıyorum.

Karanlığın, yıldızsız gökyüzünün, bu alemi çırılçıplak dallarıyla çembere almış ihtiyar ağaçların girdabına girmiştim. Bir anda hepsinin içime doluştuğunu hissettim. Şaşılacak kadar genişlemiş, uçsuz bucaksız bir deniz kadar kabul edici, kapsayıcı oluvermiştim. Yanaklarımdan damlalar süzülürken, ne kadar ılık yağıyor yağmur diye düşündüm.

Yaprakları artık gövdemle aralayarak ilerliyordum. O kadar yükselmişlerdi ki, daha doğrusu ben o kadar gömülmüştüm ki içlerine, boynumda, çıplak tenimde hissediyordum kuru yaprakların üstündeki çiğ damlalarını. Önce soğuk geldi, sonra ılık ve birden sımsıcak sarıverdiler bedenimi.

Bir kıvılcım daha çaktı sanki ve o anda çırılçıplak olduğumu fark ettim. Yapraklar, çıplak bedenime dokunarak uçuşuyor, iki yanımdan tenimi okşayarak geçip gidiyorlardı. Renklerini görebilsem, hiç değilse yaprakların renklerini görebilsem, neler olup bittiğini anlayabilecektim belki de. Gece karanlıktı. Arada bir yıldız çakıyormuş gibi geliyordu bana.

Sonbahar yapraklarının kahverengiden sarıya, kırmızıdan turuncuya açılan renklerini hayal ederken yüzüme çarpan kokuyla irkildim. O an dönüp kaçmak geldi içimden. Çürümüş yaprakların kokusu dayanılmazdı. Midemi zor zaptediyordum, gittikçe ağırlaşıyordu koku. Koşmaya başladım. Daha doğrusu koşuyordum herhalde ki, iki yanımdan yapraklar daha hızlı akıyor, bedenimle birlikte gözlerime, dudaklarıma, saçlarıma da çarpıyorlardı. Sıcaktı. Közden saçılan kıvılcımlar kadar sıcaktı yapraklar. Tenimi yakıyorlardı. Ne kadar sürdü bu amok koşusu, hatırlamıyorum. Ağaçların içinden, böğürtlen çalılarının arasından, iki yanımda yapraklar uçuşurken geçtim. Küçük bir açıklığa çıktığımda, yapraklar usulca yere düşerken az ötemde bir yıldızın çaktığını gördüm. Bu sefer gördüm. Işığı buraya kadar geldi. Kısacık yandığında ortalık aydınlanmış, söndüğünde her şey eski haline dönmüştü. Sisangan Ormanı, karanlık gecenin içinde yapraklarını dökmeye devam ediyordu.

Sabah olduğunda, Sisangan'dan ayrılmadan önce, güneşin ilk ışıklarıyla birlikte ormanda küçük bir yürüyüş yaptık. Yoldan ayrılıp patikalara açıldık. Sık böğürtlen çalılarının arasında birkaç dal kurumuş yemiş vardı, onları topladık. Ayrılırken bekçi Yahya, "Dün gece yıldız yağmuru vardı," dedi. "Böyle gecelerde pek tekin olmaz buralar. Domuzlar iner, kapı kadar büyük domuzlar."

Şehre varmadan Sarı Otobüs'ü Hazar kıyısına çekip kahvaltı hazırladık kendimize. Bizimle birlikte İranlı bir aile daha vardı, bu yağmurlu sonbahar sabahının soğuğunda, su kıyısında kahvaltı yapmaya kalkışan. Bir ateş yaktık. Deniz çırpıntılıydı. Lodos toplayıp bulabildiğimiz kuru dallarla yaktığımız ateş hem içimizi ısıtmıştı hem de çayın suyunu.

Hazar'ın suları, kıyıdaki renkli çakılları yıkıyor, güneş, kısacık ışıklarını bulutlardan kurtardıkça çakıllar, oyalı bir yazmanın ışıltılı pulları gibi deniz kıyısında parıldıyordu. Rastgele dört taş aldım suyun içinden. Biri, dünkü orman kadar karanlıktı. Diğerinin içinde kıvılcımlar çakıyordu, küçük yıldızlar gibi. Üçüncü taş sonbahar yaprağı rengindeydi ve üstüne sanki dikenli böğürtlen dalları çizilmişti. Sonuncusu ise, tuhaftır ama, sıcak geldi avcuma. Hepsini ahşap fanusun altına bıraktım, tutuşan kalbimle birlikte.

Medrese avlusunda Mollalar, Tebriz

Charbag'da poster tezgahı, Tebriz

Halıcılar Bedesteni, Tebriz

Şairler Mezarlığı, Tebriz

Kendovan, Tebriz

İbrişim çarşısı, Tebriz

Galyan çayhanesi, Tebriz

Gülistan-ı Şüheda, Tebriz

Charbag'da sinema, Tebriz

Zulhane, Tebriz

Dolunay'da Azadi Meydanı, Tahran

Mezar-ı Masume, Kum

Türbe ziyaretinden önce, Kum

Medrese öğrencileri istirahatte, Kum

Sallanan minareler, İsfahan

Siosepol köprüsü, İsfahan

Siosepol köprüsünde çayhane, İsfahan

Aramgah-ı Ömer Hayyam, Nişabur

Nagş-e Cihan Meydanı, İsfahan

Persepolis, Şiraz

Hafız'ın kabri, Şiraz

Hafız'ın kabrinde şiir dinleyenler, Şiraz

Hafız'ın kabrinde, Şiraz

Sadi'nin kabrinde şiir okuyanlar, Şiraz

Sadi'nin kabri, Şiraz

Kerim Han'ın kalesi, Şiraz

Rüzgâr kuleleri, Yezd

Sessizlik kuleleri, Yezd

Zerdüşt tapınağı, Yezd

Ahura Mazda ve kutsal ateş, Yezd

Meydansız şehir, Masuleh

Çarşı, Masuleh

Eski yapı, Anzali

Liman, Anzali

Âli Gapu, İsfahan

OKUMA REHBERİ

Paul Greenway, David St Vincent-Oliver Roy, *Iran,* Lonely Planet, May 1998, 2. basım.

Farhad Khosrokhavar, *İran: Bir Devrimin Tükenişi,* Metis, Yaşadığımız Dünya, Eylül 2000.

Yurdanur Aksoylar Çetirge, *Namludaki Karanfilden Şeriata İran,* Bilgi Yayınevi, Ağustos 1997.

Dr. Rıza Gafari, *Ağlayan Laleler İranlı Bir Muhalifin Anıları,* Alev Yayınları, Aralık 1998.

Çağdaş İran Öyküleri Seçkiler, çev. Mehmet Kanar, Kaknüs öykü, Mart 1999.

Cihan Aktaş, *Şarkın Şiiri İran Sineması,* Nehir, Eylül 1998.

Bertold Spuler, *İran Moğolları,* AKDTYK-TDK, 1987.

Wolfgang Günter Lerch, *Hallac-ı Mansur,* Yurt Kitap Yayın, 2000.

Amin Maalouf, *Semerkant,* YKY, Şubat 1993.

Sami Oğuz-Ruşen Çakır, *Hatemi'nin İran'ı,* İletişim, 2000.

Sami Zubeida, *İslam Halk ve Devlet,* İletişim.

Pierre Loti, *İsfahan Seyahatnamesi,* Timaş, 1996.

Ercümend Ekrem Talu, *Meşhedî ile Devriâlem,* Atlas Kitapevi, 1974.

Şirazi, *Hafız Divanı,* MEB, 1992.

Sadi, *Bostan,* MEB.

Sadi, *Gülistan,* MEB.

Furuğ, *Sonsuz Günbatımı,* çev. O. Kutlar, C. Hosrovşahi, ADA Yayınları, 1989.

Furuğ, *Sadece Ses Kalıcıdır,* çev. Cavit Mukaddes, YKY, 1997.

Sadık Hidayet, *Üç Damla Kan,* çev. M. Kanar, YKY, 1999.

Sadık Hidayet, *Diri Gömülen,* YKY, 1995.

Sadık Hidayet, *Vejeteryenliğin Yararları,* YKY, 1997.

SadıkHidayet, *Hacı Ağa,* YKY, 1998.

Sadık Hidayet, *Hayyam'ın Teraneleri,* YKY, 1999.

F. Halliday, T. Skocpol, E. Ahmad, N.R. Keddie, Ve. Moghadam, M. Muaddel, *İran Devrimi - Din, Anti-emperyalizm ve Sol*, Derleyen: Serpil Üşür, Belge Yayınları, 1992.

Fariba Adelkhah, *İran'da Modern Olmak*, çev. İsmail Yerguz, Metis Yayınları, 2001.

Faik Bulut, *Eşitlikçi Dervişan Cumhuriyetleri ve Hasan Sabbah Gerçeği.*

Marco Polo'nun Geziler Kitabı, çev. Ö. Güngören, Yol Yayınları, 1985.

Abdi İpekçi, *Dünyanın Dört Bucağından*, Milliyet Yayınları, 1971.

Çetin Altan, *Bir Uçtan Bir Uca-İsrail, İsveç, İran, Afganistan, Romanya*, Dönem Yayınları, 1965.

Fikret Otyam, *Gide Gide 11 Ne Biçim Amerika Ne Biçim Rusya ve İran, Afganistan, Pakistan.*

Nevval Çizgen, *İki Ülke İki Devrim Türkiye İran*, Say Yayınları.

Orhan Kural, *Büyük Dünyada Küçük Adımlar*, 1993.

İbrahim Olgun, *Gezi Notları-Moskova, Azarbaycan, Pakistan, Afganistan ve İran*, 1975.

Işıl Özgentürk, *Büyülü Bir Yolda-İran, Pakistan, Hindistan, Nepal*, Telos Yayınları, 1997.

İbni Batuta, *Tam Metin Seyahatname*, Üçdal Neşriyat, 1993.

Evliya Çelebi, *Seyahatname*, Üçdal Neşriyat, 1984.

Azer Nefisi, *Tahran'da "Lolita" Okumak*, Agora Kitaplığı, 2003.

Hamid Dabaşi, *İran Sineması*, Agora Kitaplığı, 2004.